Johannes Bähr

Der Goldhandel der Dresdner Bank im Zweiten Weltkrieg

Johannes Bähr

Der Goldhandel der Dresdner Bank im Zweiten Weltkrieg

Unter Mitarbeit von
Michael C. Schneider

Ein Bericht des Hannah-Arendt-Instituts

Gustav Kiepenheuer Verlag

Mit 5 Abbildungen

Vorwort

Am 17. November 1997 unterzeichneten die Dresdner Bank AG, Frankfurt a. M., und das Hannah-Arendt-Institut für Totalitarismusforschung an der Technischen Universität Dresden eine Vereinbarung über die Durchführung eines Forschungsprojekts zur „Geschichte der früheren Dresdner Bank während der Zeit des Nationalsozialismus unter Berücksichtigung der Jahre vor 1933 und der Nachkriegszeit bis zur sogenannten Großbankengesetzgebung". Anstoß für den Entschluß der Bank, mehr als fünfzig Jahre nach Kriegsende der eigenen Geschichte während der NS-Zeit auf den Grund zu gehen, war gewiß auch die öffentliche Kritik, das Geldinstitut entziehe sich noch immer einer ernsthaften Auseinandersetzung mit seiner damaligen Rolle. Solche Vorwürfe schwangen jedenfalls in dem Echo auf eine Festveranstaltung im sächsischen Schloß Pillnitz mit, wo die Dresdner Bank im Sommer 1997 ihr 125jähriges Bestehen gefeiert hatte.

Die Vereinbarung zwischen der Bank und dem Institut garantiert die Durchführung des Forschungsprojekts „in vollständiger wissenschaftlicher Freiheit und Unabhängigkeit" und gewährt den beteiligten Wissenschaftlern uneingeschränkten Zugang zu sämtlichen historisch relevanten Unterlagen, die von der Dresdner Bank in ihrem Berliner Altbank-Archiv und in ihrem Historischen Archiv in Frankfurt a. M. verwahrt werden. Im Januar 1998 nahmen drei versierte Wirtschafts- und Bankenhistoriker ihre Arbeit am Dresdner-Bank-Projekt auf. Privatdozent Dr. Dieter Ziegler widmet sich vor allem den Jahren bis 1939, Privatdozent Dr. Johannes Bähr und Dr. Harald Wixforth untersuchen die Aktivitäten der Großbank während des Zweiten Weltkriegs.

Im Interesse kontinuierlicher Forschung wird der Historiker gewöhnlich bestrebt sein, den Einfluß aktueller Kontroversen oder plötzlich aufflammender Auseinandersetzungen zwischen streitenden Parteien auf sein Untersuchungsprogramm strikt zu begrenzen. Im vorliegenden Fall haben wir uns anders entschieden, um rasch ein möglichst genaues Bild von der Rolle der Dresdner Bank beim Handel mit jenem Gold zu gewinnen, das geraubt war, also aus den Zentralbanken der von Hitler besetzten Länder, aber auch aus dem persönlichen Besitz meist jüdischer Menschen stammte, die in den deutschen Vernichtungslagern im Osten ermordet wurden. Die Verwertung des Zahngoldes der Opfer war ein besonders widerwärtiger Endpunkt der wirtschaftlichen, sozialen und schließlich physischen Vernichtung des europäischen Judentums, die schon bald nach dem 30. Januar 1933 ihren Anfang nahm.

Der hier beschriebene Goldhandel der Dresdner Bank beleuchtet denn auch nur einen Ausschnitt aus einer viel umfassenderen Geschäftstätigkeit auf dem Feld des Vermögensentzugs und der wirtschaftlichen Existenzvernichtung, die im Staate Hitlers verbindliche Politik gegenüber den Juden geworden waren. Besteht, wie beim Umgang mit dem „Opfergold", der Verdacht einer wissentlichen oder unwissentlichen Verstrickung in moralisch besonders verwerfliches Tun, der rasche Aufklärung dringend erfordert, so mag es hingehen, die Bahnen längerfristig orientierter Forschungsplanung zu verlassen. Zur Regel kann das, wenigstens in diesem Projekt, nicht werden.

Die vorliegende Expertise von Johannes Bähr unter Mitarbeit von Michael C. Schneider ist ein Zwischenbericht, der eine Vielzahl größtenteils unbekannter Quellen auswertet und so die Konturen und Strukturen des Goldhandels der Dresdner Bank im Zweiten Weltkrieg (einschließlich seiner bis in die Mitte der sechziger Jahre hineinreichenden „Nachkriegsgeschichte") bereits sehr genau nachzuzeichnen vermag. Eine substantiell davon abweichende Bewertung ist künftig kaum noch zu erwarten.

Zeitgeschichtsforschung auf dem Terrain von Macht und Geld im Nationalsozialismus ist kein einfaches Geschäft - noch dazu dort, wo die Ränder dieses Terrains tief in die Besatzungs-, Rassen- und Vernichtungspolitik des Regimes hineinragen. Daß sie mit guten Ergebnissen und gänzlich unbeeinträchtigter Wertung möglich ist, obwohl die untersuchte Institution selber die Mittel für die historische Aufklärung bereitstellt, dürfte die vorliegende Studie deutlich machen. Sie entstand in völliger wissenschaftlicher Unabhängigkeit.

Mitarbeiter der Dresdner Bank trugen, auf allen Ebenen der Hierarchie, zur Auffindung einschlägiger Unterlagen und zur Klärung des einen oder anderen Sachverhalts bei. Der wissenschaftliche Fachbeirat (Prof. Dr. Christoph Buchheim, Prof. Dr. Saul Friedländer, Prof. Dr. Harold James, Prof. Dr. Hans

Mommsen, Prof. Dr. Alice Teichova) nahm lebhaften Anteil an der Entstehung der Studie und gab wertvolle Anregungen. Frau Teichova und ihren Kollegen sei ebenso herzlich gedankt wie dem Publikationsteam des Hannah-Arendt-Instituts unter der Leitung von Walter Heidenreich. Es wird noch mancher Stapel Manuskripte über ihren Tisch gehen müssen, bis die Geschichte der Dresdner Bank in der NS-Zeit geschrieben ist.

Dresden, Dezember 1998 Klaus Dietmar Henke

Inhalt

Einleitung

Es hat lange gedauert, bis sich in einer breiten Öffentlichkeit die Erkenntnis durchzusetzen begann, welche Dimension die Geschäfte mit den vom NS-Staat geraubten Vermögenswerten hatten. Erst durch die mehr als fünfzig Jahre nach Kriegsende geführte Diskussion um die Rolle der Schweizer Banken während des Zweiten Weltkriegs begann ein Aufklärungsprozeß, in dessen Verlauf sich die Ausmaße des Raubs und der Verstrikkung schrittweise enthüllen.

Der Handel mit NS-Raubgold gehört zu den Bereichen, die durch die neuere Forschung bereits vergleichsweise gut dokumentiert sind.[1] Während über die Goldtransaktionen der Reichsbank und der Schweizer Banken mittlerweile eine recht umfangreiche Literatur vorliegt, befindet sich die Forschung zur Rolle der deutschen Geschäftsbanken im Raubgoldhandel aber noch in den Anfängen.[2] So wurde erst durch die neuere Diskussion in der Öffentlichkeit bekannt, daß auch die Deutsche Bank und die Dresdner Bank an der Verwertung von Gold beteiligt waren, das die SS von überlebenden und ermordeten KZ-Häftlingen geraubt hatte.

Die Dresdner Bank war eng mit dem NS-Regime vernetzt, sie galt als die „politischste" unter den damaligen Großbanken. Über Jahrzehnte hinweg hat sich die Bank selbst nicht sonderlich für ihre Geschichte während des „Dritten Reichs" interessiert, über ein fachmännisch aufbereitetes, der akademischen Forschung zugängliches Archiv verfügte sie nicht. Seit einem Jahr ist es nun Historikern möglich, sämtliche erhaltenen Unterlagen der

1 Zum Forschungsstand vgl. Unabhängige Expertenkommission Schweiz - Zweiter Weltkrieg, Die Schweiz und die Goldtransaktionen im Zweiten Weltkrieg. Zwischenbericht, Bern 1998 (im folgenden zitiert als Bergier-Bericht); U.S. and Allied Wartime and Postwar Relations and Negotiations With Argentina, Portugal, Spain, Sweden, and Turkey on Looted Gold and German External Assets and U.S. Concerns About the Fate of the Wartime Ustasha Treasury, Washington, D.C., 1998 (im folgenden zitiert als Eizenstat-Bericht II), sowie Preliminary Study on U.S. and Allied Efforts To Recover and Restore Gold and Other Assets Stolen or Hidden by Germany During World War II, Washington, D.C., 1997 (im folgenden zitiert als Eizenstat-Bericht I).

2 Avraham Barkai/Gerald D. Feldman/Lothar Gall/Harold James/Jonathan Steinberg (principal author), The Deutsche Bank and its Gold Transactions during The Second World War. Online Version. München 1998 (im folgenden zitiert als Steinberg-Bericht).

Dresdner Bank aus der NS-Zeit und den daran angrenzenden Jahren auszuwerten.

Inzwischen konnten auch die Akten zum Goldgeschäft während des Zweiten Weltkriegs aufgefunden werden. In Verbindung mit der durchgeführten Auswertung von Beständen in öffentlichen Archiven und Unternehmensarchiven läßt sich aus diesen Unterlagen ein weitgehend abgerundetes Bild gewinnen. Der vorliegende Bericht soll die Ergebnisse transparent machen und zur Diskussion stellen. Dabei ist zu berücksichtigen, daß es sich um einen Zwischenbericht handelt, der im weiteren Verlauf des Forschungsprojekts zur Geschichte der Dresdner Bank in der NS-Zeit noch zu ergänzen und möglicherweise auch zu modifizieren sein wird.

Der Bericht fragt nach der Rolle der Dresdner Bank im Raubgoldgeschäft während des Kriegs und nach ihrem Umgang mit der Raubgoldproblematik. Dafür ist es zunächst erforderlich, den Umfang und die Wege ihres damaligen Goldhandels zu erfassen. Bei den Raubgoldgeschäften soll speziell der Handel mit Opfergold (SS-Raubgold) untersucht werden. Wohin ging dieses Gold, in welchem Umfang hat die Bank damit gehandelt und sich an diesem Geschäft bereichert? Ein weiteres zentrales Thema ist das Verhalten der Akteure. Aus welchem Interesse heraus betrieb die Dresdner Bank damals Goldhandel und was wußte sie über das Raubgold?

Der (Raub-)Goldhandel während des Kriegs war auch bei der Dresdner Bank auf das neutrale Ausland hin orientiert. Ebenso wie die Deutsche Bank belieferte sie über ihre türkische Filiale, die Deutsche Orientbank (DOB), den freien Goldmarkt in Istanbul. Im folgenden wird auf den bislang wenig untersuchten Goldhandel zwischen Deutschland und der Türkei sowie auf die Spezifik des türkischen Goldmarkts näher einzugehen sein.

Aus den zu untersuchenden Vorgängen ergibt sich, daß ein besonderer Akzent dieses Berichts auf der Nachkriegszeit liegt. Durch die weiteren, zum Teil abenteuerlichen Wege ihres nach Kriegsende in Deutschland und in der Türkei verbliebenen Goldes wird deutlich, wie die Dresdner Bank in der Nachkriegszeit mit der Raubgoldfrage umging.

Die aufgefundenen Akten der Dresdner Bank enthalten die Korrespondenz und die Abrechnungen der Devisenabteilung zum Goldhandel während des Zweiten Weltkriegs. Hinzu kommen mehrere Ordner mit Schriftgut der Istanbuler Filiale zu diesen Geschäften. Neben den in Frankfurt a. M. und Istanbul neu aufgefundenen Akten stützt sich der Bericht auf weitere Unterlagen der Dresdner Bank, besonders die in ihrem Altbankarchiv in Berlin erhaltenen Depotbücher. Ausgewertet wurden ferner Bestände des Bundesarchivs, des Historischen Archivs der Deutschen Bundesbank, des Politischen Archivs des Auswärtigen Amts, der US National Archives, des „Sonderarchivs" in Moskau, des Unternehmensarchivs der Degussa und des Historischen Archivs der Deutschen Bank.

Dafür, daß der vorliegende Bericht in dieser Form verfaßt und in vergleichsweise kurzer Zeit fertiggestellt werden konnte, ist vielen zu danken. An erster Stelle gilt mein Dank Herrn Michael C. Schneider, ohne dessen Mitarbeit die Veröffentlichung so nicht zustande gekommen wäre. Besonderer Dank gilt auch den Kollegen am Hannah-Arendt-Institut, Priv.-Doz. Dr. Christoph Boyer, Ingo Köhler, Dr. Harald Wixforth und Priv.-Doz. Dr. Dieter Ziegler, sowie Dr. Wolfgang G. Schwanitz. Die technische Fertigstellung ist das Verdienst von Herrn Walter Heidenreich und Frau Silke Schumann. Für viele Hinweise und die bei den Recherchen erfahrene Unterstützung danke ich Herrn Rolf Weigand vom Historischen Archiv der Dresdner Bank und den Mitarbeitern des Altbankarchivs.

1. Die Dresdner Bank und ihre Auslandstätigkeit im Zweiten Weltkrieg

Die Dresdner Bank paßte sich schnell an das NS-Regime an. Dazu trug bei, daß die zweitgrößte Geschäftsbank Deutschlands nach ihrer bislang schwersten Krise im Juli 1931 eine Phase der Reorganisation durchlief und das Reich die Mehrheit des Aktienkapitals übernommen hatte. In den faktisch von Carl Goetz[3] geleiteten Vorstand wurden zwei ausgewiesene Gefolgsleute des

3 Carl Goetz wechselte 1931 aus dem Vorstand der Commerz- und Privatbank in den Vorstand der Dresdner Bank, um deren Reorganisation nach der Bankenkrise durchzuführen. Faktisch war er Sprecher des Vorstandes. 1936 übernahm Goetz den Vorsitz des Aufsichtsrats. In dieser Position blieb er bis 1965. Mit Ausnahme der Jahre 1943/44 war Goetz auch als Aufsichtsratsvorsitzender der „erste Mann" der Dresdner Bank.

Regimes berufen: Emil Meyer[4] und Karl Rasche[5]. Über Meyer und Rasche baute die Dresdner Bank ein Netz von Kontakten und Geschäftsverbindungen zu wichtigen Schaltstellen des NS-Regimes auf. Nach der 1937 erfolgten Reprivatisierung der Bank nahm diese Vernetzung weiter zu. Die Dresdner Bank beteiligte sich maßgebend an der „Arisierung“ jüdischer Firmen und kooperierte eng mit wichtigen Unternehmen der NS-Rüstungswirtschaft, besonders mit den Hermann-Göring-Werken. Rasche, Meyer und mehrere Aufsichtsratsmitglieder hatten Ehrenränge in der SS. Über sie wurde die Dresdner Bank zum größten privaten Kreditgeber der SS.[6] Während des Kriegs gewann der SS-Flügel im Vorstand gegenüber der Gruppe um Carl Goetz weiter an Gewicht. Ende 1942 wurde Rasche zum Vorstandssprecher ernannt.

Von ihren politischen Verbindungen profitierte die Dresdner Bank besonders bei der Expansion in den von Deutschland besetzten Gebieten. Zwischen 1938 und 1940 wurden dort neue Konzernstrukturen errichtet.[7] Bei der Unterwerfung und Ausplünderung besetzter Länder diente sich die Bank der nationalsozialistischen Rassenpolitik an. Als Modell dieses Verhaltens kann ihre Rolle im „Protektorat Böhmen und Mähren“ angesehen werden. Nach der Zerschlagung der Tschechoslowakei brachte die Dresdner Bank in Prag die bedeutende Böhmische Escompte-Bank unter ihre Kontrolle, über die sie unter der Regie von Karl Rasche die „Germanisierung“ und „Arisierung“ der tschechischen Schwerindustrie betrieb.[8] Ein weiteres Beispiel ist

4 Emil Meyer war seit 1933 Mitglied der NSDAP und der SS. 1934 wurde er zum Vorstandsmitglied der Dresdner Bank ernannt. Bei Kriegsende beging Meyer Selbstmord.

5 Karl Rasche war zunächst Prokurist des Barmer Bankvereins. 1935 wurde er Vorstandsmitglied der Dresdner Bank. Im Unterschied zu Emil Meyer trat er erst als Vorstandsmitglied in die NSDAP und in die SS ein. Der Internationale Militärgerichtshof in Nürnberg verurteilte Rasche zu sieben Jahren Haft. Nach vorzeitiger Entlassung starb er 1951.

6 O.M.G.U.S., Finance Division - Financial Investigation Section, Ermittlungen gegen die Dresdner Bank, Nördlingen 1986 (im folgenden: OMGUS-Bericht, Dresdner Bank); Enno Georg, Die wirtschaftlichen Unternehmungen der SS, Stuttgart 1963, S. 133f.

7 Hans G. Meyen, 120 Jahre Dresdner Bank. Unternehmens-Chronik 1872 bis 1992, Frankfurt a. M. 1992, S. 120ff.

8 Christopher Kopper, Zwischen Marktwirtschaft und Dirigismus. Bankenpolitik im „Dritten Reich“ 1933–1939, Bonn 1995, S. 315–348.

die Rolle der Dresdner Bank-Gruppe bei der Plünderung der annektierten polnischen Gebiete. Die in Posen ansässige Tochter Ostbank AG arbeitete eng mit der Haupt-Treuhandstelle Ost (HTO) zusammen, über die polnische Vermögen konfisziert und liquidiert wurden.

Die Rolle der Dresdner Bank-Gruppe in den annektierten Gebieten wurde zu einem Muster, an dem sich dann ihre Tochtergesellschaften in den besetzten Ländern West- und Osteuropas orientierten. Dazu gehörten der Handelstrust West N.V. in Amsterdam und die Continentale Bank S.A. in Brüssel, die sich an der „Germanisierung" und „Arisierung" niederländischer bzw. belgischer Firmen beteiligten, die Kommerzialbank in Krakau und die Ostland-Bank in Riga (später Handels- und Kreditbank Riga). Mit der Durchdringung der besetzten Länder erhielt ein Teil des Auslandsgeschäfts der Dresdner Bank ein neues, dem nationalsozialistischen Rassenexpansionismus angepaßtes Profil. Die Referate Tschechoslowakei, Belgien und Holland wurden aus der Auslandsabteilung der Bank ausgegliedert und dem Aufgabenbereich Karl Rasches zugeschlagen.

Ein weiterer Schwerpunkt der Expansion während des Kriegs war die Durchdringung Südosteuropas, die an ältere deutsche Hegemonialbestrebungen anknüpfte. Koordiniert wurde das Vordringen des Konzerns auf dem Balkan von der Länderbank Wien. Nach dem „Anschluß" Österreichs 1938 hatte die Dresdner Bank ihre Wiener Tochter Mercurbank mit den Niederlassungen der Banque de Pays de l'Europe Centrale und der Zivnostenská Banka zur Länderbank Wien vereinigt. Die Neugründung wurde zu einer Art Tochterkonzern ausgebaut. Sie übernahm Affiliationen in Budapest, in Preßburg (Bratislava) und vorübergehend auch in Krakau, fungierte aber vor allem als „Sturmbock für die Balkan-Unternehmungen der Dresdner Bank", wie es später in einem Bericht der amerikanischen Militärregierung hieß.[9] Die Dresdner Bank übernahm Beteiligungen an der Ungarischen Allgemeinen Creditbank und an der Kroatischen Länderbank. 1943 gründete sie in Belgrad die Süd-Bank. Enge Beziehungen bestanden schon seit längerem zur Societatea

9 Militärregierung von Deutschland (US), Dresdner Bank und Deutsche Bank. Sonderbericht des Militär-Gouverneurs, Zone der Vereinigten Staaten, Ms., Juni 1947, S. 23. Altbankarchiv der Dresdner Bank (AADrBk), Ostfilialen, Situation L–Z.

Bancara Romana (Rumänische Bankanstalt) in Bukarest, die aus einer Filiale der Dresdner Bank hervorgegangen war. Bei der finanziellen Durchdringung des Balkans stand die Gruppe Dresdner Bank/Länderbank fast überall in Konkurrenz zur Gruppe Deutsche Bank/Creditanstalt Bankverein.

Das Auslandsgeschäft im eigentlichen Sinne war bereits vor dem Krieg durch die Devisenbewirtschaftung und die Autarkiebestrebungen des „Dritten Reichs" stark zurückgegangen. Nach der Verkündung des Vierjahresplans von 1936 definierte die Dresdner Bank die Funktion ihres Auslandsgeschäfts neu. Die Auslandsstützpunkte sollten nun „in wachsendem Maße für die vordringliche Aufgabe der Ausfuhrförderung und der Rohstoffbeschaffung" eingesetzt werden.[10] Eine Reihe von ausländischen Niederlassungen der Dresdner Bank, vor allem die Filiale in Kairo und die Vertretungen in Südamerika, dienten auch der Propaganda und der Spionage für Hitler-Deutschland.[11] Über die 1939 gegründete Allgemeine Waren-Finanzierungs-Gesellschaft (Allwafinag) beteiligte sich die Dresdner Bank aktiv an der Tarnung deutschen Auslandsvermögens.

Mit Kriegsbeginn kamen große Teile des Auslandsgeschäfts zum Erliegen. Durch die Expansion in den besetzten Gebieten und in den südosteuropäischen Satellitenstaaten wurde das eigentliche Auslandsgeschäft während des Kriegs weiter zurückgedrängt. Es konzentrierte sich nun auf die neutralen Länder, für die im Vorstand der Dresdner Bank die parteilosen Mitglieder Hans Pilder und Alfred Busch zuständig waren.[12] Verglichen mit den Transaktionen in den besetzten Gebieten und in den Satellitenstaaten hatten die Geschäfte in den neutralen Ländern eher einen geringen Umfang. Sie waren aber von besonderer Bedeutung, weil nur auf diesem Weg Devisen beschafft werden konnten. Die Dresdner Bank verfügte über mehrere Stützpunkte im

10 Dresdner Bank. Geschäftsbericht Sechsundsechzigstes Geschäftsjahr, vom 1. Januar 1938 bis 31. Dezember 1938, Berlin 1938, S. 15.

11 OMGUS-Bericht, Dresdner Bank, S. 175–199.

12 Hans Pilder war Fachmann für Außenhandel. Er wurde 1931 stellvertretendes, 1941 dann ordentliches Vorstandsmitglied. Pilder mußte 1944, faktisch schon 1943, aus dem Vorstand ausscheiden. Alfred Busch war seit 1935 Mitglied des Vorstandes. Er übernahm von Pilder die Leitung der Auslandsabteilung. Busch kam bei Kriegsende in sowjetische Haft, wurde 1950 in einem Schnellprozeß zu zehn Jahren Gefängnis verurteilt und starb 1952 in der Vollzugsanstalt Waldheim.

neutralen Ausland. Dabei handelte es sich um ältere, traditionsreiche Niederlassungen. An erster Stelle stand hier die Filiale in der Türkei, die den Namen der 1933 übernommenen Deutschen Orientbank trug. Die türkische Filiale wurde während des Kriegs zur „Golddrehscheibe" der Dresdner Bank.

2. Goldhandel und Goldbeschaffung in der NS-Kriegswirtschaft

2.1. Die kriegswirtschaftliche Funktion des Goldes

Einen freien Gold- und Devisenhandel ließ die NS-Wirtschaft nicht zu. Das Streben nach Wirtschaftslenkung und Autarkie bedingte eine strikte Bewirtschaftung des Zahlungs- und Warenverkehrs mit dem Ausland. Die Finanzierung der Aufrüstung war nur durch Manipulation der Währung möglich, die ihre ursprüngliche Bindung an das Gold verlor und im internationalen Zahlungsverkehr immer weniger akzeptiert wurde.

Der Goldhandel im „Dritten Reich" war in zwei Bewirtschaftungssysteme eingebunden, was sich aus der doppelten Funktion des Goldes als Zahlungsmittel und als Ware ergab. Da mit Gold ebenso wie mit Devisen Zahlungen ins Ausland geleistet werden konnten, unterlag der Handel der Devisenbewirtschaftung. Als Edelmetall war Gold zugleich den Bestimmungen zur Überwachung des Rohstoff- und Warenverkehrs unterworfen. Der Erwerb und die Ausfuhr von Gold konnten nur mit Genehmigung der Reichsstelle für Edelmetalle erfolgen. Die Reichsstelle unterstand dem Reichswirtschaftsministerium. Sie war 1935 unter der Bezeichnung Überwachungsstelle für Edelmetalle gegründet worden. Bei Kriegsbeginn wurde das gesamte nichtmonetäre Gold beschlagnahmt und in den Dienst der Kriegsfinanzierung gestellt.[13]

13 Die Beschlagnahme erfolgte durch die Anordnung Nr. 20 der Reichsstelle für Edelmetalle vom 13.09.1939. Nach dieser Anordnung durfte Gold nur noch „im Reichsinteresse" verwendet werden, speziell für Wehrmachtsaufträge, Exportgeschäfte und die Erhaltung exportwichtiger Gewerbezweige. Bundesarchiv, Berlin (BArch), R 8 X, Nr. 360.

In der NS-Ideologie galt Gold als Symbol der „Londoner Plutokraten“ und ihrer „verrotteten Geldsackherrschaft“.[14] Gemeint war damit die Goldwährung, auf die sich die Weltwährungsordnung der Zwischenkriegszeit gegründet hatte. Leitwährung des Goldstandards war ursprünglich das britische Pfund, dann der US-Dollar. Der Londoner Goldmarkt, das Zentrum des internationalen Goldhandels, mußte bei Kriegsbeginn geschlossen werden. Im Juli 1940, nach der Kapitulation Frankreichs, behauptete der *Völkische Beobachter*, daß

„das Golddenken in diesem Kriege einen Schlag erlitten hat, von dem es sich nie wieder erholen kann ... Es zeigt sich, daß es viel leichter ist, Ware gegen Ware auszutauschen, als erst Gold oder Devisen erwerben zu müssen ... Das Warendenken hat den Sieg über das Golddenken errungen ...“[15]

Tatsächlich hatte der Krieg für Deutschland einen gegenteiligen Effekt. Als ubiquitäres und krisensicheres Zahlungsmittel erlangte das Gold hier eine wichtige kriegswirtschaftliche Funktion. Die deutsche Rüstungsindustrie war auf Rohstoffe aus neutralen Ländern angewiesen, die nicht gegen Reichsmark, sondern nur gegen Devisen oder in Form von Warenkompensationsgeschäften per Clearing bezogen werden konnten. Entsprechend groß war der Devisenhunger der deutschen Kriegswirtschaft. Gold konnte jederzeit in Devisen konvertiert werden. Ein Teil der Rohstoffkäufe im neutralen Ausland wurde direkt mit Gold getätigt. Für das Reich war Gold deshalb die vielleicht wichtigste „kriegswirtschaftliche Liquiditätsreserve“.[16] Da die deutsche Währung nicht durch Gold gedeckt wurde, konnte die Reserve der Reichsbank für die Devisen- und Rohstoffbeschaffung herangezogen werden.

14 England bringt sein letztes Gold über den Ozean in Sicherheit. In: Deutscher Reichsanzeiger Nr. 166 vom 18.7.1940. Vgl. hierzu auch Harold James, Deutschland in der Weltwirtschaftskrise 1924–1936, Stuttgart 1988, S. 337; Willi A. Boelcke, Die Kosten von Hitlers Krieg. Kriegsfinanzierung und finanzielles Kriegserbe in Deutschland 1933–1948, Paderborn 1985, S. 115ff.

15 Neuanbahnung von Wirtschaftsbeziehungen in Europa. In: Völkischer Beobachter Nr. 205 vom 23.07.1940 (BArch, R 2501, Nr. 6501, Bl. 441).

16 Boelcke, S. 120.

Der größte Teil des von der Reichsbank während des Kriegs abgegebenen Goldes ging in die Schweiz. Durch diesen Handel wurden dem Reich Schweizer Franken, die damals weltweit begehrteste Währung, beschafft. Während der ersten Kriegsjahre tätigte die Reichsbank in der Schweiz auch Goldverkäufe gegen Escudos, die für den Ankauf kriegswichtiger Rohstoffe (Wolfram) in Portugal benötigt wurden. Den Handel von Gold gegen Devisen betrieb die Reichsbank hauptsächlich mit der Schweizerischen Nationalbank (SNB), in geringerem Umfang auch mit Schweizer Geschäftsbanken und mit Zentralbanken anderer neutraler Länder.[17]

Ab 1942 konnte das Reich in beträchtlichem Umfang Rohstoffankäufe mit Gold tätigen. Portugal erklärte sich nun bereit, den Ausgleich von Clearing-Spitzen im Wolframgeschäft mit Gold zu verrechnen. Eine ähnliche Regelung wurde mit Spanien vereinbart.[18]

Neben der kriegswirtschaftlichen Funktion der Devisen- und Rohstoffbeschaffung hatte Gold auch für die Finanzierung diplomatischer und geheimdienstlicher Operationen des Reichs eine herausragende Bedeutung. Mit Gold unterstützte Reichsaußenminister Ribbentrop die Anhänger der Achsenmächte in der neutralen Türkei. Rumänien und andere Satellitenstaaten wurden mit Gold aus Deutschland subventioniert. Im besetzten Griechenland stützte das Auswärtige Amt mit Goldlieferungen die durch das Besatzungsregime destabilisierte Währung.[19]

Die deutschen Goldreserven waren in der Weltwirtschaftskrise drastisch geschrumpft. Das Reich hatte damals an der Golddeckung festgehalten, mit der Einführung der Devisenbewirtschaftung im Juli 1931 aber den Goldstandard faktisch aufgegeben. 1938 war der Notenumlauf dann nur noch zu 1 % durch Gold gedeckt, der Goldbestand der Reichsbank lag auf einem entsprechend niedrigen Niveau. Dies gilt auch unter Berücksichtigung der geheimen Reserve, die Reichsbankprä-

17 Bergier-Bericht. Speziell zum „Escudo-Handel“: ebd., S. 80ff.
18 Boelcke, S. 120.
19 Telegramm Ribbentrops an den deutschen Botschafter in Ankara vom 5.12.1942, BArch, R 901, Nr. 61173, Bl. 260; Boelcke, S. 118ff.; Hermann Neubacher, Sonderauftrag Südost 1940–1945. Bericht eines fliegenden Diplomaten, Göttingen 1957, S. 87ff.

sident Schacht seit 1933 hortete.[20] In den Jahren 1938/39 kamen die erbeuteten Goldreserven der Zentralbanken Österreichs und der Tschechoslowakei hinzu. Die Reichsbank gab den Wert ihres Goldbestandes bei Kriegsbeginn mit 70,8 Mio. RM an. Tatsächlich verfügte sie zu diesem Zeitpunkt über eine Goldreserve im Wert von 382,7 Mio. RM.[21] Im Vergleich dazu hatten Großbritannien und Frankreich 1939 Goldreserven im Wert von jeweils rund 6 Mrd. RM. Die mit Abstand größte Goldreserve der Welt befand sich in den USA (37,6 Mrd. RM).[22] Der vergleichsweise knappe Goldbestand des Reichs konnte im Krieg zu einem entscheidenden Faktor werden, denn die deutsche Rüstungsindustrie war nur so lange leistungsfähig, wie diese Reserven nicht aufgebraucht waren.

Devisenhunger und Habgier führten im Reich und in den von Deutschland besetzten Gebieten zu einer beispiellosen Jagd nach dem durch die nationalsozialistische Ideologie so geschmähten Edelmetall. Bei dieser Form der Goldbeschaffung entfaltete sich die volle kriminelle Energie des Regimes, das den Raub bis hin zur Ausplünderung von Ermordeten betrieb. An dem Raubzug beteiligten sich verschiedenste Reichsbehörden, die SS und Wehrmachtsdienststellen. Gegenüber dieser Raubwirtschaft hatten die „sauberen" Goldkäufe der Reichsbank, wie sie etwa in Japan oder bei der Bank für Internationalen Zahlungsausgleich (BIZ) getätigt wurden, einen geringen Umfang.

Durch die Anhortung von Raubgold nahm die Reserve des Reichs trotz der hohen Abflüsse während des Kriegs zu. Der Goldbestand hatte im November 1944 einen Wert von 472 Mio. RM und lag damit höher als bei Kriegsbeginn. Einen längeren Krieg konnte Hitler mit dieser Reserve allerdings nicht mehr führen. Nach einer geheimen Bilanz des Beauftragten für den Vierjahresplan vom Herbst 1944 hätte der vorhandene Goldbe-

20 Bergier-Bericht, S. 35f.; Boelcke, S. 115; James, Deutschland, S. 379f. Das unter Schacht heimlich gehortete Gold („Juliusturm") hatte am 1.9.1939 einen Wert von 185 Mio. RM. Bardevisenbilanz vom 28.11. 1944, Anlage II (Goldbestand am 1.9.1939). „Sonderarchiv" Moskau (Zentr Hranenija Istoriko-Dokumentalnych Kollekzij), 700-1-94, Bl. 8.

21 Harold James, Die Reichsbank 1876 bis 1945. In: Deutsche Bundesbank (Hg.), Fünfzig Jahre Deutsche Mark. Notenbank und Währung in Deutschland seit 1948, München 1998, S. 82.

22 Volkswirtschaftliche und Statistische Abteilung der Reichsbank, Gold im Kriege (11.10.1939), BArch, R 2501, Nr. 6541, Bl. 349.

stand noch bis Mitte 1946, äußerstenfalls aber bis zum Frühjahr 1947 gereicht.[23] Das Gold der Reichsbank wurde wenige Monate vor Kriegsende in ein Salzbergwerk bei Merkers in Thüringen ausgelagert und dort am 6.4.1945 von amerikanischen Truppen beschlagnahmt.

Die Reichsbank hatte schon vor Kriegsbeginn ihre frühere Selbständigkeit vollständig verloren. Durch das Reichsbankgesetz vom 15.6.1939 wurde sie dem Reichsfinanzministerium als „'Hauptkasse' der Regierung" untergeordnet.[24] Die Abgabe von Gold war nach diesem Gesetz nur für „volkswirtschaftlich gerechtfertigte Zwecke" möglich.[25] Goldgeschäfte sollten auf die kriegswirtschaftlich notwendige Devisen- und Rohstoffbeschaffung beschränkt werden. Die Entscheidung über die Freigabe von Gold lag nicht mehr bei der Reichsbank, sondern beim Beauftragten für den Vierjahresplan, Reichsmarschall Hermann Göring.

Der weitaus größte Teil des von der Reichsbank während des Kriegs abgegebenen Goldes wurde im Rahmen der Devisen- und Rohstoffbeschaffung ins neutrale Ausland verkauft. Nach dem heutigen Forschungsstand, der im wesentlichen auf den von der Unabhängigen Expertenkommission Schweiz – Zweiter Weltkrieg (Bergier-Bericht) ermittelten Daten basiert, gingen rund 75 % dieses Goldes an die SNB und Schweizer Geschäftsbanken. Darin enthalten sind Operationen, die über die SNB mit Drittländern, vor allem mit Portugal, abgewickelt wurden. Knapp 16 % der Reichsbanklieferungen entfielen auf andere ausländische Zentral- oder Staatsbanken (siehe Tabelle 1).

Im Inland konnte nur ein kleiner Kreis von Abnehmern, die über eine besondere „Golderwerbsgenehmigung" des Reichswirtschaftsministeriums verfügten, von der Reichsbank Gold beziehen. Überwiegend handelte es sich dabei um Dienststellen, die Gold für militärische, diplomatische und geheimdienstliche Zwecke oder zur Eigenversorgung benötigten: die Oberkommandos der Wehrmacht und der Marine, das Auswärtige Amt,

23 Bardevisenbilanz vom 28.11.1944, „Sonderarchiv" Moskau, 700-1-94, Bl. 2–7.

24 Karl-Heinrich Hansmeyer/Rolf Caesar, Kriegswirtschaft und Inflation (1936–1948). In: Deutsche Bundesbank (Hg.), Währung und Wirtschaft in Deutschland 1876–1975, Frankfurt a. M. 1976, S. 388.

25 Reichsgesetzblatt Jg. 1939, T. I, S. 1015.

das Reichssicherheitshauptamt und der Reichsführer SS.[26] Für ähnliche Zwecke wurde das Gold verwendet, das die Reichsbank an ihre Zweigstellen in den besetzten Gebieten lieferte.[27]

Eine weitere Gruppe von inländischen Abnehmern bestand aus Geschäftsbanken. Zu den deutschen Geschäftsbanken, die mit einer Golderwerbsgenehmigung ausgestattet waren, gehörte auch die Dresdner Bank.

Für den Goldhandel der Reichsbank waren die Transaktionen über die Dienststellen des Reichs und die deutschen Geschäftsbanken von peripherer Bedeutung. Nach den Daten des Bergier-Berichts gingen insgesamt nur 9 % des von der Reichsbank während des Kriegs verkauften Goldes an inländische Abnehmer. Der Anteil der deutschen Geschäftsbanken lag nach diesen Angaben bei weniger als 2 %.[28]

Tabelle 1: Die Goldabgaben der Reichsbank nach Empfängergruppen in v.H. 1939-1945

Schweizerische Nationalbank (SNB)	65,6
Schweizer Geschäftsbanken	9,5
Andere ausländische Banken	15,8
Eigene Zweigstellen in besetzten Gebieten	4,8
Amtliche Stellen des Reichs	1,7
Deutsche Geschäftsbanken	1,9
Degussa	0,7
Total	100,0

Berechnet nach: Bergier-Bericht, S. 35.

26 Karl Graupner, Vermerk über Goldabgaben der Reichsbank (1945). Historisches Archiv der Deutschen Bundesbank, B 330/10061/6, Bl. 67f. Neben dem Auswärtigen Amt hatte noch die Gesandtschaft Bukarest eine eigene Golderwerbsgenehmigung.

27 Bergier-Bericht, S. 41f.

28 Nach dem Bericht über die Goldtransaktionen der Deutschen Bank (Steinberg-Bericht) und der im vorliegenden Bericht durchgeführten Auswertung für die Dresdner Bank muß die von beiden Geschäftsbanken bezogene Goldmenge höher angesetzt werden (siehe Kap. 3.3.). Daraus ergibt sich aber keine signifikante Veränderung der prozentualen Anteile an den gesamten Goldabgaben der Reichsbank.

2.2. Die Goldbeschaffung: Beutegold, konfisziertes Gold und Opfergold

Das von deutschen Banken und Behörden während des Kriegs verwertete Gold war zum größten Teil Raubgold.[29] In den meisten Fällen wurde das Gold von der Reichsbank bezogen. Der nachweisliche Anteil des Raubgoldes am gesamten Goldbestand der Reichsbank während der Jahre 1939–1945 lag bei rund 80 %.[30] Während des Kriegs erhielt die Reichsbank nur wenig Gold aus „sauberen" Bezugsquellen. Es muß daher angenommen werden, daß die Goldabgaben der Reichsbank in den letzten Kriegsjahren weitestgehend aus Raubgoldbeständen bestritten wurden.

In der öffentlichen Diskussion um die Geschäfte mit NS-Raubgold werden die Begriffe „Raubgold" und „Nazigold" im allgemeinen ohne nähere Differenzierung verwendet. In beiden Fällen handelt es sich um Sammelbegriffe, die nicht erkennen lassen, daß dieses Gold aus sehr unterschiedlichen Quellen stammte.

Zu unterscheiden sind drei Kategorien von Raubgold:

1. Beutegold. Hierbei handelte es sich um monetäres Gold, das aus den Währungsreserven besetzter Länder entwendet wurde. Der deutsche Raubzug durch die europäischen Zentralbanken begann mit dem „Anschluß" Österreichs und setzte sich dann in fast allen okkupierten Ländern fort. Die meisten Länder hatten – mit unterschiedlichem Erfolg – versucht, ihre Goldreserve noch

29 Raub wird in diesem Zusammenhang nicht juristisch definiert, sondern in einem weiter gefaßten Sinne verstanden als vorsätzliche, rechtswidrige Aneignung fremden Eigentums durch ein Gewaltregime. Der Bergier-Bericht bezeichnet mit Raubgold „jenes Gold, dessen sich das NS-Regime durch die auf den Rassegesetzen beruhenden Vermögenskonfiskationen und seit dem Einsetzen der kriegerischen Expansion in weiten Teilen Europas bemächtigte". Bergier-Bericht, S. 25. Die Alliierten definierten das NS-Raubgold („looted gold") als „illegale seizure" (Gold-Deklaration von 1944) und als „wrongfully taken by Germany" (OMGUS). Werner Wilmanns, Über das Schicksal der deutschen Goldbestände (1948), Historisches Archiv der Deutschen Bundesbank, B 330/10061/6, Bl. 16f.; OMGUS, Finance Division, APO 742, Report Disposition of Valuables (22.1.1947). US National Archives (NA), RG 260, OMGUS, Records of the Finance Adviser, Foreign Exchange Depository, Box 469, 11/427/2.

30 Berechnet nach Bergier-Bericht, S. 35.

rechtzeitig in Sicherheit zu bringen.[31] Die größten monetären Goldbestände, die das Reich erbeutete, gehörten den Notenbanken Belgiens und der Niederlande. Während der letzten Kriegsjahre wurde noch monetäres Gold ehemals verbündeter Staaten (Italien, Ungarn) eingezogen. Häufig versuchten die deutschen Behörden, den Entnahmen einen legalen Anstrich zu geben.

Das Beutegold war keine legale Kriegsbeute im Sinne der Haager Landkriegsordnung. Das Requisitionsrecht konnte nur von Militärbehörden und für den Bedarf von Besatzungstruppen angewendet werden. Beides war hier aber nicht der Fall.[32] Auch stammte das Beutegold überwiegend aus Zentralbanken, die - ähnlich wie früher die Reichsbank - einen privatrechtlichen Status hatten und somit unter den Schutz des Privateigentums fielen.[33] Im Falle des belgischen Goldes wurde die Beschlagnahme selbst in internen Stellungnahmen der Reichsbank als mit der Haager Landkriegsordnung unvereinbar bezeichnet.[34]

31 Die Tschechoslowakei, die Niederlande und Belgien konnten einen Teil ihrer Goldreserven rechtzeitig nach London und New York überführen. Die Währungsreserven Polens blieben dem Zugriff Hitler-Deutschlands gänzlich entzogen. Der Goldbestand der französischen Nationalbank fiel nur zu einem geringen Teil in die Hände des Reichs.

32 Das tschechoslowakische Gold wurde von der BIZ an die Reichsbank überstellt. Der größte Teil des entzogenen holländischen Goldes wurde von der Niederländischen Zentralbank abgegeben und als „Abschlagszahlung“ für außerhalb der Niederlande entstandene Besatzungskosten sowie als „freiwilliger Beitrag für die Kriegführung“ im Osten verrechnet. Das belgische Gold wurde in Berlin vom Oberpräsidenten von Brandenburg beschlagnahmt (siehe Anm. 34). Michael Fior, Die Schweiz und das Gold der Reichsbank. Was wußte die Schweizerische Nationalbank?, Zürich 1997, S. 40; Werner Rings, Raubgold aus Deutschland. Die „Golddrehscheibe“ Schweiz im Zweiten Weltkrieg, 2. Auflage Zürich 1996, S. 17ff. und S. 44f.; Thomas Maissen, Raubgold aus den Niederlanden als Präzedenzfall? In: Neue Zürcher Zeitung vom 23./24.8.1997.

33 Die Nationalbanken Frankreichs, Belgiens und der Niederlande waren private Gesellschaften. Nach der Haager Landkriegsordnung von 1907 galt das Beuterecht nur für bewegliches Staatseigentum, das für die Kriegführung von Wert war, nicht aber für Privateigentum. Fior, S. 42; Wörterbuch des Völkerrechts und der Diplomatie, hg. von Karl Strupp, Band 1, Berlin/Leipzig 1924, S. 137ff.

34 Das belgische Gold war bei der französischen Nationalbank deponiert worden und wurde dann vom Vichy-Regime rechtswidrig an Deutschland ausgeliefert. Zu diesem Zeitpunkt befand sich das Gold in Französisch-Westafrika. Es gelangte auf zum Teil abenteuerlichsten Wegen über Algier und Marseille nach Berlin. Dort wurde das Gold dann ein-

2. *Konfisziertes Gold.* Hierzu gehörte das von privaten Personen aufgrund widerrechtlicher Verordnungen und Gesetze des NS-Staats eingezogene Gold. Auch das durch Plünderungen geraubte Gold kann dazu gezählt werden.[35] Ein großer Teil dieses Raubgoldes umfaßte konfisziertes jüdisches Eigentum. Die mit Hilfe von Verordnungen seit 1938 systematisch betriebene Ausplünderung der jüdischen Bevölkerung mündete in die vollständige Konfiskation jüdischen Eigentums nach den Verordnungen zum Reichsbürgergesetz vom 25.11.1941 und vom 1.7.1943.[36] Entsprechende Bestimmungen galten in den besetzten Gebieten. Hier wurde auch von der nichtjüdischen Bevölkerung in großem Umfang Gold konfisziert. Allein in den Niederlanden ist von schätzungsweise 35 Tonnen konfiszierten Goldes auszugehen.[37] Die Wege dieses konfiszierten Goldes sind im einzelnen schwer nachzuweisen und immer noch wenig erforscht.

3. *Opfergold.* Der Begriff bezieht sich ausschließlich auf Gold, das ermordeten oder überlebenden Opfern der Ghettos, Konzentrations- und Vernichtungslager geraubt wurde.[38] Dieses Gold ist mit singulären Verbrechen und den Leiden der Holocaust-Opfer verbunden. Die SS plünderte in den Konzentrationslagern Goldschmuck und Goldmünzen. Zahngold wurde ermordeten und lebenden Häftlingen aus dem Mund gebrochen. Ein großer Teil des Opfergoldes ging auf Befehl Himmlers über das SS-Wirtschafts- und Verwaltungshauptamt an die Reichs-

gezogen. Die Reichsbank wies darauf hin, daß eine Requisition nach Art. 52 der Haager Landkriegsordnung nicht möglich war, weil sich das Gold in Berlin befand und der Militärbefehlshaber für Belgien hier keine Befugnis hatte. Den Herausgabeanspruch der Belgischen Nationalbank hielt die Reichsbank für nicht requirierbar. Die Einziehung erfolgte schließlich auf Weisung Görings durch den Oberpräsidenten von Brandenburg auf der Grundlage des Reichssicherungsgesetzes. Schreiben Reichsbankdirektor Wilhelm an Ministerialrat Kadgien vom 29.7.1942, „Sonderarchiv" Moskau, 700-1-68; Vermerk Kadgien vom 3.7.1942, ebd. Zum Weg des belgischen Goldes: Rings, S. 10–30.

35 Bergier-Bericht, S. 25.

36 Avraham Barkai, Vom Boykott zur „Entjudung". Der wirtschaftliche Existenzkampf der Juden im Dritten Reich 1933–1945, Frankfurt a. M. 1988; Helmut Genschel, Die Verdrängung der Juden aus der Wirtschaft im Dritten Reich, Göttingen 1966.

37 Maissen.

38 Der Begriff wird unter Einbeziehung der Opfer von Massenerschießungen und „Euthanasietötungszentren" (Aktion T 4) verwendet. Bergier-Bericht, S. 25.

bank. Mehr als 70 Lieferungen wurden zwischen August 1942 und Juli 1944 von SS-Hauptsturmführer Bruno Melmer zur Reichsbank gebracht.[39] Das „Melmer-Gold" stammte aus der „Aktion Reinhard" und aus dem Vernichtungslager Auschwitz-Birkenau. Die Erlöse flossen in den Reichshaushalt.[40] Opfergold ging direkt auch an zivile und militärische Stellen in den besetzten osteuropäischen Gebieten und, soweit es sich um Gegenstände aus Gold handelte, an die Städtische Pfandleihanstalt Berlin.[41] Im folgenden wird mit diesem Begriff Gold bezeichnet, das Eigentum der Opfer war sowie später umgeschmolzenes Gold, dessen entsprechende Menge Opfern oder Erben ermordeter Opfer zustand.

Von der Gesamtmenge des Raubgoldes entfiel der Hauptanteil auf das Beutegold aus den Zentralbanken besetzter Länder.

39 Melmer war damals Leiter der Amtskasse-Hauptabteilung A/II/3 des Wirtschafts- und Verwaltungshauptamts der SS in Berlin-Lichterfelde. Er selbst datierte den Beginn der Lieferungen später auf Mai 1942 und schätzte den Gesamtwert auf 60 Mio. RM. Ein großer Teil der geraubten Werte bestand aus ausländischen Banknoten. Ab Juli 1944 wurden die Lieferungen von SS-Hauptsturmführer Furch weitergeführt. Statement of SS Capt. Melmer, 15.7.1947, NA, RG 260, OMGUS, Records of the Finance Adviser, Records FED 1947–1949, Box 167, 2/167/5 – Non-monetary Gold. Die Abrechnungen Melmers wurden nach Kriegsende von amerikanischen Dienststellen ausgewertet, aber nicht, wie viele andere Unterlagen der Reichsbank, verfilmt. 1948 gingen sie an die Bank deutscher Länder und später an den Abwickler der Deutschen Reichsbank. Sie wurden vermutlich 1976 vernichtet. Der Verbleib der Unterlagen der Deutschen Reichsbank. Ein Rechercheberich, zusammengestellt vom Bundesarchiv mit Unterstützung der Deutschen Bundesbank (F 2 Historisches Archiv), Koblenz 1998 (im folgenden zitiert als Bericht Bundesarchiv), S. 1–11.

40 Bergier-Bericht, S. 32. Die Erlöse wurden auf einem Konto „Max Heiliger" bei der Reichshauptkasse gutgeschrieben und gingen von dort in den Reichshaushalt. Die Beamten der Reichsbank sahen den Vorgang „als völlig in Ordnung" an. So die Aussage von Reichsbankrat Albert Thoms als Zeuge vor dem Internationalen Militärgerichtshof in Nürnberg. Zitiert nach Closing-Brief Graf Schwerin von Krosigk, BArch, 99 US 7, Nr. 831, Bl. 175.

41 Bergier-Bericht, S. 26–32. Bei der Berliner Pfandleihanstalt war auf Weisung des Beauftragten für den Vierjahresplan eine Zentralstelle für den Ankauf und die Verwertung von Juwelen und Gegenständen aus Edelmetallen errichtet worden. Die Erlöse aus der Verwertung dieses Goldes gingen an die Reichsfinanzverwaltung. Schreiben Zollfahndungsstelle Berlin vom 1.4.1941, BArch, R 2, Nr. 21686. Die Zentralstelle bei der Berliner Pfandleihanstalt mußte wegen der Menge des angelieferten Schmucks 1944 vorübergehend die Bearbeitung ablehnen. Landesarchiv Berlin, Rep. 39, Acc. 3526 (AfW), Band 25, Bl. 4.

Dabei handelte es sich um eine Menge von rund 548 Tonnen.[42] Am gesamten Reichsbankgold der Jahre 1939–1945 hatte das Beutegold einen Anteil von ca. 70 %. Das Beutegold setzte sich fast zur Hälfte aus belgischen und niederländischen Reserven zusammen. Hinzu kamen größere Bestände aus Italien, Österreich und der Tschechoslowakei.[43]

Zur Menge des konfiszierten Goldes liegen kaum Angaben vor. Ein großer Teil des durch Sonderaktionen des Beauftragten für den Vierjahresplan beschafften Goldes dürfte dieser Kategorie zuzurechnen sein. Aus den Sonderaktionen stammten rund 8 % des Reichsbankgoldes der Jahre 1939–1945.[44]

Die Angaben über das Opfergold stützen sich auf die in den Reichsbankbüchern verzeichneten Melmer-Lieferungen. Nach dem derzeitigen Forschungsstand ist davon auszugehen, daß die Menge des „Melmer-Goldes" bei mindestens 2 577 kgf lag. Das entsprach 0,3 % des Reichsbankgoldes der Jahre 1939–1945.[45]

Rund 16 % des gesamten Goldbestandes der Reichsbank im Krieg waren nachweislich kein Raubgold. Der größte Teil dieses Goldes entfiel auf Vorkriegsreserven, die vermutlich nach den ersten Kriegsjahren aufgebraucht waren. Weiteres „sauberes" Gold erhielt die Reichsbank durch Lieferungen aus der Sowjetunion (bis Juni 1941), aus Japan und von der BIZ.[46]

Das bei Kriegsende von der Reichsbank noch nicht verwertete Raubgold wurde von den Siegermächten zusammen mit anderen Beständen beschlagnahmt. Auf der Pariser Reparationskonferenz einigten sich die Alliierten Anfang 1946 auf den Modus, nach dem das Beutegold des „Dritten Reichs" zurückgegeben wurde. Als Vertreter der Interessen aller geschädigten Länder

42 Umgerechnet nach den Daten in: Bergier-Bericht, S. 35, zu dem dort verwendeten Preis von 1125 US-Dollar pro kgf (US-Preis 1945). Die Angaben zum Beutegold schließen die vor Kriegsbeginn entwendeten österreichischen und tschechoslowakischen Goldreserven mit ein. Die nach dem Krieg erhobenen Forderungen ausländischer Notenbanken an das Reich gingen von 700 Tonnen aus. Werner Wilmanns, Über das Schicksal der deutschen Goldbestände (1948), Historisches Archiv der Deutschen Bundesbank, B 330/10061/6, Bl. 14f.

43 Bergier-Bericht, S. 35.

44 Ebd.

45 Ebd.; Steinberg-Bericht, S. 30. Der Bergier-Bericht gibt einen Mindestwert von 2,9 Mio US-Dollar an (in US-Preisen von 1945). Überhöht sind die Angaben im Eizenstat-Bericht II, Annex I. Dort wird von einem Mindestwert von 4,6 Mio US-Dollar ausgegangen.

46 Bergier-Bericht, S. 35.

errichteten die USA, Großbritannien und Frankreich im September 1946 die Tripartite Gold Commission (TGC). Von dieser Organisation wurde das in Deutschland beschlagnahmte monetäre Gold gepoolt und anteilig an die geschädigten Länder abgegeben.[47]

Das nichtmonetäre Gold, zu dem auch das Opfergold zählte, wurde auf Beschluß einer Fünf-Mächte-Konferenz vom 16.4.1946 an das Intergovernmental Committee on Refugees abgegeben. Opfergold befand sich auch in Beständen, die an die TGC gingen.[48] Die geschädigten Privatpersonen und die Erben der Opfer wurden in den interalliierten Regelungen nicht berücksichtigt. Einen Teil des Erlöses von Wertsachen, die jüdischen Opfern in den Ghettos und Konzentrationslagern geraubt worden waren, erhielt allerdings später die Jewish Restitution Successor Organisation (JRSO).[49]

Nach dem Bundesrückerstattungsgesetz vom 19.7.1957 konnten Ansprüche auf Rückerstattung konfiszierten Goldes zunächst nur dann geltend gemacht werden, wenn nachgewiesen wurde, daß das Gold im späteren Geltungsbereich des Grundgesetzes entzogen oder dorthin verbracht worden war.[50] 1964 wurde die Regelung auf alle Länder ausgedehnt, mit denen die Bundesrepublik diplomatische Beziehungen unterhielt. Zurückgewiesene Ansprüche konnten nun erneut geltend gemacht werden, wenn die Konfiskation „auf Grund allgemeiner Maßnahmen aus dem Entziehungsgebiet" erfolgt war.[51]

47 Eizenstat-Bericht I, X. Am 9.9.1998 teilten die Regierungen Frankreichs, Großbritanniens und der USA die Auflösung der TPG mit.

48 Ebd., IX/E–F; Eizenstat-Bericht II, Annex I.

49 Schreiben United Restitution Organisation (URO) an Rechtsanwalt Dr. Robert M.W. Kempner vom 11.11.1975. Bericht Bundesarchiv, Anlage 43. Die JSRO wurde 1948 als eine der „Nachfolgeorganisationen" gegründet, die nach den alliierten Gesetzen rückerstattungspflichtiges jüdisches Vermögen erhalten sollten, das als „erbenlos" galt oder nicht fristgemäß eingefordert worden war.

50 Bundesgesetzblatt Jg. 1957, T. I, S. 734; Institut für Zeitgeschichte München, Gutachten zur Frage der Entziehung und Verbringung jüdischen Vermögens gemäß § 5 BRÜG, Ms. München 1963.

51 Drittes Gesetz zur Änderung des Bundesrückerstattungsgesetzes vom 2. Oktober 1964, Bundesgesetzblatt Jg. 1964, T. I, S. 809ff.

Abb. 1: Das ausgelagerte Gold der Reichsbank in einem Bergwerk bei Merkers in Thüringen

2.3. Die Rolle der Geschäftsbanken

An den Goldtransaktionen während des Zweiten Weltkriegs waren nur wenige deutsche Geschäftsbanken beteiligt. Von der Reichsbank wurde an vier Banken Gold abgegeben, die eine Golderwerbsgenehmigung des Reichswirtschaftsministeriums hatten: Die Deutsche Bank, die Dresdner Bank, das Bankhaus H. Fetschow & Sohn und die Bank-Kommanditgesellschaft Sponholz & Co.[52] Die geringe Zahl der am Goldhandel beteiligten deutschen Geschäftsbanken ergab sich aus der kriegswirtschaftlichen Reglementierung. Gold mußte der Reichsbank angezeigt und auf Verlangen zum Zwangspreis von 2 790 RM pro kgf zum Kauf angeboten werden. Die Reichsbank gab wiederum Gold an andere Banken nur zur Devisenbeschaffung ab. Von den vier mit einer Golderwerbsgenehmigung ausgestatteten Geschäftsbanken waren praktisch nur die Dresdner Bank und die Deutsche Bank in der Lage, in großem Umfang Devisen aus neutralen Ländern zu beschaffen. Sie verfügten über Filialen in der

52 Karl Graupner, Vermerk über Goldabgaben der Reichsbank (1945), Historisches Archiv der Deutschen Bundesbank, B 330/10061/6, Bl. 68.

Türkei und über traditionell gute Geschäftsbeziehungen zu Schweizer Banken. Anders gelagert waren die Goldgeschäfte des Bankhauses Sponholz & Co., das im Rahmen der Sonderaktionen des Beauftragten für den Vierjahresplan, Hermann Göring, in den besetzten westeuropäischen Ländern Devisen beschaffte.[53]

Die genannten Geschäftsbanken waren als Abnehmer an den Goldtransaktionen des Reichs beteiligt. Ihre Aktivitäten beschränkten sich auf den Bereich der Verwertung.[54] Nach dem derzeitigen Kenntnisstand war nur eine deutsche Geschäftsbank, die Berliner Handelsgesellschaft, auch an der Goldbeschaffung des Reichs aktiv beteiligt. Diese Bank tätigte für Görings Behörde Goldankäufe auf dem Schwarzmarkt in Belgien, Frankreich und Italien.[55]

Die Beschaffung von Raubgold wurde nicht von den Geschäftsbanken betrieben, sondern von amtlichen Stellen, von Finanzbehörden über Devisenschutzkommandos, Besatzungsverwaltungen und Wehrmachtsdienststellen bis zur SS. Die Behörden bedienten sich dabei aber auch der Geschäftsbanken, die bei der Einziehung konfiszierten Goldes zu Handlangern und Mitwissern wurden. So waren die Banken im „Protektorat Böhmen und Mähren“, darunter die zur Dresdner Bank-Gruppe gehörende Böhmische Escompte-Bank, per Erlaß verpflichtet, jüdische Kunden zwecks Öffnung ihrer Safes vorzuladen und den Termin rechtzeitig den Behörden mitzuteilen. Die Plünderung durch Finanzbeamte erfolgte dann in Anwesenheit von Mitarbeitern der Bank.[56]

53 Schreiben des Reichsmarschalls und Beauftragten für den Vierjahresplan an den Reichsminister der Finanzen vom 30.9.1944, BArch, R 2, Nr. 19491. Das Bankhaus Sponholz & Co. darf nicht mit der Dresdner Bank-Tochter Sponholz, Ehestädt & Schröder verwechselt werden. Zwischen beiden Banken bestand keine unmittelbare Beziehung.

54 In der Schweiz gekauftes Gold setzten die Deutsche und die Dresdner Bank nicht in Deutschland, sondern in der Türkei ab.

55 Schreiben des Reichsmarschalls und Beauftragten für den Vierjahresplan an den Reichsminister der Finanzen vom 14.2.1944; Schreiben der Berliner Handelsgesellschaft an den Reichsminister der Finanzen vom 4.11.1943, BArch, R 2, Nr. 19491; Notes on German Purchases in Paris, NA, RG 260, Box 650. Die von der Berliner Handels-Gesellschaft gegen RM zu Schwarzmarktpreisen gekauften Devisen und Goldmünzen gingen über die Deutsche Golddiskontbank an die Reichsbank.

56 Die konfiszierten Wertgegenstände wurden anschließend an die Edelmetallbewirtschaftungsstelle für das Protektorat, die Hadega, abge-

An der Verwertung des Raubgoldes waren die deutschen Geschäftsbanken beteiligt, die über eine Golderwerbsgenehmigung verfügten. Ihr Anteil an den Goldabgaben der Reichsbank war mit knapp 2 % gering (siehe Tabelle 1).

Warum deutsche Geschäftsbanken in die Verwertung von (Raub-)Gold der Reichsbank gegen Devisen miteinbezogen wurden und warum dies andererseits nur in vergleichsweise geringem Umfang der Fall war, läßt sich durch die Absatzmöglichkeiten in den Abnehmerländern erklären. Der größte Teil der Lieferungen in die Schweiz als der für das Reich wichtigsten „Golddrehscheibe" ging direkt an die Zentralbank in Bern. Auch die Transfers nach Portugal erfolgten auf der Ebene der Zentralbanken. Anders verlief der Goldhandel zwischen Deutschland und der Türkei, da das Gold hier auf dem freien Markt abgesetzt wurde. Das Türkeigeschäft bildete deshalb das einzige Segment des damaligen Goldhandels, in dem die deutschen Geschäftsbanken aktiv waren. Verglichen mit den großen Transfers zwischen den Zentralbanken in Berlin, in Bern und in Lissabon hatte das Goldgeschäft in Istanbul einen bescheidenen Umfang. Dieser Handel befand sich aber fest in der Hand von Geschäftsbanken. Die Belieferung des freien Markts in der Türkei mit (Raub-)Gold aus Deutschland erfolgte ausschließlich über die dortigen Filialen der Deutschen Bank und der Dresdner Bank.

führt. Grundlage dieser Praxis war ein Erlaß des Reichsprotektors vom 7.7.1942. Landesarchiv Berlin, Rep. 39, Acc. 3526 (AfW), Band 19, Bl. 315.

3. Der Goldhandel der Dresdner Bank: Form, Umfang und Gewinne

3.1. Die Arbitragegeschäfte in der Türkei

Der Goldhandel der Dresdner Bank während des Zweiten Weltkriegs war ganz auf die Türkei ausgerichtet. Unter den Goldtransaktionen, die damals aus Deutschland in die neutralen Länder getätigt wurden, wies das Türkei-Geschäft der Dresdner Bank, ebenso wie das der Deutschen Bank, einige Besonderheiten auf. Dazu gehörte, daß die Dresdner Bank das Gold in der Türkei auf dem freien Markt verkaufte. Neben der Schweiz gehörte die Türkei zu den wenigen Ländern, in denen während des Kriegs ein freier Goldmarkt existierte, und ebenso wie die Schweiz hatte das Land eine konvertible, international akzeptierte Währung. Nach der im Dezember 1942 erfolgten Einführung von Handelskontrollen in der Schweiz bestand nur noch in der Türkei ein bedeutender freier Goldmarkt.

Eine weitere Besonderheit dieses Handels war, daß die Goldgeschäfte im Auftrag privater Personen, nämlich von in Ankara und in Istanbul tätigen Diplomaten, erfolgten.

Im Unterschied zu den Transaktionen der Reichsbank in die Schweiz zielte das Türkeigeschäft der Dresdner Bank nicht allein auf die Devisenbeschaffung ab. Entscheidend war hier vielmehr die Gewinnspanne. Die Bank und die Auftraggeber machten sich zunutze, daß der Goldpreis in der Türkei, bedingt durch die dortige Inflation, höher lag als in Deutschland und in der Schweiz (Arbitrage). Das Gold wurde gekauft, um es auf dem freien Markt in Istanbul mit Gewinn gegen türkische Währung zu verkaufen.

Die kriegswirtschaftliche Bedeutung der Arbitragegeschäfte war vergleichsweise gering. Für die deutsche Rüstungsindustrie gehörte die Türkei zwar wegen ihrer Chromerzvorkommen zu den wichtigsten Rohstofflieferanten. Anders als häufig vermutet wurde, bestand aber kein unmittelbarer Zusammenhang zwischen den Chromerzlieferungen und den Goldgeschäften der Dresdner Bank bzw. der Deutschen Bank in der Türkei. Das Gold wurde auf dem freien Markt in Istanbul hauptsächlich an private Personen verkauft.[57]

57 Siehe Kap. 5.2.

Der Diplomaten-Goldhandel in der Türkei fand in großem Umfang seit September 1942 statt und endete Anfang August 1944 mit dem Abbruch der diplomatischen Beziehungen zwischen der Türkei und den Achsenmächten. Seit Kriegsbeginn hatte sich in der Türkei ein schwunghafter Goldhandel entwickelt. Die Nachfrage nach Gold nahm hier durch die einsetzende Inflation stark zu. In Gold konnten Vermögen sicher angelegt werden. Deutsche Diplomaten, die in Ankara und in Istanbul tätig waren, stiegen in den Goldhandel ein, um sich türkische Währung zu beschaffen, nachdem die freie Reichsmark[58] in der Türkei nicht mehr akzeptiert wurde. Die Diplomaten ließen in Zürich freie RM-Schecks gegen Schweizer Franken wechseln und diese Devisen in Gold konvertierten. Das Gold wurde nach Istanbul geschickt und gegen türkische Pfund (Ltq) verkauft.[59] Zunehmend konnten dabei Arbitragegewinne erzielt werden, weil der Goldpreis in Istanbul wegen der türkischen Inflation stärker anstieg als in Zürich.

Der Goldhandel der deutschen Diplomaten in der Türkei erfolgte zunächst ausschließlich über die Deutsche Bank, die bereits 1941 im Goldgeschäft hohe Gewinne erzielte.[60] Der deutsche Botschafter in der Türkei, der frühere Reichskanzler Franz von Papen, arbeitete schon seit langem mit der Deutschen Bank zusammen und wies das Diplomatengeschäft deren Istanbuler Filiale zu. Die Filiale der Deutschen Bank lehnte es noch im Sommer 1942 ab, dieses Geschäft mit der Dresdner Bank zu teilen.[61] Die Dresdner Bank war nach Angaben ihrer damaligen Devisenabteilung „ursprünglich nur in geringem Umfange“ in den Goldhandel mit der Türkei einbezogen. Erst 1942 weitete

58 „Freie Reichsmark“ waren Einzahlungen eines Ausländers (in diesem Fall Einzahlungen aus dem Ausland) im Inland aus nachgesandtem Auslandsgeld. Der Einzahler konnte darüber frei verfügen. Ein Umtausch in Devisen bzw. in Gold zur freien Rückführung war möglich, aber nicht garantiert. Herbert Rittmann, Deutsche Geldgeschichte seit 1914, München 1986, S. 222f.

59 Steinberg-Bericht, S. 31.

60 Ebd., S. 74.

61 Ebd., S. 31; Aktennotiz der Filiale Istanbul betr. Goldgeschäft vom 31.7.1942, Historisches Archiv der Deutschen Bank (HADB), F 40/6.

sich das Goldgeschäft der Istanbuler Filiale der Dresdner Bank, der DOB, aus.[62]

Ebenso wie die Deutsche Bank kaufte die Dresdner Bank das Gold zunächst in der Schweiz an. Diese Bezugsquelle drohte zu versiegen, als die SNB dann im Sommer 1942 begann, aus währungspolitischen Gründen gegen die freie Ausfuhr von Gold vorzugehen. Die SNB stellte ihre Verkäufe auf dem Markt ein. Mit den Schweizer Geschäftsbanken vereinbarte sie, Barrengold nur noch zu einem Preis von maximal 4 970 SFr pro kgf zu handeln. Die Ausfuhr von Goldmünzen sollte stark eingeschränkt werden. Am 7.12.1942 beschloß der Bundesrat auf Drängen der SNB, den Goldhandel der Schweiz staatlich zu reglementieren. Bei An- und Verkäufen durften die Preise den amtlichen Höchstpreis nicht überschreiten, die Ein- und Ausfuhr von Gold konnte nur noch über die SNB erfolgen, die andere Transfers genehmigen mußte. Durch die Maßnahmen vom Dezember 1942 wurden die Geschäftsbanken aus dem Schweizer Goldhandel gedrängt.[63]

Bei der Deutschen Bank wurden vor diesem Hintergrund schon frühzeitig Überlegungen angestellt, das Gold für die Diplomaten-Arbitragen nicht mehr aus der Schweiz, sondern von der Reichsbank zu beziehen. Im Juli 1942 reisten die Leiter der Edelmetall- und der Devisenabteilung der Reichsbank, Albert Thoms und Karl Graupner, nach Istanbul.[64] Sie erhielten von der dortigen Filiale der Deutschen Bank ein Exposé überreicht, in dem der Reichsbank vorgeschlagen wurde, Gold über ein Depotkonto für die Arbitragegeschäfte in der Türkei abzugeben. Die Reichsbank akzeptierte den Vorschlag und errichtete ein Goldsichtkonto.[65] Seit dem Frühherbst 1942 wurde das Gold für die

62 Skript vom 24.10.1944, vermutlich von Max Schobert, Historisches Archiv der Dresdner Bank (HADrBk), Deutsche Orientbank, Unser Gold in Ankara und Liquidationsfragen (im folgenden zitiert als Bericht Schobert).

63 Bergier-Bericht, S. 164f.; Fior, S. 32ff.

64 Thoms und Graupner begleiteten einen Goldtransport an die Türkische Zentralbank. Bei dieser Gelegenheit besuchten sie auch die Istanbuler Filialen der Deutschen und der Dresdner Bank. Bericht der Reichsbankräte Thoms und Graupner über die Durchführung eines Goldtransports von ca. 2 000 kg nach Istanbul vom 18.7.1942, Historisches Archiv der Deutschen Bundesbank, BSG 10-47.

65 Das Goldsichtkonto war ein Depotkonto, auf dem die Guthaben der einzelnen Auftraggeber in Gold verbucht wurden. Wenn ein bestimmter Gesamtbetrag erreicht wurde, lieferte die Reichsbank die entspre-

Diplomaten-Arbitragegeschäfte in der Türkei hauptsächlich von der Reichsbank bezogen.

Die Reichsbank errichtete damals nicht nur für die Istanbuler Filiale der Deutschen Bank, sondern auch für die DOB ein Goldsichtkonto. In einem Schreiben vom 9.9.1942 teilte die DOB der Dresdner Bank Berlin mit, daß für überwiesene Diplomatenschecks Gold von der Reichsbank zu erwarten sei.[66] Damit war es der Dresdner Bank gelungen, die Monopolstellung der Deutschen Bank im Diplomaten-Goldhandel zu brechen. Vermutlich dürften die Reichsbehörden bzw. die Reichsbank auf eine äquivalente Beteiligung der beiden in Istanbul vertretenen deutschen Großbanken gedrängt haben.

Ihre eigentliche Dynamik erhielten die Goldarbitragegeschäfte der Dresdner Bank dann durch den einsetzenden Anstieg des Goldpreises. Die Reichsbank, die den größten Teil ihrer Goldtransaktionen mit der Schweiz tätigte, konnte dort nach Einführung der Handelskontrollen nur noch zum amtlichen Kurs verkaufen. Sie war deshalb nicht in der Lage, vom Anstieg des Marktpreises zu profitieren. Anfang 1943 betrug der amtliche Ankaufspreis der SNB für ein Napoléon-Goldstück 29,50 SFr, während auf dem Markt bis zu 42 SFr bezahlt wurden.[67]

Die Dresdner Bank kaufte bei der Reichsbank Gold gegen SFr. Im Unterschied zur SNB war sie bereit, einen Preis zu zahlen, der sich am Züricher Marktkurs orientierte. Da die Spanne zwischen dem Marktpreis und dem amtlichen Preis in der Schweiz zunahm, wurde der Goldhandel mit der Dresdner Bank nun für die Reichsbank ein lukratives Geschäft. Darauf weist ein im Herbst 1944 verfaßter Bericht hin, der Max Schobert, dem Leiter der Devisenabteilung der Dresdner Bank und Organisator ihres Goldhandels im Zweiten Weltkrieg, zugeschrieben wird (im folgenden zitiert als Schobert-Bericht):

„Um höhere Ergebnisse zu erzielen, lag der Gedanke nahe, unsere in der Türkei befindlichen Filialen zu veranlassen, die Goldkäufe nicht mehr in der Schweiz direkt, sondern bei der Reichsbank gegen Zahlung effektiver sfrs vorzunehmen. Die Reichsbank

chende Goldmenge. Das Konto mußte nicht ausgeglichen werden. Schreiben DOB an Direktor Schobert vom 26.10.1942, HADrBk, D.O.B., Sekretariat - Midas-Depot.

66 HADrBk, Goldgeschäfte 1942/43.

67 Bericht Schobert vom 24.10.1944, HADrBk, Deutsche Orientbank, Unser Gold in Ankara und Liquidationsfragen.

begrüßte nicht nur diese Anregung, sondern zeigte im Laufe der Zeit ein lebhaftes Interesse an dem Verkauf von Gold an unsere türkischen Filialen. Der Preis wurde von der Reichsbank im Einklang mit in Zürich notierten Freiverkehrskursen für Gold festgesetzt."[68]

Bei diesem Handel verhielten sich die Reichsbank und die Dresdner Bank wie Marktteilnehmer. Da die Dresdner Bank, anders als die SNB, für die Goldabgaben den Marktkurs zahlte, konnte die Reichsbank vom Anstieg des Goldpreises durch höhere Devisenerlöse profitieren. Für die Dresdner Bank hatte dies den Vorteil, daß die Reichsbank interessiert war, Gold an sie zu verkaufen. Trotz der Ausfuhrbeschränkungen in der Schweiz war der Bezug von Gold damit gesichert. Die Dresdner Bank erwarb das Gold zwar zu einem hohen Preis, konnte es aber in der Türkei zu einem noch erheblich höheren Preis absetzen.

Die aufgefundenen Unterlagen der Dresdner Bank und ihrer Istanbuler Filiale vermitteln ein detailliertes Bild vom Ablauf der Goldarbitragegeschäfte. In der Türkei tätige Diplomaten des Reichs, mit Deutschland verbündeter Staaten und neutraler Länder beauftragten die DOB, in der Schweiz oder in Deutschland Gold zu kaufen, das Gold in die Türkei zu bringen, dort zu verkaufen und ihnen den Gegenwert in türkischen Pfund auszuzahlen. Von den Auftraggebern erhielt die DOB Schecks in SFr, US-$ oder freien RM, ausgestellt auf Schweizer Banken oder auf die Dresdner Bank Berlin. Für die einzelnen Aufträge buchte die Reichsbank auf dem Goldsichtkonto eine entsprechende Goldmenge. Sobald das Goldsichtkonto einen bestimmten Stand erreicht hatte, teilte die Dresdner Bank der Devisenabteilung der Reichsbank mit, daß sie von ihrer Istanbuler Filiale beauftragt worden sei, Gold in der jeweiligen Menge zu kaufen. Die Dresdner Bank bot an, den Gegenwert in SFr über den Schweizerischen Bankverein (SBV) zu beschaffen. In einigen Fällen wurden die Zahlungen auch über die Schweizerische Bankgesellschaft (SBG) oder Svenska Handelsbanken, Stockholm, in Schwedischen Kronen getätigt.

Lieferungen mit Goldmünzen wurden von der Dresdner Bank nach dem Kauf bei der Reichsbank über Wien an die Istanbuler Filiale geschickt. Barrengold ging zunächst zur Degussa nach

68 Ebd. In einer dem Bericht anliegenden Notiz wird Schobert als vermutlicher Verfasser genannt.

Frankfurt a. M. Dort ließ die Dresdner Bank das Gold in kleine, handliche Barren umschmelzen, die dann von der Degussa über Wien nach Istanbul versandt wurden (siehe Kap. 4.3.).

Zunächst erfolgten die Lieferungen nach Istanbul per Postpaket. Die Transporte waren bei der Allianz, später dann über die Norddeutsche Versicherungs-Vermittlungs-Gesellschaft versichert. Als im Mai 1943 der Postverkehr zwischen Deutschland und der Türkei vorübergehend unterbrochen wurde, nahm die Dresdner Bank das zum Anlaß, die Lieferungen auf einen zuverlässigeren Transportweg umzustellen. Da es sich um Diplomatenaufträge handelte, war auch das Auswärtige Amt an einer störungsfreien Durchführung der Transporte interessiert. Der für die Türkei zuständige Referatsleiter der Handelspolitischen Abteilung des Auswärtigen Amts, Georg Ripken, bot im Mai 1943 an, das Gold mit dem wöchentlichen Flugkurierdienst seiner Behörde von Wien aus nach Istanbul zu befördern.[69] Bald erfolgten die Lieferungen ausschließlich per Flugkurier des Auswärtigen Amts. Die Kuriere übernahmen das Gold in Wien, wohin es von Berlin bzw. Frankfurt a. M. (Degussa) verschickt worden war.[70] Auf einer wöchentlich beflogenen Kurierstrecke der Deutschen Lufthansa, die nur mit amtlichem Auftrag in Anspruch genommen werden durfte, gelangten die Transporte nach Istanbul.[71] Vom dortigen Flughafen Yesilköy wurde das Gold in das deutsche Generalkonsulat gebracht und dann der DOB übergeben. Auch die Lufttransporte mußten von der Dresdner Bank versichert werden.

Aus devisenrechtlichen Gründen wurden die Arbitragen formell so durchgeführt, daß die Dresdner Bank das Gold in Deutschland an die Auftraggeber verkaufte, es dann als deren Eigentum in die Türkei einführte und dort den Diplomaten ge-

69 Aktennotiz vom 18.5.1943 betr. Goldtransporte nach der Türkei, HADrBk, Goldgeschäfte 1942/43.

70 Bis zur Abholung durch die Kuriere wurde das Gold häufig über Nacht im Aufbewahrungsdepot der Länderbank Wien verwahrt. Entsprechende Eintragungen aus dem Frühjahr 1944 finden sich in einem erhaltenen Depotbuch. AADrBk, Depot 2, Buch 7, U Schätze, Reichsschatzwechsel, Bl. 2614A.

71 Nach Auskunft des Firmenarchivs der Deutschen Lufthansa AG wurde die Kurierstrecke Wien-Istanbul (K 107) einmal wöchentlich in beiden Richtungen mit Zwischenlandungen in Budapest und Sofia beflogen. Dabei handelte es sich um einen planmäßigen Flugdienst der Lufthansa. Geflogen wurde mit Maschinen vom Typ Junkers Ju 52.

gen türkische Währung abkaufte.[72] Schließlich wurde das Gold von der Istanbuler Filiale der Dresdner Bank auf dem freien Markt wieder verkauft. Da sich dieser Vorgang über mehrere Wochen hinzog, stellte die DOB den Diplomaten in der Regel bereits unmittelbar nach Buchung ihrer Guthaben auf dem Goldsichtkonto der Reichsbank den Gegenwert des Goldes in türkischen Pfund (Ltq) zur Verfügung.[73] Die Dresdner Bank profitierte von den Goldarbitragegeschäften durch Provisionen, die auch als Risikoprämie bezeichnet wurden.

Die Diplomaten in Ankara und in Istanbul, die Goldarbitragen in Auftrag gaben, waren häufig getarnte Geheimagenten. Auf diesen Personenkreis und auf die Abnehmer des Goldes wird an anderer Stelle näher eingegangen (siehe Kap. 5.3.).

Parallel zum Goldgeschäft betrieb die Dresdner Bank für die in der Türkei tätigen Diplomaten einen Devisentauschhandel von geringerem Umfang, der zu begünstigten Kursen erfolgte. Die DOB schickte der Devisenabteilung der Dresdner Bank Berlin beispielsweise US-Dollar-Noten mit der Bitte, sie „bestens" gegen SFr zu verkaufen und ihr den Erlös auf ein Konto bei der Schweizerischen Kreditanstalt in Zürich zu überweisen. Die Dresdner Bank führte wiederum mit der Reichsbank Devisentauschgeschäfte durch. Der Erlös gelangte auf das SFr-Spezialkonto der Dresdner Bank bei der Reichsbank-Tochter Deutsche Golddiskontbank.

Gesteuert wurden die Goldoperationen der Dresdner Bank von der Devisenabteilung der Berliner Zentrale unter Direktor

72 Nach den damals neu gefaßten Devisenbestimmungen der Türkei mußte bei Deviseneinfuhren, die zu spekulativen Zwecken in Form von Gold getätigt wurden, das Gold zum offiziellen Preis der Türkischen Zentralbank verkauft werden. In der Türkei ansässige Ausländer konnten aber uneingeschränkt eigenes Gold einführen und dort verkaufen. Es war daher sehr viel günstiger, den Handel so zu organisieren, daß die Bank das Gold als Eigentum der Auftraggeber einführte. Bei diesem Verfahren konnte der Verkauf zu den erheblich höheren Marktpreisen erfolgen. Aktennotiz der Filiale Istanbul der Deutschen Bank vom 9.7.1942, HADB, F40/6.

73 Schreiben DOB an Direktor Schobert vom 26.10.1942, HADrBk, Goldgeschäfte 1942–1943; DOB, Darstellung der technischen Abwicklung der Gold-Arbitrage durch die Deutsche Orientbank in den Jahren 1942–1944 (11.9.1952). Ebd., D.O.B., Sekretariat - Midas-Depot.

Max Schobert.[74] Neben Schobert ist hier vor allem der Prokurist Otto Lozow zu nennen. Die türkische Filiale der Dresdner Bank trug zwar den Namen der Deutschen Orientbank, die 1933 mit der Dresdner Bank fusioniert worden war. Im Unterschied zur früheren Orientbank hatte sie nur den Status einer Filiale. Anders als bei der Deutschen Bank hatte die Tochterbank in Wien für die Goldtransaktionen der Dresdner Bank keine nennenswerte Bedeutung. Wien war hier nur eine technische Durchlaufstation, wo das Gold vom Landweg auf den Luftweg verladen wurde.[75]

Der Telegrammverkehr zwischen der Devisenabteilung und der Istanbuler Filiale wurde seit Sommer 1943 mit Tarnbegriffen geführt. Zu entnehmen sind den Telegrammen nun Bezeichnungen wie Midas (Gold), Andersen (Reichsbank), Ballen (Goldbarren), Binderstücke (holländische Goldmünzen), Maronen (Napoléon-Goldstücke), Regula(Schweiz), Reguladohlen (Schweizer Franken) oder gar Perfidium (London).[76]

Im Unterschied zur Deutschen Bank, die weiterhin Gold über ein Depot in Zürich nach Istanbul schickte, erfolgte der Goldhandel der Dresdner Bank seit dem Herbst 1942 kaum noch über die Schweiz. Die Schweizer Banken spielten hier dennoch eine wichtige Rolle. Die Goldankäufe bei der Reichsbank erfolgten in der Regel in SFr, die über den SBV beschafft wurden. Auch die Devisentauschgeschäfte gingen über Konten in der Schweiz. Die Schweizer Banken konnten jederzeit die gewünschten Beträge in SFr bereitstellen. Über den SBV, zu dem die Dresdner Bank und die DOB besonders gute Verbindungen hatten, wurden auch bankinterne Devisentransaktionen zwischen Berlin und Istanbul sowie Akkreditivgeschäfte der südosteuro-

74 Max Schobert war seit 1922 bei der Dresdner Bank tätig und seit November 1941 A-Direktor in der Berliner Zentrale. Nach dem Krieg war er zunächst Mitglied der Geschäftsleitung der Bayerischen Bank für Handel und Industrie (früher Dresdner Bank), von 1952 bis 1955 dann Mitglied des Vorstandes der Rhein-Ruhr-Bank in Düsseldorf, einem der drei Nachfolgeinstitute der Dresdner Bank. Schobert starb 1955.

75 Goldlieferungen an die Istanbuler Filiale wurden allenfalls für die Dauer von wenigen Tagen bei der Länderbank Wien deponiert. AADrBk, Depotbücher, Depot 2, Filialen H–Z, Bl.111488.

76 Eine handschriftliche Aufschlüsselung der Tarnnamen findet sich in Ergänzung des Schreibens der DOB Istanbul an die Ausland-Direktion vom 30.5.1944, HADrBk, Goldgeschäfte 1944.

päischen Affiliationen abgewickelt.[77] Als die DOB nach den Golddeklarationen der Alliierten vom 22.2.1944 damit rechnen mußte, daß das von der Reichsbank bezogene Gold nicht mehr im bisherigen Umfang in der Türkei absetzbar war, konnte sie mit Billigung der SNB wieder auf Schweizer Geschäftsbanken als Bezugsquelle zurückgreifen. Insgesamt wurden im Frühjahr 1944 fast 300 kgf gemünztes Gold in der Schweiz angekauft (siehe Anlage 2). Die größte derartige Transaktion wurde im März 1944 mit dem SBV vereinbart.[78]

Wie schon gezeigt wurde, profitierte das Reich von den Goldgeschäften der Dresdner Bank in der Türkei, weil die Dresdner Bank - im Unterschied zur SNB und anderen Zentralbanken - für die Goldabgaben der Reichsbank den Züricher Marktpreis zahlte. Dieser Preis stieg im Laufe des Jahres 1943 kräftig an. Am 3.12.1942 kaufte die Dresdner Bank 1 kgf Barrengold bei der Reichsbank noch zu einem Preis von 4 970 SFr. Am 27.10.1943 zahlte die Dresdner Bank dann der Reichsbank für 1 kgf Barrengold 6 500 SFr.[79] Der offizielle Ankaufspreis der SNB für 1 kgf Gold lag bei 4 869,80 SFr. Dazu stellte der Schobert-Bericht vom Herbst 1944 fest: „Der Reichsbank und dadurch der deutschen Volkswirtschaft sind auf diese Weise zusätzlich - über den regulären Goldpreis hinaus - Beträge in Devisen zugeflossen, die sich auf viele Millionen sfrs beziffern."[80] So gesehen hatte der damalige Goldhandel der Dresdner Bank durchaus auch eine kriegswirtschaftliche Funktion.[81]

77 AADrBk, Industriebüro, SBV 1943/44 (94952). Der SBV hatte sich schon 1937 als einzige Schweizer Geschäftsbank bereit gezeigt, den türkischen Filialen der Dresdner Bank Kredite zur Verfügung zu stellen. Tätigkeits-Bericht der Auslandsabteilung der Dresdner Bank für die Monate September und Oktober 1937 (streng vertraulich), NA, RG 242, T 83 Dresdner Bank Microfilmed Exhibits, Roll 3, Box 196.

78 Der SBV lieferte damals 800 000 ffrs in Goldfranken an die DOB. Telegramm Mercurbank Wien an Dresdner Bank Berlin, Direktor Schobert, HADrBk, Goldgeschäfte 1944. Zur Billigung dieses Geschäfts durch die SNB: Bergier-Bericht, S. 166f.

79 Schreiben der Dresdner Bank an das Reichsbank-Direktorium vom 3.12.1942, HADrBk, Goldgeschäfte 1942/43; Schreiben an die Deutsche Reichsbank, Devisenabteilung, vom 27.10.1943. Ebd.

80 Bericht Schobert vom 24.10.1944, HADrBk, Deutsche Orientbank, Unser Gold in Ankara und Liquidationsfragen.

81 Das Interesse des Reichs an möglichst hohen Devisenerlösen war für die Reichsbank das entscheidende Motiv, Goldtransaktionen mit den Geschäftsbanken durchzuführen. Darauf hat Albert Thoms hingewiesen. Vgl. Hersch Fischler, Das Totengold der europäischen Juden und

Vom Goldhandel der Dresdner Bank in die Türkei profitierte aber eben keineswegs nur das Reich bzw. die deutsche Kriegsfinanzierung. Mehr noch als für die Reichsbank war dieser Handel für die Dresdner Bank ein lukratives Geschäft. Die Spanne zwischen dem von der türkischen Inflation hochgetriebenen Goldpreis in Istanbul und dem Freiverkehrskurs in Zürich bzw. dem daran ausgerichteten Verkaufspreis der Reichsbank war beträchtlich. Nach einem Bericht, der sich in den Akten der DOB findet, wurden in Istanbul während der Jahre 1943 und 1944 zwischen 4 000 und 6 040 Ltq für 1 kg Feingold gezahlt. Die Dresdner Bank gab später an, daß sich der Preis für 1 kgf Barrengold dort 1944 auf 5 290 Ltq belief, der Preis für ein Goldstück Napoléon belgischer Provenienz auf 33,07 Ltq.[82] Nach Berichten britischer und amerikanischer Diplomaten, die über den Goldhandel der beiden deutschen Geschäftsbanken in Istanbul bis in die einzelnen Bewegungen hinein informiert waren, wurden bei Transaktionen der DOB im April 1944 für 1 kgf Barrengold 5 664 Ltq bezahlt, für ein Goldstück Napoléon 40 Ltq.[83]

Der offizielle Wechselkurs lag 1943 bei 3,33 SFr für 1 Ltq.[84] Auf dieser Basis gerechnet, konnte im Sommer 1943 für 1 kgf Barrengold, das die Dresdner Bank bei der Reichsbank für 6 300 SFr ankaufte, auf dem freien Markt in Istanbul ein Verkaufspreis von umgerechnet mindestens 12 000 SFr erzielt werden.

DOB-Direktor Johannes Posth gab die Gewinnspanne bei den Goldarbitragen in die Türkei später mit 30 % an, was realistisch gewesen sein dürfte.[85] Die Dresdner Bank nahm bei diesem Geschäft beträchtliche Provisionen ein, während die Reichsbank der Dresdner Bank keine Provisionen berechnete.[86]

die deutschen Großbanken. In: 1999. Zeitschrift für Sozialgeschichte des 20. und 21. Jahrhunderts, 13 (1998), H. 1, S. 157.

82 Altin (Bericht von 1944, unbekannter Herkunft), HADrBk, D.O.B., Sekretariat - Gold-Depot; Personalbüro II betr. Tantiemenansprüche Posth und von Aulock vom 31.08.1960. Ebd., Deutsche Orientbank, Unser Gold in Ankara und Liquidationsfragen.

83 Gold Transactions of the Deutsche Orient Bank from March 10th to April 15 1944 (22.4.1944), NA, RG 165, Box 3051.

84 Turkey, Banking, Currency and Exchange (7.2.1943), NA, RG 165, Box 3051; Eizenstat-Bericht II, S. 129.

85 Aktennotiz vom 16.8.1960 betr. Liquidation Doribank. HADrBk, Deutsche Orientbank, Unser Gold in Ankara und Liquidationsfragen.

86 Telegramme Schobert an Mercurbank Devisenhandel Wien vom 28.9.1942 und 29.9.1942; AADrBk, Handakten Salzwedel.

Die Arbitragegewinne waren so groß, daß für die Auftraggeber auch unter Abzug der Provision eine ansehnliche Rendite abfiel. Wer der Dresdner Bank 1943 1 SFr für eine Goldarbitrage gab, erhielt mindestens 0,615 Ltq (ohne Abzug der Provision). Nach dem offiziellen Wechselkurs hätte dafür ein Gegenwert von 2,03 SFr aufgebracht werden müssen. Am 26.1.1944 teilte die DOB dem Auslandssekretariat der Dresdner Bank mit, auf dem Wege der Goldarbitrage 0,68 Ltq für 1 SFr zur Verfügung stellen zu können, während die Schweizer Banken Türkische Pfund zum Kurs von 0,5 Ltq für 1 SFr abgaben.[87]

Praktisch bildeten die Devisenbestände der Diplomaten die Einlage bei dem Geschäft, die durch Goldarbitrage mit Gewinnen für alle Beteiligten vermehrt wurde und dann revolvierte.

Konzipiert wurden die damaligen Goldarbitragegeschäfte zwischen Deutschland und der Türkei ganz offensichtlich nicht von der Reichsbank, sondern von den beteiligten Geschäftsbanken, wahrscheinlich von deren Istanbuler Filialen. Belege dafür sind der Schobert-Bericht von 1944 und - noch eindeutiger - das erwähnte Exposé der Istanbuler Filiale der Deutschen Bank vom Juli 1942.

Vor diesem Hintergrund muß das Bild korrigiert werden, wonach die aus Deutschland während des Zweiten Weltkriegs getätigten Goldtransaktionen ausschließlich der Devisen- und Rohstoffbeschaffung des Reichs dienten. Das traf für die Hauptströme in die Schweiz und nach Portugal zu, aber nicht für das Türkeigeschäft der Dresdner Bank und der Deutschen Bank. Der entscheidende Faktor war hier das marktorientierte Gewinnstreben, das die beiden Geschäftsbanken im Handel mit dem neutralen Ausland entfalteten.

3.2. Weitere Transaktionen

Abgesehen von Ausnahmefällen, erfolgten die Goldverkäufe der Dresdner Bank während des Zweiten Weltkriegs durchweg im Rahmen der Arbitragegeschäfte in der Türkei. Bei den Goldtransaktionen nach Portugal und Spanien trat die Bank nicht als

87 Schreiben DOB an Ausland-Direktion vom 26.1.1944, HADrBk, Kairo-Istanbul.

Verkäufer auf.[88] Verkäufe in die Schweiz sind ebensowenig belegt wie Verkäufe an Abnehmer innerhalb des Reichs. Geringe Mengen Gold gingen in Form von Einzellieferungen, zumeist aus Gefälligkeit, an die Deutsche Gesandtschaft in Athen, an die Banque de Salonique in Athen und an die Mittelmeerwerften.[89] Vereinzelt finden sich in den Unterlagen auch Privatpersonen als Empfänger kleinerer Lieferungen verzeichnet, etwa der italienische Wissenschaftler Italo Ziangarelli und der stellvertretende Generaldirektor der Türkischen Zentralbank, Nedim Ersun.[90]

Neben den Verkäufen erfolgten größere Goldtransaktionen in Depots der Dresdner Bank bzw. ihrer Istanbuler Filiale. Zwischen August 1943 und Januar 1944 ging eine Reihe von Lieferungen mit Barrengold in ein Depot bei der Länderbank Wien. Dabei handelte es sich um eigenes Gold der Dresdner Bank. Auf dieses Depot wird noch einzugehen sein.

Nachweisbar sind auch mehrere Goldtransaktionen nach Bukarest, vor allem zwischen Januar und August 1944 (siehe Anlage 2). Dieses Gold war von der Dresdner Bank im Auftrag ihrer rumänischen Affiliation, der Societatea Bancara Romana, bei der Reichsbank angekauft worden. Die Käufe standen nicht im Zusammenhang mit den damaligen Goldlieferungen des Reichs an Rumänien, die über die rumänische Zentralbank gingen. Vermutlich wurde das Gold in Bukarest deponiert, um die Liquidität der dortigen Tochterbank zu sichern. Für Goldmün-

88 Nachweisbar ist nur, daß Goldbarren im Rahmen von Transaktionen der in Spanien tätigen Sofindus-Gruppe an die Dresdner Bank-Tochter Deutsch-Südamerikanische Bank in der französischen Grenzstadt Hendaye geliefert wurden. American Embassy Madrid an The Secretary of State, Washington, D.C. vom 9.5.1946, NA, RG 260, Box 650. Zur Sofindus vgl. Carlos Collado-Seidel, Gold, Agenten, Industrievermögen. Die Alliierten und die Ausschaltung des deutschen Einflusses in Spanien 1944–1958, Phil. Diss. (Ms.) München 1997, S. 221ff. Kapitaleigner der Sofindus-Holding war die dem Reichswirtschaftsministerium angegliederte Rohstoff-Waren Kompensation Handelsgesellschaft mbH.

89 Die Banque de Salonique hatte als „befreundete Bank" um die Zusendung von Gold gebeten. Die Mittelmeerwerften hatten ihren Sitz in Wien, die Goldlieferung war aber zur Finanzierung der Werft Anbelaki in Griechenland bestimmt (Schreiben der Mercurbank Wien an Schobert vom 7.7.1944). HADrBk, Goldgeschäfte 1944.

90 An Ziangarelli wurde am 12.1.1943 1 kgf Barrengold geschickt, adressiert an ein Hotel in Budapest, an Ersun gingen am 6.7.1944 4 000 ffrs in Goldmünzen der Lateinischen Münzunion ab (siehe auch Anlage 2). HADrBk, Goldgeschäfte 1942/43 und 1944.

zen konnten damals in allen Balkanländern sehr hohe Erlöse erzielt werden. Größere Mengen von Goldmünzen wurden deshalb aus der Türkei in diese Länder geschmuggelt.[91] Möglich ist auch, daß das Golddepot in Bukarest dazu diente, den Goldhandel in der relativ nahe gelegenen Türkei abzusichern. Gebucht war das Depot wahrscheinlich auf die DOB. Dafür spricht, daß die Lieferung vom 12.2.1944, die über den Kurierdienst des Auswärtigen Amts nach Bukarest ging, dort an Generaldirektor von Holzing-Berstett „wegen Deutsche Orientbank Filiale Istanbul" ausgehändigt wurde.[92] Max Adolf Freiherr von Holzing-Berstett, Vorstandsmitglied der Societatea Bancara Romana, war auf Bukarester Seite für die Goldtransfers verantwortlich.[93]

Eine ähnliche Funktion wie das Depot in Rumänien dürfte das Golddepot gehabt haben, das die Dresdner Bank 1943 bei der Bulgarischen Handelsbank in Sofia errichtete, mit der ein Freundschaftsvertrag bestand. Nach Angaben des zuständigen Prokuristen der Bulgarischen Handelsbank, Karl Lang, war das Gold intern auf die DOB gebucht.[94]

Wenige Wochen nachdem die Türkei die diplomatischen Beziehungen zu den Achsenmächten abgebrochen hatte, erklärten Bulgarien und Rumänien Deutschland den Krieg. Einige Lieferungen mit Goldmünzen, die im Auftrag der Societatea Bancara Romana gekauft worden waren, hatte die Dresdner Bank schon Monate zuvor in das Aufbewahrungsdepot ihrer Berliner Zentrale genommen.[95] Das in Sofia deponierte Gold, 2477 Napoléon-Goldstücke, ging vom 21. bis 24.8.1944 in drei

91 Smuggling of Gold. Military Intelligence Division W.D.G.S., Report No. 8881 from Istanbul, Turkey, 5.2.1944, NA, RG 165, Box 3051.

92 Devisen-Abteilung an Effektenkasse vom 12.2.1944. HADrBk, Goldgeschäfte 1944.

93 Schreiben Dresdner Bank, Effektenkasse, vom 8.1.1944; Länderbank Wien, Protokoll vom 12.1.1944 (Abschrift). Ebd.

94 Schreiben Bulgarische Handelsbank, Karl Lang, an die Direktion der Dresdner Bank vom 21.8.1944. Ebd.

95 Für Ende August 1944 ist eine letzte Lieferung nach Bukarest belegt, die aber nicht mehr dorthin gelangte. Warum dieser Transport vorgesehen war, obwohl anderes Gold schon seit Monaten nicht mehr der Societatea Bancara Romana zugestellt wurde, ist unklar. Devisen-Abteilung an Effektenkasse vom 11.7.1944; Schreiben an die Deutsche Reichsbank, Ablieferungs-Kontrolle vom 8.9.1944, ebd.; AADrBk, Depotbücher, Depot 2, Buch 7, U Schätze Reichsschatzwechsel, Bl. 2614 A, Rs.

Lieferungen an die Dresdner Bank Berlin zurück und wurde dort in ein „Sonderdepot Bulgarien“ gebucht.[96]

3.3. Der Umfang des Goldhandels

In den Unterlagen der Dresdner Bank finden sich keine Aufstellungen über die Gesamtmenge des im Zweiten Weltkrieg gehandelten Goldes. Der Umfang des Goldhandels muß aus Angaben unterschiedlicher Provenienz rekonstruiert werden. Aussagen sind dabei nur in Form von Näherungswerten möglich.

Auszugehen ist von den Ankäufen, die im Gegensatz zu den Verkäufen in den erhaltenen Unterlagen umfassend dokumentiert sind. Die Untersuchung stützt sich im folgenden auf drei Quellen:

a) Quittungen und Schriftverkehr der Dresdner Bank über Goldankäufe, die in den aufgefundenen Mappen zum Goldgeschäft enthalten sind (siehe Anlagen 1 und 2).

b) Mikrofilme von Barrenbüchern der Reichsbank und die auf diesen Büchern basierenden Angaben des Herzog-Berichts. In den Barrenbüchern sind Goldabgaben der Reichsbank an die Dresdner Bank verzeichnet. Zusammen mit anderen Unterlagen der Reichsbank-Edelmetallabteilung wurden die Barrenbücher nach Kriegsende von amerikanischen Stellen ausgewertet und verfilmt. Die Originale sind dann der Bank deutscher Länder übergeben worden und gelten als verschollen. Wahrscheinlich wurden sie zusammen mit anderen Originalunterlagen der Reichsbank vernichtet.[97] Die Verfilmungen können heute in den US National Archives und im Historischen Archiv der Deutschen Bundesbank eingesehen werden (siehe Anlage 3). Weitere Angaben finden sich in einer von Herbert Herzog 1957 erstellten Dokumentation, für die noch die Originalbücher der Reichsbank ausgewertet werden konnten (siehe Anlage 4).[98]

96 Schreiben der Bulgarischen Handelsbank, Karl Lang, vom 21., 23. und 24.8.1944, HADrBk, Goldgeschäfte 1944; AADrBk, Depotbücher, Depot 2, Filialen H–Z, Bl. 111488.

97 Bericht Bundesarchiv.

98 Dokumentation über das im Kriege nach Deutschland verbrachte Münzgold Italiens, zusammengestellt von Herbert Herzog, Ms. Wien 1957 (im folgenden zitiert als Herzog-Bericht). Historisches Archiv der Deutschen Bundesbank.

c) Die Bücher der Degussa über das bei ihrer Zweigniederlassung Berlin eingelieferte Scheidgut und über die Goldausgänge. Die von der Dresdner Bank bei der Reichsbank gekauften Goldbarren waren für den Absatz auf dem freien Markt in der Türkei zu sperrig. Sie wurden deshalb bei der Degussa in kleine, handliche Planschen umgeschmolzen. Aus den im Unternehmensarchiv der Degussa erhaltenen Büchern läßt sich so ein recht genaues Bild von der Menge des von der Dresdner Bank bezogenen Barrengoldes gewinnen (siehe Anlagen 5 und 6).

Die genannten Quellen sind für das Barrengold sehr viel dichter als für das gemünzte Gold, zu dem sich nur in den Unterlagen der Dresdner Bank Nachweise finden. Auch Angaben zu den in der Schweiz getätigten Goldankäufen sind nur in den genannten Akten der Dresdner Bank enthalten.

Die Bücher der Degussa zeigen, daß die Dresdner Bank im September 1942, mit der Umstellung des Türkeigeschäfts auf Bezüge von der Reichsbank, massiv in den Goldhandel einstieg. Bis zu diesem Zeitpunkt war sie nicht als Adressat von Rücklieferungen vorgekommen. Im Ausgangsbuch wurde die erste Rücklieferung an die Dresdner Bank am 14.9.1942 eingetragen. Vier Tage später beginnen die verzeichneten Einlieferungen von Scheidgut. Ab 9.10.1942 steht bei den Rücklieferungen „Dresdner Bank an Deutsche Orientbank Istanbul". Bis Dezember 1943 findet sich dann eine dichte Folge von Eintragungen. Die letzte Eintragung über Scheidgut der Dresdner Bank datiert vom 10.12.1943. Die Rücklieferungen brechen nach dem 6.1.1944 ab, mit Ausnahme einer letzten Lieferung vom 16.6.1944 (siehe Anlagen 5 und 6). Ein nahezu identischer Verlauf ergibt sich aus den Barrenbüchern der Reichsbank. Die verzeichneten Abgaben an die Dresdner Bank beginnen hier am 22.9.1942 und enden am 7.1.1944 (siehe Anlage 3). In beiden Quellen wurde nur das Barrengold erfaßt. Gemünztes Gold gab die Dresdner Bank nicht an die Degussa.

Während die Lieferungen nach Istanbul anfangs zu großen Teilen aus Goldbarren bestanden, schickte die Dresdner Bank seit Ende 1943 fast nur noch gemünztes Gold nach Istanbul (siehe Anlagen 1 und 2). Man kann zwischen einer Phase des Barrenhandels (September 1942 bis Juli 1943) und einer Phase des Münzhandels (August 1943 bis Juli 1944) unterscheiden. Wodurch der Einschnitt vom Sommer 1943 bedingt war, ist unklar.[99] Möglicherweise erhielt die Dresdner Bank von der Reichsbank nun Goldmünzen, die in der Schweiz nicht mehr abgesetzt werden konnten. Die SNB bat die Reichsbank im Oktober 1943, Gold nicht mehr in Form von Münzen zu liefern.[100]

In den Verfilmungen der Reichsbank-Barrenbücher finden sich Abgaben an die Dresdner Bank fast nur im Haupt- und Kontrollbuch „Verschiedene Goldbarren". Die Auswertung der oft schwer entzifferbaren Eintragungen ergab für die Lieferungen an die Dresdner Bank eine Menge von insgesamt 897,668 6 kgf Gold (siehe Anlage 3). Für die weiteren Bücher (900er Goldbarren, Standard-Goldbarren, hochwertige Goldbarren) sind die erhaltenen Filme sehr fragmentarisch. Hier konnten nur wenige Abgaben an die Dresdner Bank festgestellt werden.[101] Gerade auf diese Bücher stützt sich aber die im Herzog-Bericht von 1957 enthaltene Aufschlüsselung der Goldmenge, die von der Reichsbank an die Dresdner Bank verkauft wurde. Dagegen fehlen die Barren der Kategorie „verschiedene Goldbarren" in Herzogs Daten. Nach dieser Quelle erhielt die Dresdner Bank zwischen dem 17.9.1942 und dem 18.5.1943 31 Goldbarren der 900er-Kategorie, 46 Standard-Goldbarren und 4 hochwertige Goldbarren mit einer Menge von insgesamt 973,007 3 kgf (siehe Anlage 4).

Da sich die auf Mikrofilm erhaltenen Eintragungen zu den „verschiedenen Goldbarren" und die Angaben des Herzog-Berichts zu den Goldbarren der anderen Kategorien komplementär verhalten, kann durch Addition die Gesamtmenge des von der Reichsbank an die Dresdner Bank verkauften Barrengolds ermittelt werden, sie betrug demnach 1 870,675 6 kgf.

Näherungsweise bestätigt wird dieser Befund durch die Bücher der Degussa, die anders als die Barrenbücher der Reichsbank im Original vollständig erhalten sind. Die hierin verzeichneten Eintragungen über das von der Dresdner Bank bei der

99 Nach einem türkischen Bericht war Barrengold in Istanbul weiterhin sehr gefragt. Das Ausbleiben der Barrenlieferungen führte man hier auf Bombenschäden der Scheideanstalten in Deutschland zurück. Diese Vermutung wird durch die Bücher der Degussa eindeutig widerlegt. Altin (Bericht von 1944, unbekannter Herkunft), HADrBk, D.O.B., Sekretariat - Gold-Depot.

100 Fior, S. 87.

101 US National Archives-Film Nr. 12–24, Historisches Archiv der Deutschen Bundesbank.

Degussa eingelieferte Scheidgut ergeben eine Gesamtmenge von 2058,718 0 kgf Gold (siehe Anlage 5). Aus den im Ausgangsbuch der Degussa angegebenen Rücklieferungen an die Dresdner Bank (einschließlich Länderbank Wien) läßt sich eine Gesamtmenge von 2 059,059 0 kgf Barrengold berechnen. Hinzu kommen noch zwei Lieferungen der Deutschen Bank, die über die Degussa an die Länderbank Wien gingen. Dieses Gold hatte eine Menge von insgesamt 109,000 0 kgf (siehe Anlage 6).

Generell ist zu berücksichtigen, daß bei der Degussa auch Gold der Dresdner Bank eingehen konnte, das nicht bei der Reichsbank angekauft worden war oder aus älteren Beständen stammte. In bezug auf die Gesamtmenge des von der Dresdner Bank erworbenen Barrengoldes sind die Unterlagen der Degussa deshalb aussagekräftiger als die Barrenbücher der Reichsbank.

Die dritte ausgewertete Quelle sind die Quittungen, die der Reichsbank von der Dresdner Bank für die Abgabe von Gold ausgestellt wurden. In diesen Belegen werden die Zahl der Barren und das Feingewicht der jeweiligen Lieferung genannt. Die Auswertung der erhaltenen Quittungen ergibt eine Gesamtmenge von 2 136,181 6 kgf (siehe Anlage 1). Darunter befanden sich auch 49,693 1 kg ungeschiedenes Barrengold, die am 7.1.1944 bei der Reichsbank gekauft wurden und dann in einem Depot bei der Länderbank Wien lagen.[102] Dieses Gold war nicht über die Degussa gegangen. Um die Gesamtmenge des von der Dresdner Bank bezogenen Barrengoldes zu ermitteln, muß das ungeschiedene Barrengold zu den Rücklieferungen der Degussa addiert werden.

Die nachgewiesene Gesamtmenge des von der Dresdner Bank bezogenen Barrengoldes liegt damit bei rund 2 218 kgf, die Gesamtmenge des von der Reichsbank an die Dresdner Bank verkauften Barrengoldes bei rund 2 136 kgf.

Um Aussagen über die Menge des gesamten Goldes treffen zu können, das die Dresdner Bank während des Kriegs bezogen hat, muß nicht nur das Barrengold, sondern auch das geprägte Gold erfaßt werden. Während für das Barrengold genaue Gewichtsangaben vorliegen, wurden bei Goldmünzen in der Regel

102 Anlage 1 und Schreiben Devisenabteilung an das Reichsbankdirektorium vom 23.3.1945. HADrBk, Goldgeschäfte 1944-1949. Der Feingehalt dieser Barren läßt sich aus den verfügbaren Unterlagen nicht ermitteln.

nur die Stückzahl und der Wert angegeben. Das gilt auch für die Quittungsbelege der Dresdner Bank über die Goldankäufe bei der Reichsbank. Bei den von der Dresdner Bank im Untersuchungszeitraum bezogenen Goldmünzen handelte es sich mit wenigen Ausnahmen um drei Grundtypen: holländische Goldgulden, französische oder belgische Goldfranken und Goldfranken der Lateinischen Münzunion.[103] Das Gewicht der Goldmünzen kann daher über einen Umrechnungsschlüssel für die jeweilige Sorte angegeben werden. Für die drei genannten Münzsorten finden sich derartige Umrechnungsschlüssel im Herzog-Bericht.[104] Die von der Dresdner Bank gegenüber der Reichsstelle für Edelmetalle mitgeteilten Münzgewichte liegen zwar etwas höher als die im Herzog-Bericht angegebenen.[105] Die Differenz läßt sich jedoch plausibel erklären, wenn man davon ausgeht, daß Herzog das Feingewicht zugrunde legte. Im folgenden werden daher die Angaben von Herzog verwendet, nach denen sich 100 000 hfl in holländischen Goldmünzen in 60 kgf umrechnen, 100 000 ffrs in französischen oder belgischen Goldmünzen in 29 kgf und 100 000 ffrs in Goldmünzen der Lateinischen Münzunion ebenfalls in 29 kgf.

Eine entsprechende Umrechnung der in den Quittungsbelegen der Dresdner Bank an die Reichsbank verzeichneten Münzankäufe ergibt eine Mindestmenge von rund 3 247,805 4 kgf. Hinzu kommen die aus der Schweiz bezogenen Goldmünzen. Die nachgewiesenen Ankäufe in der Schweiz summieren sich umgerechnet auf rund 295,800 0 kgf. Die Gesamtmenge der angekauften Münzen lag somit bei mindestens 3 543,605 4 kgf.

Damit kann die von der Dresdner Bank während des Kriegs nachweislich bezogene Gesamtmenge an Gold mit rund 5 762 kgf angegeben werden.

103 Die Lateinische Münzunion war 1865 zwischen Frankreich, Belgien, der Schweiz und Italien gebildet worden. Später kam Griechenland hinzu. Die Münzunion lehnte sich an das französische Frankensystem an. Sie zeichnete sich durch einen gemeinsamen Münzumlauf und einheitliche Prägebestimmungen aus. Als zunächst bimetallisches Währungssystem wurde die Lateinische Münzunion mit der Durchsetzung des Goldstandards, der sich am britischen Pfund orientierte, bedeutungslos. Formal bestand sie bis 1926 fort.

104 Herzog-Bericht, S. 77ff.

105 Um die bezogenen Goldmünzen in die Türkei exportieren zu können, mußte die Bank bei der Reichsstelle eine Ausfuhrgenehmigung beantragen und dafür auch das Gewicht der jeweiligen Lieferung mitteilen.

Die Menge des bezogenen Goldes entsprach nicht der verkauften Menge. Ein Teil des angekauften Goldes befand sich bei Kriegsende in Depots der Dresdner Bank oder unter ausländischer Verwahrung. Dies traf für insgesamt rund 380 kgf Barrengold und mindestens 255 kgf gemünztes Gold zu.[106]

Die Gesamtmenge des von der Dresdner Bank während des Kriegs verkauften Goldes lag somit bei rund 5 127 kgf, also bei ungefähr 5 Tonnen.[107]

In der folgenden Tabelle werden die einzelnen Ergebnisse zusammengefaßt.

Tabelle 2: Der Goldhandel der Dresdner Bank 1939–1945 in kgf (Näherungswerte)

Goldankäufe	5 762	Goldverkäufe	5 127
– davon Barrengold	2 218	– davon Barrengold	1 838
– davon Goldmünzen	3 544	– davon Goldmünzen	3 289
– davon Abgaben der Reichsbank	min. 5 384 max. 5 466	Bestände bei Kriegsende	635
– davon Ankäufe in der Schweiz	296	– davon Barrengold	380
		– davon Goldmünzen	255
Insgesamt	5 762	Insgesamt	5 762

106 Zu den Angaben für die einzelnen Depots siehe Kap. 5.4., 6.1., 6.3. und 6.4. Die Umrechnung der Goldmünzen aus dem Depot in Ankara basiert auf einer qualifizierten Schätzung, die sich auf die Listen von 1945 und 1963 stützt.

107 Eine spätere Schätzung der DOB, wonach sie in den Jahren 1941–1944 Gold im Wert von 40 Mio. SFr in die Türkei eingeführt hätte, liegt eindeutig zu hoch. Schreiben DOB i. L. an Ministère des Finances, Direction Générale du Trésor, Ankara, vom 4.5.1962, HADrBk, Deutsche Orientbank, Unser Gold in Ankara und Liquidationsfragen.

Die während des Kriegs gehandelte Goldmenge war bei der Dresdner Bank etwas größer als bei der Deutschen Bank. Die Unterschiede sind aber so gering, daß für beide Banken von einer ähnlichen Größenordnung ausgegangen werden kann. Nach dem Steinberg-Bericht bezog die Deutsche Bank von der Reichsbank im Untersuchungszeitraum 4 446 kgf Gold, davon 2 456 kgf in Form von Barren, und kaufte weitere 901 kgf in der Schweiz an. Die bezogene Goldmenge lag insgesamt bei 5 347 kgf, die Gesamtmenge der Goldverkäufe der Deutschen Bank wird mit 4 967 kgf angegeben.[108] Unterschiede bestanden zwischen dem Handel der Dresdner Bank und der Deutschen Bank vor allem hinsichtlich der Zusammensetzung und der Herkunft des Goldes. Bei der Dresdner Bank lag der Anteil des gemünzten Goldes deutlich höher, der Anteil der Goldankäufe in der Schweiz dagegen niedriger als bei der Deutschen Bank. Beide Unterschiede könnten sich daraus erklären, daß der Goldhandel der Deutschen Bank stärker mit der Schweiz verbunden war. Anders als bei der Dresdner Bank wurden hier auch nach dem Herbst 1942 über ein Depot in Zürich Transfers nach Istanbul getätigt. Dem Handel mit Goldmünzen aus Deutschland stand die Schweiz distanzierter gegenüber als dem Handel mit Goldbarren, weil bei den Goldmünzen die Herkunft aus Beutegoldbeständen über die Prägung leicht zu erkennen war.[109]

Frühere Schätzungen über die von der Dresdner Bank während des Kriegs gehandelte Goldmenge müssen aufgrund der ausgewerteten Unterlagen deutlich nach oben korrigiert werden. Der Bergier-Bericht ging noch davon aus, daß sich die Goldabgaben der Reichsbank an die Dresdner Bank auf 3 733 kgf beliefen.[110] Die Angaben des Bergier-Berichts für die Deutsche Bank (3 200 kgf) wurden durch den Steinberg-Bericht ebenfalls nach oben korrigiert.

Nach dem derzeitigen Kenntnisstand lag der Anteil der Dresdner Bank an den gesamten Goldabgaben der Reichsbank während des Zweiten Weltkriegs bei rund 1 %, der Anteil der Deutschen Bank bei rund 0,85 %.

108 Steinberg-Bericht, S. 73f.
109 Fior, S. 86ff.
110 Bergier-Bericht, S. 35 (umgerechnet nach dem dort verwendeten US-Preis von 1945: 1 125 $ pro kgf, vgl. ebd., S. 33).

Verglichen mit anderen Geschäftsfeldern der Dresdner Bank hatte der Goldhandel auch in den Jahren 1942–1944 eine recht geringe Bedeutung. Die im Geschäftsbericht 1943 ausgewiesene Bilanzsumme lag bei 6 679 Mio. RM. Allein die im Rahmen der „geräuschlosen" Kriegsfinanzierung angenommenen Schatzwechsel und unverzinslichen Schatzanweisungen des Reichs und der Länder beliefen sich 1943 auf 3 401 Mio. RM.[111] Dagegen betrug der Wert aller Goldankäufe der Dresdner Bank in den Jahren 1942–1944 maximal 22 Mio. RM.[112]

3.4. Die Gewinne: Das Golddepot bei der Länderbank Wien

Angaben zu den Gewinnen aus dem Goldgeschäft der Dresdner Bank in der Türkei finden sich in den internen Gewinn- und Verlustrechnungen der Istanbuler Filiale. Unter dem Titel „Verschiedene Einnahmen (Goldgewinne)" wurden hier für 1942 15 000 Ltq, für 1943 615 000 Ltq. angegeben.[113] Aus der Bezeichnung läßt sich nicht eindeutig entnehmen, ob darin neben den Goldgewinnen noch andere Einnahmen enthalten waren. Für das Jahr 1944 ist keine entsprechende Angabe überliefert. Nach dem offiziellen Kurs umgerechnet, beliefen sich die genannten Gewinne auf insgesamt 1,247 Mio. RM oder 2,079 Mio. SFr.

Die Gewinne gingen der Dresdner Bank in türkischer Währung zu.[114] Ab August 1943 wurden sie dann in eigenem Gold angelegt. Dies bot sich an, um die Gewinne vor der türkischen Inflation zu retten. Das Golddepot diente aber auch als Absicherung gegen das politische Risiko einer Annäherung der Türkei an die Alliierten. Es befand sich deshalb nicht in der Türkei, sondern bei der Länderbank Wien. Schobert stellte dazu fest:

111 Dresdner Bank, Geschäftsbericht für das Jahr 1943, Berlin 1944.

112 Berechnet für die gesamte bezogene Goldmenge (5,777 Tonnen) nach dem im Herbst 1943 an die Reichsbank bezahlten Höchstpreis für Barrengold von 6 500 SFr pro kgf, umgerechnet nach dem damaligen Wechselkurs der Berliner Börse (100 SFr = 57,95 RM).

113 Auszug aus dem Geschäftsbericht der türkischen Filialen Galata-Stambul Izmir für das Jahr 1943, HADrBk, Kairo-Istanbul.

114 Da das Gold bei den Arbitragegeschäften wegen der türkischen Devisenbestimmungen als Eigentum der Auftraggeber eingeführt wurde, konnte die Dresdner Bank ihre Provision nicht in Gold verrechnen, sondern erst nach dem Verkauf in türkischer Währung einbehalten.

„Im Einvernehmen mit unserer Filiale Istanbul haben wir den größten Wert darauf gelegt, daß die Goldbestände unserer Filiale Istanbul, die aus den Gewinnen entstanden sind, jeweils im deutschen Reichsgebiet, allerdings für Rechnung unserer Filiale Istanbul unterhalten wurden.“[115]

Daß dieses Gold im Reich angelegt wurde, hatte wohl zusätzlich noch einen devisen- und steuerrechtlichen Aspekt. Die Lieferungen in das Wiener Depot kamen nicht aus Istanbul, sondern direkt von der Degussa. Die Gewinne aus dem Goldgeschäft konnten so von den türkischen Finanzbehörden nicht kontrolliert werden.

Das Verhältnis zwischen den Devisenabteilungen der Länderbank Wien und der Dresdner Bank Berlin war nicht spannungsfrei. Die Länderbank hatte im Herbst 1942 versucht, auf eigene Rechnung ins Goldgeschäft einzusteigen, und war von Schobert daran gehindert worden. Der hatte nach Wien mitgeteilt, Goldabgaben der Reichsbank erfolgten „nicht an Inländer, sondern nur an im Ausland ansässige Personen, beispielsweise unsere Filiale Istanbul und dann nur für Geschäfte, die im deutschen Interesse liegen“.[116] Anders als die Wiener Tochter der Deutschen Bank (Creditanstalt/Bankverein) erlangte die Länderbank keine spezifische Funktion im Goldhandel mit der Türkei. Dabei hatte die Degussa der Dresdner Bank ausdrücklich empfohlen, die Lieferungen ebenso wie die Deutsche Bank an die Wiener Tochter zu adressieren und von dort aus in die Türkei weiterzuleiten.[117]

Warum die Gewinne der Istanbuler Filiale dann gerade bei der Länderbank Wien angelegt wurden, ist nicht eindeutig zu beantworten. Möglicherweise galt Berlin wegen der zu erwartenden Luftangriffe als zu unsicher. Denkbar ist auch, daß Wien gewählt wurde, weil es auf dem Weg der Goldtransporte in die Türkei lag. Die Lieferungen nach Wien konnten ohne zusätzlichen Aufwand und ganz unauffällig erfolgen.

115 Bericht Schobert vom 24.10.1944, HADrBk, Deutsche Orientbank, Unser Gold in Ankara und Liquidationsfragen.
116 Telegramm an Mercurbank Devisenhandel vom 28.9.1942; Telegramm Mercurbank Wien an Dresdner Bank Berlin vom 28.9.1942, AADrBk, Handakten Salzwedel.
117 Goldsendung am 17./18.9.1942 an Degussa, HADrBk, Goldgeschäfte 1942/43.

Im Ausgangsbuch der Degussa finden sich schon zwischen Oktober 1942 und Mai 1943 einige Rücklieferungen für die „Dresdner Bank an Länderbank Wien". Im August 1943 setzt dann eine dichte Folge derartiger Lieferungen ein, die bis Januar 1944 anhielt. Das Depot bei der Länderbank wurde in diesem Zeitraum mit insgesamt neun Degussa-Rücklieferungen aufgestockt (siehe Anlage 6). Hinzu kamen noch rund 50 kg ungeschiedenes Barrengold, die am 7.1.1944 bei der Reichsbank angekauft und nicht von der Degussa bearbeitet worden waren.[118]

Das Depot wurde Anfang August 1943 errichtet, nachdem die DOB am 2.8. telegrafisch nach Berlin den Auftrag gegeben hatte, 132 Barren in Wien einzulagern, „als Anlage unseres aus Goldoperationen geschaffenen Eigenbestandes an Devisen". Gleichzeitig wurde mitgeteilt, daß die Nachfrage auf dem freien Markt in der Türkei nach dem am 25.7. erfolgten Sturz Mussolinis eingebrochen war.[119] Der vorübergehende Absatzrückgang und das erhöhte Risiko eines Kriegseintritts der Türkei mögen die Dresdner Bank und ihre Istanbuler Filiale zu diesem Zeitpunkt bewogen haben, sich für ein Golddepot zu entscheiden. Das Depot wurde bis Juni 1944 für die Dresdner Bank geführt. Am 16.6.1944 wies Schobert die Effektenkasse der Länderbank Wien an, das Depot intern auf die Filiale Istanbul zu buchen.[120]

Zu diesem Zeitpunkt hatte das Wiener Depot den höchsten Stand erreicht. Hier lagerten nun Goldbarren mit einer Gesamtmenge von 380,693 172 kgf.[121] Der Preis, zu dem die Dresdner Bank das Gold bei der Reichsbank angekauft hatte, lag zwischen 6 300 SFr (August 1944) und 6 500 SFr (Oktober 1942) pro kgf. Umgerechnet nach diesem Preis ergibt sich ein damaliger Wert zwischen 2 398 367 SFr und 2 474 505 SFr. Der Wert des Wiener Golddepots war um 300 000–400 000 SFr höher als die von der türkischen Filiale ausgewiesenen Goldgewinne der Jahre

118 Schreiben Dresdner Bank an Länderbank Wien vom 4.10.1944, HADrBk, Goldgeschäfte 1944–1949; Schreiben Devisenabteilung an das Reichsbankdirektorium vom 23.3.1945, ebd. Vgl. auch Anlage 1 und Anm. 102.

119 Telegramm der Filiale Istanbul vom 2.8.1943 (Abschrift), ebd.

120 Telegramm an Länderbank Wien vom 16.6.1944, HADrBk, Goldgeschäfte 1944.

121 Ebd.

1942 und 1943 („verschiedene Einnahmen [Goldgewinne]"). Er dürfte damit aber zumindest näherungsweise dem 1944 erreichten Stand der Gewinne aus dem Goldgeschäft in Istanbul entsprochen haben.

Aus der Perspektive vom Herbst 1944 schien das mit der Errichtung des Wiener Depots verbundene Kalkül aufgegangen zu sein. Schobert sah sich damals durch die Politik der Türkei bestätigt und stellte fest: „Als die diplomatischen Beziehungen abgebrochen wurden, ergab sich die erfreuliche Situation, daß der allergrößte Teil des Goldbestandes nunmehr in Deutschland lagert ..."[122] Die weitere Entwicklung sollte diese Beurteilung gründlich widerlegen. Anders als das Vermögen der Dresdner Bank in der Türkei wurde der größte Teil ihres bei der Länderbank Wien angelegten Goldes nach dem Krieg von den Alliierten eingezogen (siehe Kap. 6.2.).

4. Der Handel mit Raubgold

4.1. Beutegold und konfisziertes Gold

Der Weg des NS-Raubgoldes läßt sich anhand der Reichsbankunterlagen verfolgen. In den Barrenbüchern der Reichsbank-Edelmetallkasse wurden neben Banknummern, Gewicht und Feingehalt der Barren auch die Bezugsquellen und die Abnehmer eingetragen. Aufgrund dieser Angaben konnten sich die Alliierten nach Kriegsende rasch einen Überblick über die Raubgoldtransaktionen verschaffen. Die amerikanische Militärregierung (OMGUS) erstellte so u. a. eine Übersicht zur Herkunft der an die Deutsche Bank abgegebenen „Verschiedenen Goldbarren".[123] Herzog hat in seiner Dokumentation aus diesen Quel-

122 Bericht Schobert vom 24.10.1944, HADrBk, Deutsche Orientbank, Unser Gold in Ankara und Liquidationsfragen.
123 Miscellaneous Gold Bars. Released to Deutsche Bank from the Kontrollbuch, Verschiedene Goldbarren of the Reichsbank (Undated), NA, RG 260, OMGUS, Records of the Finance Adviser, Records of Subordinate Agencies, Foreign Exchange Depository (FED), Control File 1945–1950, Box 440, 940.6, Gold Reports.

len die Verwertung des belgischen und luxemburgischen Raubgoldes durch die Reichsbank nachgezeichnet.[124]

Die Gesamtmenge des von der Dresdner Bank bezogenen Beutegoldes und konfiszierten Goldes ist aus den verfügbaren Quellen nicht zu ermitteln. Die erhaltenen Verfilmungen der Barrenbücher sind unvollständig und häufig schwer zu entziffern. Zudem geben manche Eintragungen keine Aufschlüsse über die eigentliche Herkunft des Goldes, etwa wenn die Scheideanstalten Degussa und Norddeutsche Affinerie als Einlieferer genannt werden. In vielen Fällen erweist sich die Einordnung der Bezugsquellen als problematisch. Nur für weniger als die Hälfte der an die Dresdner Bank abgegebenen Barren können deshalb gesicherte Angaben zur Herkunft des Goldes getroffen werden.

Die größten nachweisbaren Barrenlieferungen aus Beutegoldbeständen stammten aus dem Teil der belgischen Währungsreserve, der 1942 nach Berlin gelangt war und dort auf Anweisung Görings beschlagnahmt wurde. Herzog wies nach, daß die Dresdner Bank aus dem Asservat des Beauftragten für den Vierjahresplan (Asservat DER) bei der Reichsbank im Mai 1943 vier Lieferungen belgischen Raubgoldes erhalten hat. Dabei handelte es sich um 36 Goldbarren der Kategorie „Standard" mit einem Feingewicht von insgesamt 559,590 kgf (siehe Tabelle 3).

Tabelle 3: Lieferungen von belgischem Raubgold (Asservat DER) an die Dresdner Bank

Datum	Barren (Stückzahl)	Kategorie/ Feingehalt	Bank-Nr.	Gewicht in kgf
06.05.1943	11	Standard	11947 - 11957	132,6142
21.05.1943	11	Standard	12008 - 12018	133,0325
29.05.1943	12	Standard	12019 - 12030	147,0520
16.06.1943	12	Standard	12530 - 12541	146,8914

Quelle: Herzog-Bericht, S. 79 und S. 104.

Größere Mengen von Beutegold wurden in Form von Goldmünzen an die Dresdner Bank und ihre Tochter Societatea Bancara Romana abgegeben. Die Herkunft der Münzen kann aus ihrer

124 Herzog-Bericht, S. 97–105.

Prägung erschlossen werden. Mit wenigen Ausnahmen kaufte die Dresdner Bank bei der Reichsbank durchweg holländische Goldgulden, belgische oder französische Goldfranken und Goldfranken der früheren Lateinischen Münzunion an. Vereinzelt wurde auch mit englischen Sovereigns gehandelt. Nicht eine einzige der belegten Lieferungen enthielt deutsche oder österreichische Goldmünzen (siehe Anlage 2). Die Goldfranken der Lateinischen Münzunion sind insofern ein besonderer Fall, als zu diesem 1926 aufgelösten Münzbund sowohl Belgien und Frankreich als auch die Schweiz gehörten. Es muß aber davon ausgegangen werden, daß diese Münzen - mit Ausnahme der nachgewiesenen Ankäufe in der Schweiz - aus Beutegoldbeständen stammten.

Eindeutige Hinweise auf konfisziertes Gold finden sich in den Eintragungen der Reichsbank-Edelmetallkasse zu den an die Dresdner Bank abgegebenen „verschiedenen Goldbarren". Häufig wurde die Abgabe dieser Barren über Lieferungen von Reichskreditkassen (RKK) oder Devisenschutzkommandos aus den annektierten und besetzten Gebieten verrechnet. So erhielt die Dresdner Bank beispielsweise am 10.11.1943 Barren, zu denen im Haupt- und Kontrollbuch „verschiedene Goldbarren" die Angaben „RKK Warschau", „A.W. Warschau 362" und „Dev. Schutz-Kdo. Prag" eingetragen wurden, mit Einlieferungsdaten vom 25.11.1939 bis 3.1.1940. Mit großer Wahrscheinlichkeit enthielten diese Lieferungen konfisziertes Gold (siehe Anlage 3).

Schwieriger ist die Zuordnung, wenn als Bezugsquellen Reichskreditkassen in den besetzten Gebieten Westeuropas genannt werden. Schon bei der Auswertung der Reichsbankunterlagen durch die amerikanische Militärregierung blieb offen, ob es sich hier um Raubgold oder um Schwarzmarktkäufe handelte.[125] Bei 38 Goldbarren, die an die Dresdner Bank gingen, sind auf dem erhaltenen Mikrofilm des Buchs „Verschiedene Goldbarren" Einlieferungen aus Antwerpen, Brüssel, Luxemburg, Paris und Rotterdam zu entziffern. Die größte zusammenhängende Belieferung waren fünf „verschiedene Goldbarren"

125 Report on Work Accomplished in Berlin (Undated), NA, RG 260, OMGUS, Records of the Finance Adviser, Records of Subordinary Agencies, FED, Control File 1945-1950, Box 440, 11/398/2, General Papers on Gold Study.

mit einer Gesamtmenge von 40 kgf Gold, die am 26.7.1943 von der Reichsbank an die Dresdner Bank abgegeben wurden. Einlieferer bei der Reichsbank war, wenige Wochen vorher, die RKK Paris.

Die Gesamtmenge der nachweislich gegen konfisziertes Gold verrechneten Barrenabgaben an die Dresdner Bank war insgesamt relativ gering. Mit Einlieferungen konfiszierten Goldes aus besetzten bzw. annektierten Gebieten Polens und der Tschechoslowakei standen nachgewiesene Abgaben über rund 12 kgf in Bezug, mit Einlieferungen aus den besetzten Gebieten Westeuropas Abgaben über rund 243 kgf.

Insgesamt kann bei fast 4 Tonnen Gold der Dresdner Bank (davon 3,2 Tonnen in Goldmünzen) belegt werden, daß es sich um Beutegold oder konfisziertes Gold handelte. Die tatsächliche Gesamtmenge ist damit aber bei weitem noch nicht erfaßt. Das wird durch die Gegenprobe deutlich. Im Haupt- und Kontrollbuch „verschiedene Goldbarren" finden sich nur ganz wenige Eintragungen, die eindeutig auf legale Bezüge der Reichsbank schließen lassen. Bei den an die Dresdner Bank abgegebenen Barren ist dies aus den überlieferten Quellen nur in einem Fall nachzuweisen. Der betreffende Barren war aus Gold umgeschmolzen worden, das die Reichsbank am 17.11.1939, also während der Zeit des Hitler-Stalin-Pakts, aus der Sowjetunion erhalten hatte.

Bei den während des Kriegs erfolgten Goldabgaben der Reichsbank an die Dresdner Bank handelte es sich weitgehend um Raubgold und in geringem Umfang möglicherweise auch um Schwarzmarktkäufe. Diese Schlußfolgerung legt schon die Zusammensetzung der Reichsbank-Reserve nahe. Da die Ankäufe der Dresdner Bank bei der Reichsbank erst im September 1942 begannen, erfolgten sie zu einem Zeitpunkt, zu dem der legal erworbene Bestand der Reichsbank wahrscheinlich aufgebraucht war.

4.2. Opfergold („Melmer-Gold")

Die Dresdner Bank hat auch mit Opfergold gehandelt, das von der Reichsbank abgegeben worden war. Diese Abgaben sind im Haupt- und Kontrollbuch „verschiedene Goldbarren" der Reichsbank-Edelmetallkasse belegt. Bei vielen Barren wird hier unter „Bemerkungen“ der Name des SS-Hauptsturmführers Melmer, oft mit dem Hinweis auf dessen jeweilige Lieferung, angegeben. Auch die Abnehmer der Barren wurden eingetragen. Bei den Barren mit Angabe Melmer war dies häufig die Dresdner Bank.

Das von der Reichsbank an die Dresdner Bank verkaufte Opfergold bestand überwiegend aus hochwertigen, handelsüblichen Barren mit einem Feingehalt von 999,9 oder 1000 und einem Feingewicht von rund 12,5 kg, das im Goldhandel der Zentralbanken als Standard galt (siehe Tabelle 4). Nur wenige Barren wichen davon ab. Insgesamt wies dieses Gold keine besonderen äußeren Merkmale auf.

Die hochwertigen Barren, die in den Büchern der Reichsbank mit der Angabe Melmer geführt wurden, waren physisch nicht mehr mit dem von Melmer eingelieferten Gold identisch. Die Reichsbank hatte das von der SS übergebene Opfergold vor der weiteren Verwertung bei der Degussa scheiden und umschmelzen lassen. Möglicherweise erfolgte die Umschmelzung auch bei der Preußischen Münze. Die physische Substanz der Melmer-Lieferungen war bei diesem Vorgang diffundiert. Bei der Degussa erhielt der Kunde das eingelieferte Gold nicht physisch zurück, sondern eine entsprechende Goldmenge. Die weitere Verwertung des Opfergoldes kann deshalb nur noch auf der Buchungsebene („Angabe Melmer“) erfaßt werden. Durch die Umschmelzung können die Barren mit der reichsbankinternen Angabe Melmer nicht mehr einzelnen Personen als Eigentum zugeordnet werden. Sie sind aber als Opfergold zu bezeichnen, weil Opfern oder Erben ermordeter Opfer eine entsprechende Goldmenge zustand.

Die überlieferten Quellen lassen fundierte Aussagen über die Menge und den Wert des von der Dresdner Bank bezogenen Opfergoldes zu. Die Angaben sind freilich nur als Näherungswerte zu verstehen, da der zentrale Quellenbestand, die Barrenbücher der Reichsbank, nicht mehr im Original erhalten ist.[126] Die in den US National Archives und im Historischen Archiv der Deutschen Bundesbank vorhandenen Verfilmungen der Barrenbücher sind lückenhaft. Auch sind viele Eintragungen nicht eindeutig zu entziffern.

126 Bericht Bundesarchiv.

Tabelle 4: Von der Reichsbank an die Dresdner Bank abgegebene Goldbarren mit der reichsbankinternen Angabe Melmer (Auszug aus Anlage 3)

Bank-Nr.	Feingehalt	Feingewicht in kg	Lieferdatum
36919	999,9	12,5152	06.01.1943
36920	999,9	12,5152	06.01.1943
36921	999,9	12,5087	06.01.1943
36924	999,9	5,5489	08.03.1943
36948	999,9	8,2928	26.02.1943
36950	999,9	12,5132	25.02.1943
36951	999,9	12,5117	25.02.1943
36952	999,9	12,5117	25.02.1943
36953	999,9	12,5122	25.02.1943
36955	999,9	11,1029	18.03.1943
37087	999,9	12,5142	16.09.1943
37088	999,9	12,5117	16.09.1943
37089	999,9	12,7477	25.08.1943
37090	999,9	12,7532	25.08.1943
37091	999,9	12,5127	16.09.1943
37092	999,9	12,5157	09.10.1943
37093	999,9	8,9886	25.08.1943
37099	999,9	12,5132	27.10.1943
37100	999,9	12,5152	27.10.1943
37101	999,9	12,5157	27.10.1943
37102	999,9	12,5177	27.10.1943
37112	1000	12,1319	25.10.1943
37137	1000	2,3776	25.10.1943
37141	999,9	12,5177	25.11.1943
Feingewicht insgesamt (kgf):		274,1653	

bei Addititon von fünf Barren, die nur den Vermerk „Degussa" tragen:

Bank-Nr.	Feingehalt	Feingewicht in kg	Lieferdatum
36875	999,9	12,5137	07.12.1942
36876	999,9	12,5072	07.12.1942
36925	1000	1,6303	30.04.1943
37067	999,9	12,5132	03.09.1943
37069	999,9	11,5103	09.10.1943
Summe der zusätzlichen Barren (kgf)		50,6747	
damit höchstmögliche Gesamtsumme (kgf):		324,8400	

Zur Verwertung der von Melmer an die Reichsbank gelieferten Goldmünzen finden sich in den verfügbaren Quellen keine Angaben. Es ist möglich, daß diese Münzen nicht oder nur zum Teil umgeschmolzen wurden. Bei den von der Dresdner Bank bezogenen Goldmünzen ist eine Herkunft aus Melmer-Beständen aufgrund der Münzarten unwahrscheinlich.[127]

Nicht auszuschließen ist, daß neben den erfaßten Barren aus dem Melmer-Konto noch weiteres Opfergold an die Dresdner Bank ging, das über die Reichskreditkassen an die Reichsbank abgegeben worden war.[128]

Von den verfilmten Reichsbank-Barrenbüchern enthält nur das Buch „verschiedene Goldbarren" Eintragungen mit der Angabe Melmer. Das Buch wurde von der Reichsbank zur Sicherheit doppelt geführt, als Haupt- und als Kontrollbuch. Beide Fassungen sind durchgehend auf Mikrofilm erhalten, allerdings mit unleserlichen Stellen.[129] Häufig können die Eintragungen im

127 Die Dresdner Bank kaufte bei der Reichsbank fast ausschließlich Münzarten, die in den Melmer-Lieferungen selten vertreten waren. Vgl. hierzu Fischler, S. 154f.

128 Nach dem Steinberg-Bericht bezog die Deutsche Bank von der Reichsbank 3,2 kgf Gold, das den Opfern einer Massenerschießung im jüdischen Ghetto der galizischen Stadt Stanislaus gestohlen worden war. Als Einlieferer dieses Goldes war in den Büchern der Reichsbank die „RKK Stanislas" eingetragen. Steinberg-Bericht, S. 23f.

129 US National Archives-Film Nr. 12 und Nr. 13, Historisches Archiv der Deutschen Bundesbank.

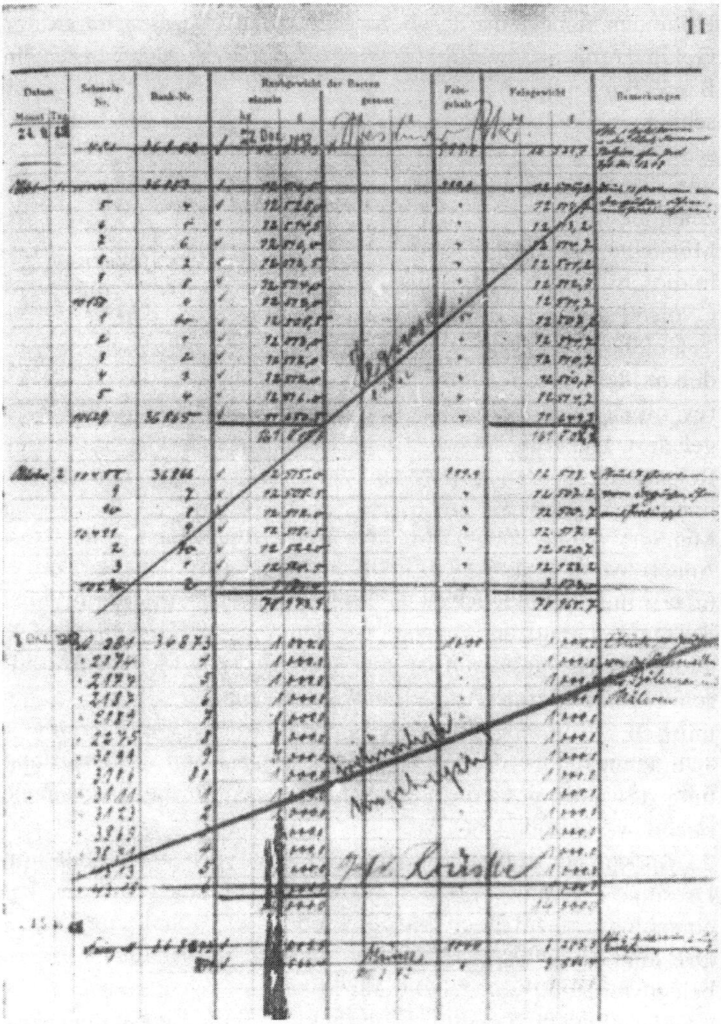

Abb. 2: Aus dem Barrenbuch (Kontrollbuch) „Verschiedene Goldbarren“ der Reichsbahn (Mikrofilm)

Hauptbuch durch das Kontrollbuch komplettiert werden und umgekehrt. Die Bezeichnung „verschiedene Goldbarren“ läßt sich am plausibelsten durch die Systematik erklären, nach der die Reichsbank-Edelmetallkasse die Barrenbücher führte. Die Barren wurden nach Sorten unterschieden, die sich über die

Höhe des Feingehalts definierten (Standard-Goldbarren, 900er Goldbarren, hochwertige Barren). In der Regel wurde ein Barrenbuch für eine bestimmte Sorte geführt. Das Buch „verschiedene Goldbarren" ist die Ausnahme. Hier finden sich „verschiedene" Sorten von Barren, zumeist hochwertige, aber auch unterwertige und Standardbarren. Häufig sind Lieferungen verzeichnet, die mit verschiedenen Barrensorten bestritten wurden. Möglicherweise leitete sich die Bezeichnung auch daraus ab, daß in diesem Buch kleinere Lieferungen aus sehr unterschiedlichen („verschiedenen") Bezugsquellen eingetragen wurden.[130]

Goldbarren mit der reichsbankinternen Angabe Melmer wurden an die Dresdner Bank im Zeitraum zwischen dem 6.1.1943 (eventuell auch schon dem 7.12.1942) und dem 25.11.1943 geliefert. Die korrespondierenden Einlieferungen der SS bei der Reichsbank fanden jeweils einige Wochen vorher statt. Dabei handelte es sich vor allem um die 9., 26. und 29. Lieferung Melmers (siehe Anlage 3). Daß der Verkauf von Barren mit Angabe Melmer an die Dresdner Bank im November 1943 endete, war durch eine Umstellung bedingt, die sich damals innerhalb des Goldhandels der Dresdner Bank vollzog. Die Dresdner Bank kaufte ab diesem Zeitpunkt bei der Reichsbank kaum noch Barrengold an und handelte nun fast ausschließlich mit Goldmünzen.

Eine im Rahmen dieser Untersuchung durchgeführte Auswertung des mitunter schwer entzifferbaren Haupt- und Kontrollbuchs „verschiedene Goldbarren" ergab, daß der Verkauf von 23 Barren mit der reichsbankinternen Angabe Melmer an die Dresdner Bank zweifelsfrei nachgewiesen werden kann. Bei einem weiteren derartigen Barren konnte der Verkauf an die Dresdner Bank durch den Abgleich mit ergänzenden Quellen belegt werden.[131]

Möglicherweise sind noch fünf weitere, von der Reichsbank an die Dresdner Bank abgegebene Goldbarren Melmer-Bestän-

130 Zur Diskussion um die Interpretation der reichsbankinternen Bezeichnung „verschiedene Goldbarren" vgl. Fischler, S. 155; Steinberg-Bericht, S. 22.

131 Aus den Eintragungen im Haupt- und Kontrollbuch „verschiedene Goldbarren" ist der Abnehmer dieses Goldes nicht eindeutig zu erschließen. Die dort angegebene Banknummer des Barrens findet sich auf einem Quittungsbeleg der Dresdner Bank an die Reichsbank wieder.

den zuzuordnen, bei denen das Barrenbuch der Reichsbank die Degussa als Bezugsquelle angibt. Zwingend belegen läßt sich diese Vermutung nicht.[132]

Zusammenfassend ist festzustellen, daß die Dresdner Bank eindeutig nachweisbar 24 Barren Opfergold mit einer Gesamtmenge von 274,165 3 kgf bezogen hat. Eventuell war dies auch bei fünf weiteren Barren mit insgesamt 50,674 7 kgf der Fall. Die Gesamtmenge würde sich dann auf 324,840 0 kgf belaufen (siehe Tabelle 4).

Geht man von dem Preis aus, den die Dresdner Bank im betreffenden Zeitraum für Goldabgaben der Reichsbank zahlte, dann ergibt sich für die genannten Mengen ein Wert von mindestens 1,572 Mio. SFr und höchstens 1,862 Mio. SFr.[133]

Der Anteil des Opfergoldes an der von der Dresdner Bank während des Zweiten Weltkriegs nachweislich bezogenen Goldmenge lag zwischen mindestens 4,8 % und höchstens 5,6 %. Wenn man nur das bezogene Barrengold berücksichtigt, dann ergeben sich Anteile von mindestens 12,3 % und höchstens 14,6 %.

Geht man davon aus, daß die Goldmenge der gesamten Melmer-Bestände etwa bei 2 577 kgf lag, dann entfiel auf die umgeschmolzenen Barren, die an die Dresdner Bank gingen, ein Anteil zwischen 10,6 % und 12,6 %. Dieser Anteil lag deutlich niedriger als bei der Deutschen Bank (28,9 %), die rund 744 kgf Gold mit Herkunft aus Melmer-Beständen erhielt, was wiederum einem Anteil von 13,9 % an allen Goldankäufen der Deutschen Bank während des Kriegs entsprach.[134]

132 Fischler hält es für plausibel, diese Barren den Melmer-Beständen zuzurechnen. Er geht davon aus, daß die Angaben „Degussa" und „Melmer" im Buch „verschiedene Goldbarren" auch wie Synonyme verwendet wurden. Möglich ist ebenso, daß die Barren aus anderen, von der Degussa bearbeiteten Beständen stammten. Was die Beamten der Reichsbank sich bei den Eintragungen hinzugedacht haben, ist nicht nachprüfbar. In bezug auf die der Dresdner Bank eindeutig zuzuordnenden Barren mit Angabe Melmer decken sich die Ergebnisse der durchgeführten Auswertung weitestgehend mit den von Fischler veröffentlichten Daten. Vgl. Fischler, S. 157–164, sowie den separaten Tabellenanhang zu dieser Veröffentlichung.

133 Der Ankaufspreis lag im Dezember 1942 bei 4 970 SFr pro kgf, im Oktober 1943 dann bei 6 500 SFr pro kgf. Der angegebene Wert wurde aus dem arithmetischen Mittel (5 735 SFr pro kgf) errechnet.

134 Steinberg-Bericht, S. 73f.

Die signifikante Differenz zwischen den Anteilen der Deutschen Bank und der Dresdner Bank resultierte zum Teil aus der unterschiedlichen Zusammensetzung des von beiden Banken bezogenen Goldes. Bei der Dresdner Bank lag der Anteil der Goldmünzen höher als bei der Deutschen Bank. Die Verwertung von Gold mit einer Herkunft aus Melmer-Beständen ist nur für Barrengold nachweisbar. Aber auch in Relation zur Gesamtmenge des von der Reichsbank bezogenen Barrengoldes lag der Anteil der Barren mit einer Herkunft aus Melmer-Beständen bei der Deutschen Bank (30,3 %) erheblich höher als bei der Dresdner Bank (12,3-14,6 %).

Der Menge nach war die Dresdner Bank nach der Deutschen Bank der größte Abnehmer von Goldbarren mit der reichsbankinternen Angabe Melmer. Weitere Abnehmer waren das Consorzio Italiano Esportazione Aeronautico in Rom, die Degussa, die Preußische Münze, die SNB und der Beauftragte für den Vierjahresplan (Asservat DER). Ein Teil des Opfergoldes blieb in den Tresoren der Reichsbank und wurde im Frühjahr 1945 von der amerikanischen Militärregierung mit dem nach Merkers in Thüringen ausgelagerten Golddepot der Reichsbank eingezogen.

Die Deutsche Bank und die Dresdner Bank hatten einen überproportional hohen Anteil an dem von der Reichsbank verwerteten Opfergold erhalten. Auf beide Banken entfielen nur etwa 2 % aller während des Kriegs von der Reichsbank getätigten Goldverkäufe, aber rund zwei Drittel der abgegebenen Barren mit Angabe Melmer.[135] Bezogen auf die Gesamtmenge der Melmer-Bestände ergibt sich für beide Banken ein Anteil von zusammen mehr als 40 %.

Wie kam es, daß der Anteil gerade beim Opfergold so hoch lag? Die Erklärung dafür ist vermutlich gerade in dem relativ geringen Anteil der Geschäftsbanken an den gesamten Goldtransaktionen der Reichsbank zu sehen. Die großen Lieferungen der Reichsbank an die SNB wurden mit einheitlichen Barrentypen bestritten. Die einzelnen Lieferungen umfaßten hier zumeist mehrere hundert, oft sogar über 600 Goldbarren.[136] Es hatte Vorteile, diese Lieferungen mit Barren eines einheitlichen Typs und möglichst fortlaufenden Bank-Nummern zu bestreiten.

135 Fischler, S. 157.
136 Herzog-Bericht, S. 81-85.

Die Lieferungen an die SNB finden sich denn auch fast ausnahmslos in den Barrenbüchern „hochwertige Goldbarren", „900er Goldbarren" und „Standard-Goldbarren". In diesen Büchern wurden keine Barren mit Angabe Melmer geführt.[137] Obwohl die SNB der größte Abnehmer des von der Reichsbank abgegebenen Goldes war, hat sie deshalb lediglich drei Barren mit einer Herkunft aus Melmer-Beständen (37,5411 kgf) auf direktem Weg erhalten. Einschließlich der mit anderem Gold verschmolzenen Beimischungen gelangten Opfergoldbarren mit einem Gewicht von insgesamt 119,4914 kgf an die SNB.[138]

Anders als bei den großen Lieferungen in die Schweiz bot es sich bei den vergleichsweise kleinen Lieferungen an die deutschen Geschäftsbanken an, Barren der Kategorie „verschiedene Goldbarren" abzugeben. Diese Lieferungen umfaßten nur in wenigen Fällen mehr als ein Dutzend Barren. Im Unterschied zu den belieferten Zentralbanken ließen die Geschäftsbanken das Gold zudem anschließend in kleine Barren umschmelzen.

Unter der Kategorie „verschiedene Goldbarren" führte die Reichsbank aber die mit der internen Angabe Melmer. Die Gesamtmenge war hier, verglichen mit dem Beutegold, ebenfalls gering.

Hinzu kam eine zeitliche Koinzidenz. Der Goldhandel der Deutschen Bank und der Dresdner Bank in der Türkei wurde im September 1942 auf Bezüge von der Reichsbank umgestellt. Wenige Wochen zuvor hatte SS-Hauptsturmführer Melmer die erste von insgesamt mehr als siebzig Lieferungen Opfergold bei der Reichsbank abgegeben.

Der Gewinn, den die Dresdner Bank damals mit gehandeltem Opfergold erzielte, kann nur summarisch geschätzt werden. Der Anteil dieses Goldes an der gesamten Goldmenge, die von der Dresdner Bank während des Kriegs verkauft wurde (Goldankäufe abzüglich der Lieferungen in Depots), lag bei mindestens 5,3 % und höchstens 6,3 %. Der Gewinn kann als Durchschnittswert aus dem entsprechenden Anteil am gesamten Gewinn, den die Dresdner Bank während der Jahre 1942–1944 im Goldge-

137 US National Archives-Film Nr. 15–20, Historisches Archiv der Deutschen Bundesbank.

138 Bergier-Bericht, S. 45ff.

schäft erzielte (Wiener Golddepot), mit mindestens 127 094 SFr und höchstens 155 862 SFr beziffert werden.[139]

4.3. Die Wege des Opfergoldes

Wie fast alle Goldbarren, die von der Dresdner Bank während des Kriegs bei der Reichsbank erworben wurden, ging das bezogene Opfergold unmittelbar nach dem Kauf an die Degussa. Mit einem Feingewicht von zumeist rund 12,5 kg waren die von der Reichsbank abgegebenen Barren für den Absatz auf dem freien Goldmarkt in der Türkei zu sperrig. Die Dresdner Bank gab daher bei der Degussa 1-kg-Barren und 0,5-kg-Barren in Auftrag.[140] Erneut wechselte damit die physische Substanz des hier beschriebenen Opfergoldes.

Der Weg des Goldes von der Reichsbank bis zur Degussa läßt sich gut belegen. Die von der Dresdner Bank bei der Degussa eingelieferten Barren trugen noch die Banknummer der Reichsbank. In den Scheidebüchern der Degussa wurden die Lieferungen mit Eingangsdatum, Bearbeitungsdatum und Banknummer der eingegangenen Barren verzeichnet. Über die Banknummer läßt sich leicht ermitteln, welche dieser Barren bei der Reichsbank mit der Angabe Melmer geführt worden waren.

Der weitere Weg des Goldes vom Eingang bei der Degussa zur Rücklieferung an die Dresdner Bank läßt sich auch auf der Buchungsebene nicht mehr für einzelne Barren oder für einzelne Lieferungen nachverfolgen. Die Dresdner Bank hatte bei der Degussa ein Goldkonto, das nicht laufend ausgeglichen wurde.[141] Das eingegangene Gold mußte deshalb auch über die

139 Dabei ist zu berücksichtigen, daß im Wiener Golddepot möglicherweise auch noch andere Einnahmen der Istanbuler Filiale angelegt waren (siehe Kap. 3.4.).

140 Bei einer Lieferung erhielt die Degussa z.B. den Auftrag, „möglichst viele Halbkilo-Planschen herzustellen und soweit dies nicht möglich ist - wie üblich - Einkilo-Planschen anzufertigen“. Schreiben Devisen-Abteilung an Degussa vom 29.4.1943, HADrBk, Goldgeschäfte 1942/43.

141 Explizit bestätigt wird dies u.a. in einem Schreiben der Degussa, Metall-Abteilung, an die Dresdner Bank vom 27.6.1944. Auf dem Goldkonto der Dresdner Bank hatten sich zu diesem Zeitpunkt gerade noch 88,6 g Feingold befunden, die nun von der Degussa zurückgeliefert wurden. Die Degussa stellte in den erwähnten Schreiben fest: „Mit dieser Auslieferung ist ihr Feingoldguthaben ausgeglichen.“ HADrBk, Goldgeschäfte 1944.

nächste Rücklieferung verrechnet werden. Beispielsweise konnten die Goldbarren der Dresdner Bank, die am 12.10.1943 bei der Degussa eingingen, mit Gold der nächsten Rücklieferung an die Dresdner Bank vom 23.11.1943 verrechnet werden, aber eben auch mit Gold der folgenden Rücklieferungen vom 5.11.1943 oder vom 10.11.1943 usw. (siehe Tabelle 5). Die Nummern der kleinen Barren, die von der Degussa an die Dresdner Bank zurückgeliefert wurden, sind im übrigen nicht belegt.

Aus den Akten der Dresdner Bank ergibt sich aufgrund von Transportbelegen und Versicherungsunterlagen, daß die Barren von der Degussa in Frankfurt a. M. umgeschmolzen wurden.[142] Von dort aus gingen sie nicht an die Dresdner Bank Berlin zurück, sondern wurden direkt weitergeschickt. Der von der Degussa verwendete Begriff „Rücklieferungen“ ist in diesem Fall rein buchungsmäßig zu verstehen. Den Ausgangsbüchern der Degussa kann so entnommen werden, wohin die Lieferungen gingen. Diese Bücher sind im Unternehmensarchiv der Degussa im Original vollständig erhalten.

Da sich im Ausgangsbuch der Degussa bei Rücklieferungen von Gold der Dresdner Bank ganz überwiegend die Angabe „Dresdner Bank an Deutsche Orientbank“ findet, wurden auch die Barren mit Opfergold zweifellos zum größten Teil in der Türkei abgesetzt (siehe Anlage 6). Zu den dortigen Abnehmern des Opfergoldes können grundsätzlich die gleichen Aussagen getroffen werden wie in bezug auf den gesamten Goldhandel der Dresdner Bank in Istanbul. Überwiegend wurden die Barren an private Haushalte verkauft, denen der Weg und die Herkunft des Goldes gänzlich unbekannt war (siehe Kap. 5.3.).

Sehr wahrscheinlich ging nicht das gesamte an die Dresdner Bank abgegebene Opfergold in die Türkei. Aus den Unterlagen der Degussa ergibt sich die plausible Annahme, daß ein Teil dieses Goldes in das Gewinndepot der Dresdner Bank bei der Länderbank Wien gelangte. Das Depot wurde zwischen August und Dezember 1943 aufgestockt. Anschließend stellte die Bank den Handel mit Barrengold praktisch ein. Für die Monate

142 HADrBk, Goldgeschäfte 1942/43. Die Scheidung von Gold konnte die Degussa nur in Frankfurt a. M. durchführen. Das von der Reichsbank an die Dresdner Bank abgegebene Barrengold wurde wohl generell zur Bearbeitung nach Frankfurt a. M. geschickt, da nicht alle Barren so hochwertig waren wie die mit der Angabe Melmer.

August bis Dezember 1943 ist der Verkauf einer Reihe von Barren mit Angabe „Melmer“ an die Dresdner Bank belegt. Nachweisbar ist auch, daß diese Barren unmittelbar danach bei der Degussa eingingen. Die betreffenden Barren können nur mit Rücklieferungen verrechnet worden sein, die zwischen dem 1.9.1943 und dem 6.1.1944 erfolgten, da das Goldkonto der Dresdner Bank bei der Degussa in den folgenden Monaten lediglich noch ein ganz geringfügiges Guthaben aufwies. In diesem Zeitraum gingen die Barrenlieferungen der Dresdner Bank etwa im gleichen Umfang an die Istanbuler Filiale und an die Länderbank Wien. Es muß deshalb als sehr wahrscheinlich angenommen werden, daß Opfergold in das Wiener Depot geliefert wurde (siehe Tabelle 5).

Tabelle 5: Eingang von an die Dresdner Bank abgegebenen Goldbarren mit Angabe „Melmer" bei der Degussa und Rücklieferungen der Degussa für die Dresdner Bank August 1943–August 1944

Eingangsdatum	Gewicht in kgf	Bank-Nr.	Datum Rücklieferungen	Gewicht in kgf	Empfänger
25.08.1943	12,7477 12,7532 8,9886	37089 37090 37093			
16.09.1943	12,5142 12,5117 12,5127	37087 37088 37091			
09.10.1943	12,5157	37092			
25.10.1943	12,1319 2,3776	37112 37137			
27.10.1943	12,5132 12,5152 12,5157 12,5177	37099 37100 37101 37102			
25.11.1943	12,5177	37141			
			01.09.1943	40,00	Länderbank Wien
			07.09.1943	40,00	Länderbank Wien
			14.09.1943	40,00	DOB Istanbul
			27.09.1943	40,00	DOB Istanbul
			23.10.1943	40,00	Länderbank Wien
			05.11.1943	40,00	DOB Istanbul
			10.11.1943	40,00	DOB Istanbul
			23.11.1943	40,00	DOB Istanbul
			26.11.1943	40,00	Länderbank Wien
			28.12.1943	10,00	Länderbank Wien
			06.01.1944	31,00	Länderbank Wien
			06.08.1944	0,086	Dresdner Bank Berlin
Insgesamt	161,6328		Insgesamt	401,086	
			– davon	201,00	Länderbank Wien
			– davon	200,00	DOB Istanbul

Quelle: Siehe Anlagen 3, 5 und 6.

5. Die Deutsche Orientbank und der freie Goldmarkt in der Türkei

5.1. Die Deutsche Orientbank, Filiale der Dresdner Bank Istanbul

Die Dresdner Bank hatte vor dem Ersten Weltkrieg ihre internationalen Aktivitäten durch die Beteiligung an verschiedenen ausländischen Banken und die Gründung mehrerer Spezialbanken ausgebaut.[143] In diesem Zusammenhang entstand 1906 die Deutsche Orientbank[144], die von der Dresdner Bank unter Federführung von Herbert M. Gutmann gemeinsam mit dem A. Schaaffhausen'schen Bankverein und der Nationalbank für Deutschland errichtet wurde. Sitz der Bank war Berlin. Mit der Gründung der Orientbank sicherte sich die Dresdner Bank die Beteiligung am damaligen Handelsexpansionismus des Kaiserreichs im östlichen Mittelmeerraum. Das von der wilhelminischen Außenpolitik protegierte Orientgeschäft war bis dahin eine Domäne der Deutschen Bank, die hier durch die Finanzierung der Bagdad-Bahn eine Schlüsselposition innehatte.[145]

Bis zum Beginn des Ersten Weltkriegs konnte die Orientbank stark expandieren. Nach einer Verdoppelung des Aktienkapitals gehörte sie 1910 zu den führenden deutschen Auslandsbanken. Die Orientbank hatte nun 16 ausländische Filialen, die sich über den Vorderen Orient und Nordafrika verteilten, von Konstantinopel über Kairo bis nach Casablanca. 1914 kamen noch die Filialen der in Liquidation gegangenen Deutschen Palästina-Bank hinzu. Die Schwerpunkte der Geschäftstätigkeit lagen im Gebiet der späteren Türkei und in Ägypten. Durch die Finanzierung von Baumwollgeschäften und die Gründung einer eigenen Hypothekenbank erlangte die Orientbank eine mit keiner

143 Meyen, S. 42ff.

144 Im Rahmen des Projekts zur Geschichte der Dresdner Bank 1931-1957 wurde Dr. Wolfgang G. Schwanitz damit beauftragt, eine Expertise über die Aktivitäten der Deutschen Orientbank insbesondere während des Zweiten Weltkrieges zu erstellen.

145 Lothar Gall, Die Deutsche Bank von ihrer Gründung bis zum Ersten Weltkrieg 1870-1914. In: Ders./Gerald D. Feldman/Harold James/ Carl-Ludwig Holtfrerich/Hans E. Büschgen, Die Deutsche Bank 1870-1995, München 1995, S. 71-82.

Abb. 3: Gebäude der Deutschen Orientbank in Istanbul (Germania Han)

anderen deutschen Bank vergleichbare Position auf dem ägyptischen Finanzmarkt.[146]

Als Folge des Ersten Weltkriegs verlor die Orientbank ihre ausländischen Niederlassungen. Nach der Besetzung Konstantinopels durch die Alliierten wurde auch der Goldbestand der dortigen Filiale zusammen mit dem der Deutschen Bank-Filiale als

146 Boris Barth, Politische Bank wider Willen: Die Deutsche Orientbank vor dem Ersten Weltkrieg. In: Zeitschrift für Unternehmensgeschichte, 43 (1997), Nr. 1, S. 65–88; Wolfgang G. Schwanitz, Changing or Unknown Identities? The Example of the Deutsche Orientbank AG in Cairo and Alexandria (1906–1931). In: Joachim Heidrich (Hg.), Changing Identities, Berlin 1994, S. 401–413. Aus der älteren Literatur vgl. Fritz Benfey, Die neuere Entwicklung des deutschen Auslandsbankwesens 1914–1925, Berlin 1925; Karl Strasser, Die deutschen Banken im Auslande. Entwicklungsgeschichte und wirtschaftliche Bedeutung, München 1924.

deutsches Auslandsvermögen beschlagnahmt. Das Gold wurde später zwischen Großbritannien, Frankreich und Italien gleichmäßig aufgeteilt und trotz wiederholter deutscher Proteste nicht zurückgegeben.[147]

Die türkischen Filialen konnten zum Teil der Beschlagnahmung durch die Alliierten entzogen werden, indem sie als neugegründete Niederlassungen der Banque de la Seine bzw. deren Tochter Banque Commerciale de la Méditerranée firmierten.[148] 1924 wurden die Filialen der Banque de la Seine von der Orientbank übernommen. Bis 1926 konnten wieder Auslandsniederlassungen in Istanbul, Izmir, Kairo und Alexandria eröffnet werden.

Mit der Bankenkrise von 1931 begann das Ende der Orientbank. Nachdem bekannt geworden war, daß sich die Danat-Bank und die Dresdner Bank, die beiden wichtigsten Anteilseigner, in Zahlungsschwierigkeiten befanden, kam es am 15./16.7.1931 zu einem Run auf die ägyptischen und türkischen Filialen. Die Orientbank mußte die Schalter bis Ende August schließen. Das Reich sprang mit einem Kredit über 15 Mio. RM ein, weitere 5 Mio. RM kamen von einem Konsortium der an der Orientbank beteiligten Banken. Die ägyptischen Filialen, die größer waren als die türkischen und sich wegen des Verfalls der Baumwollpreise in einer kritischeren Lage befanden, wurden nun von der Dresdner Bank übernommen. 1932 gingen auch die türkischen Filialen auf die Dresdner Bank über. Schließlich wurde die Orientbank am 16.3.1933, und zwar rückwirkend zum 31.12.1932, mit der Dresdner Bank fusioniert.[149]

Die Niederlassungen in der Türkei arbeiteten als Filiale der Dresdner Bank weiter, behielten aber den bei der Kundschaft eingeführten Namen Deutsche Orientbank. Im Unterschied zur früheren Orientbank war die gleichnamige Filiale der Dresdner Bank kein eigenständiges Rechtssubjekt. Die vollständige Bezeichnung lautete denn auch „Deutsche Orientbank, Filiale der Dresdner Bank“. Zur Unterscheidung zwischen den beiden Niederlassungen in der Türkei wurde dem Filialnamen zumeist

147 Schreiben Deutsche Bank und Disconto-Gesellschaft an Deutsche Botschaft Ankara vom 27.12.1930, PolArchAA, Botschaft Ankara, Nr. 684; Schreiben Auswärtiges Amt an Deutsche Botschaft Rom vom 3.7.1925 (Abschrift). Ebd.

148 Benfey, S. 95; Strasser, S. 104.

149 BArch, R 8129, Nr. 13174 (Presseausschnitte).

noch die Ortsbezeichnung (Istanbul, Izmir) hinzugefügt. Unter den Filialen der Dresdner Bank hatte die DOB freilich eine besondere Stellung, weil sie türkischem Recht unterlag, Gewinne in Devisen erwirtschaftete und auch in türkischer Währung intern bilanzierte.

Hinsichtlich der Zusammensetzung ihrer Belegschaft glich die DOB mehr der alten Orientbank als einer Filiale der Dresdner Bank. 1938 hatte sie allein in Istanbul 129 Beschäftigte (ohne Aushilfskräfte). Neben der türkischen Kopffiliale Istanbul-Galata in Galata, Voyvoda Caddesi 29, bestand hier noch eine Zweigstelle in Stambul, Bahce Kapi, in dem von der Orientbank übernommenen Gebäude Germania Han. In den Unterlagen der Dresdner Bank ist die Zusammensetzung der DOB-Belegschaft bis zum Jahr 1938 dokumentiert.[150] Die meisten Mitarbeiter kamen aus der alten Orientbank. Unter den 74 Beschäftigten der Kopffiliale Istanbul-Galata waren nur 8 deutsche Staatsangehörige. Der Glaubenszugehörigkeit nach unterschieden, arbeiteten hier 23 Moslems, 5 Juden und 46 Christen, davon 25 Griechisch-Orthodoxe, 14 Katholiken und 7 Protestanten. Die Zweigstelle Stambul hatte 55 Mitarbeiter, darunter 8 Deutsche. Von den Beschäftigten der Zweigstelle waren 16 Moslems, 16 Juden und 23 Christen (13 Griechisch-Orthodoxe, 2 Armenisch-Orthodoxe, 5 Katholiken und 3 Protestanten). Die Minderheiten in der Türkei, vor allem die Griechen und die Juden, waren unter dem Personal der DOB auffällig stark vertreten. In der Kopfstelle Galata waren die Griechen die stärkste Gruppe. Bezüglich der jüdischen Mitarbeiter ist nicht nur ihre Zahl, sondern auch ihre Position innerhalb der Filiale bemerkenswert. In der Stambuler Zweigstelle war der Direktor, Isaac Modiano, jüdischen Glaubens, in der Kopfstelle Galata der stellvertretende Direktor und einer der Prokuristen. Eine „Entjudung“, wie sie innerhalb der Dresdner Bank nach dem Berufsbeamtengesetz vom April 1933 einsetzte,[151] hatte in der türkischen Filiale offensichtlich nicht stattgefunden.

Die Direktoren der DOB waren zu diesem Zeitpunkt Arnold Händel und Johannes Posth. Auch sie stammten aus der alten

150 AADrBk, Personallisten Filialen Herne – Zwickau, 1.4.1938.

151 Dieter Ziegler, Die Verdrängung der Juden aus der Dresdner Bank 1933–1938, Ms. Dresden 1998 (erscheint in: Vierteljahrshefte für Zeitgeschichte 47 (1999), H. 2).

Orientbank. Beide waren dort bei der Gründung im Jahr 1906 eingetreten. Posth hatte nach dem Ersten Weltkrieg zunächst in Deutschland gearbeitet und war 1925 nach Istanbul zurückgekehrt. Während des Zweiten Weltkriegs leitete Johannes Posth die DOB. Im Juli 1941 wurde Hans von Aulock stellvertretender Direktor. Posth und von Aulock waren auch nach dem Krieg für die Dresdner Bank in Istanbul tätig.

Weder Johannes Posth noch Hans von Aulock waren Mitglieder der NSDAP.[152] Posth hatte gute Beziehungen zum deutschen Botschafter von Papen. In seinen Memoiren erwähnt von Papen ein Treffen, das er im Landhaus Posths auf der im Marmara-Meer gelegenen Insel Büyük Ada mit einem angeblichen Beauftragten Roosevelts arrangiert hatte.[153] Posth unterhielt aber auch Kontakte zu deutschen Emigranten in Istanbul. Der Finanzwissenschaftler Fritz Neumark, der wie zahlreiche deutsche Wissenschaftler, Politiker und Künstler in die Türkei emigriert war, zählte ihn zu seinen Bekannten.[154] Hans von Aulock hatte von 1929 bis 1933 in London und in Johannesburg bei einer südafrikanischen Ex- und Importfirma gearbeitet, die seiner Familie gehörte. Nach dem Eintritt in die Dresdner Bank war er dort u.a. im Auslandssekretariat beschäftigt und im Sekretariat des parteilosen Vorstandsmitglieds Hans Pilder tätig. Für das NS-Regime hatte er keine Sympathien. Nach eigenen Angaben mußte sich von Aulock im April 1944 vor dem Vorstand der Dresdner Bank in Berlin verantworten, weil er als „Anti-Nationalsozialist“ und „Defaitist“ denunziert worden war. Die Denunziation hätte ihn „leicht den Kopf kosten können“, er sei aber „durch die Hilfe der politisch anständigen Vorstandsmitglieder der Dresdner Bank“ rehabilitiert worden.[155]

152 AADrBk, Gefallene und Verstorbene, Gefolgschaftsstatistik bis 1945. In der „Gefolgschaftsstatistik“ der Dresdner Bank aus der Zeit des Zweiten Weltkriegs ist noch ein weiterer Direktor der Filiale Istanbul, Fr. Westermann, aufgeführt, der Mitglied der NSDAP war.

153 Franz von Papen, Der Wahrheit eine Gasse, München 1952, S. 573f.

154 Fritz Neumark, Zuflucht am Bosporus. Deutsche Gelehrte, Politiker und Künstler in der Emigration 1933–1953, Frankfurt a.M. 1980, S. 184.

155 Nach von Autlocks Darstellung ging die Denunziation auf den Referatsleiter im Auswärtigen Amt, Georg Ripken, zurück. Schreiben H. von Aulock an Gustav Glück, Mitglied des Vorstandes der Dresdner Bank, vom 3.9.1962, HADrBk, Kairo-Istanbul.

Offensichtlich herrschte in der Istanbuler Filiale der Dresdner Bank eine andere Atmosphäre als in den ebenfalls von der Orientbank übernommenen ägyptischen Filialen. Der Leiter der Filiale in Kairo, Baron Leonhard von Richter, galt als geradezu fanatischer Nationalsozialist. Die Filiale wurde bis zur ihrer Schließung bei Kriegsbeginn von der NSDAP-Auslandsorganisation beherrscht.[156]

Durch den Krieg wurde die Rolle der DOB innerhalb der Dresdner Bank aufgewertet. Als Filiale in einem neutralen Land hatte sie nun eine Schlüsselfunktion für die Devisenbeschaffung und den Rohstoffhandel. Nach Abschluß des deutsch-türkischen Freundschaftsvertrags vom Juni 1941 und des daran anschließenden Chromerzabkommens nahm die Geschäftstätigkeit stark zu.

Allein für den Zeitraum zwischen dem 1.4.1943 und dem 31.5.1944 wurde zwischen dem Reich und der Türkei ein Warenaustausch in Höhe von 62 000 000 Ltq vereinbart. Da der Clearing-Verkehr sich als zu unflexibel erwies, sprangen die Deutsche Bank und die Dresdner Bank mit Krediten ein. Der größte Teil des Handels erfolgte über deutsche Firmen, die unter Beteiligung beider Banken zu Gruppeneinführern für die jeweiligen Bereiche benannt worden waren. Die DOB konnte besonders davon profitieren, daß ein Stammkunde der Dresdner Bank, die Firma Friedrich Krupp, als Gruppeneinführer das Chromerzgeschäft kontrollierte. Im Gegenzug lieferte Krupp ein ganzes Sortiment von Rüstungsgütern in die Türkei. Die DOB hatte über Krupp auf dem Chromsektor „Ausschließlichkeit“, wie der Geschäftsbericht für das Jahr 1943 hervorhob. Die Zusammenarbeit mit Krupp sei „äußerst freundlich und reibungslos“. Auch für das Kreditgeschäft mit Baumwollexporteuren war die DOB ausschließlich zuständig. Dieses Geschäft wurde ebenfalls von einem Großkunden der Dresdner Bank, der Hamburger Firma F.H. Schäfer, dominiert. Ähnliches galt für den Fischexport (Gruppeneinführer „Nordsee“). Bei den Tabakexporten mußte sich die DOB das Geschäft mit der Istanbuler Filiale der Deutschen Bank teilen. Gruppeneinführer war hier das der Deutschen Bank nahestehende Haus Reemtsma. Eine

156 OMGUS-Bericht, Dresdner Bank, S. 99f.

unangefochtene Monopolstellung hatte die Deutsche Bank für die Bereiche Kupferexport und Mohair-Geschäft.[157]

Eine wichtige Rolle spielte die DOB auch bei der finanziellen Abwicklung von Warenkompensationsgeschäften zwischen der Türkei und den Satellitenstaaten des Reichs oder neutralen Drittstaaten. Dazu gehörte z.B. die Lieferung von Schnittholz, Zucker und Zement aus der Slowakei gegen Baumwolle, Haselnüsse und Ziegenfelle aus der Türkei, von Dieselmotoren aus Dänemark gegen türkische Tabake, von Maschinen aus der Schweiz gegen Mohair und Felle aus der Türkei.[158] Zusammen mit der Böhmischen Escompte-Bank betrieb die DOB einen Handel zwischen der Türkei und dem annektierten Teil der Tschechoslowakei.[159]

Das Akkreditivgeschäft der DOB erreichte 1943 ein Volumen von 45,516 Mio. Ltq, gegenüber 35,289 Mio. Ltq im Vorjahr. Der Zuwachs ging auf den Anstieg der aus der Schweiz eröffneten Akkreditive von 5,784 Mio. Ltq auf 19,201 Mio. Ltq zurück.[160]

Im Geschäftsbericht der türkischen Filialen der Dresdner Bank für das Jahr 1943 wurde ein interner Gewinn von 116 000 Ltq ausgewiesen, bei einer Bilanzsumme von 16 367 000 Ltq (1942: 14 728 000 Ltq). Dem Bericht ist zu entnehmen, daß dieses Jahr für die DOB sehr viel erfolgreicher verlaufen war als für die türkische Wirtschaft. Die Beschäftigtenzahl nahm deutlich zu und lag dann Mitte 1944 bei 250.[161]

Nach dem Abbruch der diplomatischen Beziehungen zwischen der Türkei und den Achsenmächten am 2.8.1944 mußte die DOB in Istanbul und Izmir das Neugeschäft einstellen. Posth und von Aulock nahmen das von der Türkei angebotene politische Asyl an, ebenso wie die Direktoren der Istanbuler Filiale

157 Auszug aus dem Geschäftsbericht der türkischen Filialen Galata-Stambul Izmir für das Jahr 1943, HADrBk, Kairo-Istanbul.

158 Ebd.

159 Information on dealings between Boehmische Escomptebank, Prague, and Deutsche Orientbank, Istanbul, 18.1.1944, NA, RG 226, Box 407 (OSS Ref. Card 70017 S).

160 Auszug aus dem Geschäftsbericht der türkischen Filialen Galata-Stambul Izmir für das Jahr 1943, HADrBk, Kairo-Istanbul.

161 Ebd. Treuhand-Vereinigung AG, Dresdner Bank AG - Vermögenswerte in der Türkei (1963), HADrBk, Deutsche Orientbank, Korrespondenz und Buchungsaufgaben. 1 Ltq entsprach nach dem damaligen Kurs der Berliner Börse 1,98 RM.

der Deutschen Bank, Hausmann und Weidtmann. In beiden Fällen blieben die Filial-Direktoren auf ausdrücklichen Wunsch ihrer Banken, die darin vom Auswärtigen Amt unterstützt wurden, in der Türkei.[162] Beide Banken wollten vermutlich die landeserfahrenen und gut vernetzten Leiter ihrer Filialen in der Nähe der beschlagnahmten Vermögenswerte wissen.

Posth und von Aulock wurden Ende August 1944 in Zentralanatolien interniert. Die DOB wurde nun von Sadi Ataman geleitet, der noch im Juli 1944 zum Abteilungsdirektor ernannt worden war. Anfang 1946 konnte Posth wieder nach Istanbul zurückkehren und die Leitung der - ruhenden - DOB übernehmen. Von Aulock kam erst 1951 wieder zur DOB, nachdem er zuvor als Berater der Türkiye Is Bankasi gearbeitet hatte. De facto befand sich die DOB wie alle deutschen Gesellschaften in der Türkei nach einem Beschluß des Ministerrats vom 6.12.1945 in Liquidation.[163]

1952 wurde in Istanbul - kaum zufällig - die erste Auslandsrepräsentanz der Dresdner Bank nach dem Krieg gegründet. Dabei handelte es sich zunächst um eine gemeinsame Repräsentanz der drei Nachfolgeinstitute. Repräsentant wurde Hans von Aulock. Johannes Posth blieb für die Abwicklung der alten Filiale zuständig. Eine Weiterführung der DOB kam nicht in Betracht, weil die türkische Regierung an den Ruhebestimmungen festhielt.[164]

Erst nach der Freigabe des in der Türkei blockierten deutschen Auslandsvermögens ging die DOB durch einen Beschluß des Vorstands der Dresdner Bank vom 29.9.1959 auch formal in Liquidation. Zu Liquidatoren wurden Johannes Posth und Hans von Aulock bestellt.[165] Die technische Abwicklung der DOB wurde 1984 beendet. Formal ist das Liquidationsverfahren noch nicht abgeschlossen.

162 Telegramm Auswärtiges Amt, HaPol VII, an Diplogerma Sofia vom 5.9.1944; Telegramm an Diplogerma Bern vom 11.9.1944; Schreiben Dresdner Bank, Direktion, an Geheimrat Ripken, Auswärtiges Amt vom 26.9.1944, PolArchAA, R 114242.

163 Treuhand-Vereinigung AG, Dresdner Bank AG - Vermögenswerte in der Türkei (1963), HADrBk, Deutsche Orientbank, Korrespondenz und Buchungsaufgaben.

164 Schreiben Hamburger Kreditbank an Direktor Johannes Posth vom 8.4.1952, HADrBk, Kairo-Istanbul.

165 Treuhand-Vereinigung AG, Dresdner Bank AG - Vermögenswerte in der Türkei (1963), HADrBk, Deutsche Orientbank, Korrespondenz und Buchungsaufgaben.

5.2. Die Türkei im Zweiten Weltkrieg (bis zum Frühjahr 1944)

Als Drehkreuz zwischen dem Balkan, dem Nahen Osten und der Sowjetunion hatte die Türkei im Zweiten Weltkrieg eine strategische Schlüsselposition. Im Westen grenzte sie an Bulgarien, das sich mit den Achsenmächten verbündete, und an Griechenland, das von deutschen Truppen besetzt wurde. Im Nordosten bestand eine gemeinsame Grenze mit der UdSSR. Der östliche Nachbar, der Iran, wurde 1941 von Großbritannien und der Sowjetunion besetzt. Das südöstlich benachbarte Syrien war französisches Mandatsgebiet. Hier setzte sich die französische Exilregierung mit britischer Hilfe gegen das Vichy-Regime durch. Der angrenzende Irak stand unter britischer Kontrolle, die 1941 durch einen Aufstand vorübergehend in Frage gestellt wurde.

Maxime des damaligen Staatspräsidenten Ismet Inönü[166] war, die Türkei nicht zum Kriegsschauplatz werden zu lassen. Seiner im Kemalismus gründenden Überzeugung nach konnte das Land bei einer Verwicklung in den Krieg nichts gewinnen, aber viel verlieren. Obwohl die Sympathien den Alliierten gehörten und 1939 ein Beistandspakt mit Großbritannien und Frankreich geschlossen worden war, trat die Türkei nicht in den Krieg ein. Als deutsche Truppen dann in Bulgarien und Nordafrika standen, ging die Regierung in Ankara davon aus, daß die Türkei sich nur durch „aktive Neutralität" behaupten könne. Darunter wurde eine massive Aufrüstung und eine energische Verfolgung der eigenen Interessen gegenüber beiden Kriegsparteien verstanden. Neben dem Ziel, sich nicht am Krieg zu beteiligen, gab es noch ein weiteres Leitmotiv der türkischen Außenpolitik: das Interesse, Sicherheit gegenüber der Sowjetunion zu erlangen, die als größte Bedrohung des Landes angesehen wurde.[167]

Schon aus geostrategischen Gründen hatten die Alliierten und die Achsenmächte ein gleichermaßen großes Interesse an der

166 Inönü wurde 1923 erster Ministerpräsident der Türkischen Republik und Vorsitzender der Republikanischen Partei, 1938 dann als Nachfolger Kemal Atatürks der zweite Staatspräsident. Nach einer Wahlniederlage seiner Partei trat Inönü 1950 zurück. In den Jahren 1961-1965 war er erneut Ministerpräsident.

167 Selim Deringil, Turkish foreign policy during the Second World War: an ‚active neutrality', Cambridge 1989; Edward Weisbrand, Turkish Foreign Policy 1943-1945. Small State Diplomacy and Great Power Politics, Princeton 1973.

Türkei. Als einer der wichtigsten Lieferanten von Chromerz hatte das Land aber auch eine kriegswirtschaftliche Schlüsselfunktion. Chrom war für die Rüstungsindustrie unverzichtbar. Es wurde für die Legierung von Stahl benötigt und speziell auch für die Herstellung von Panzerfahrzeugen.[168] Anders als die Alliierten konnte Deutschland nur auf wenige Bezugsquellen zurückgreifen. Ohne türkisches Chromerz war das Reich kaum in der Lage, einen längeren Krieg zu führen. Um die Lieferungen aus der Türkei kam es daher zwischen Großbritannien und Deutschland zu einem „Chrome War".[169]

Vor diesem Hintergrund entfalteten die Achsenmächte und die Alliierten in der Türkei rege diplomatische und geheimdienstliche Aktivitäten. Zu den Protagonisten gehörten der deutsche Botschafter von Papen, der britische Botschafter Knatchbull-Hugessen und der amerikanische Botschafter Steinhardt.

In einem Abkommen vom 8.1.1940 war Großbritannien und Frankreich der Bezug der gesamten türkischen Chromerzproduktion bis Anfang 1943 zugesichert worden. In Berlin sah man in diesem Abkommen eine Verletzung der Neutralität. 1939 hatte Deutschland noch rund 60% der türkischen Chromerzausfuhr erhalten.[170]

Durch den deutschen Balkanfeldzug vom Frühjahr 1941 veränderte sich die militärische Kräftekonstellation im östlichen Mittelmeerraum. Am 18.6.1941 schloß die Regierung in Ankara mit dem Reich einen Freundschaftsvertrag. Wenige Monate später, am 9.10.1941, folgte ein Wirtschaftsabkommen, in dem Deutschland umfangreiche Chromerzlieferungen ab Anfang 1943, also nach Auslaufen des Vertrags mit Großbritannien, zugesichert wurden. Vertraulich wurde die Lieferung von 180000 Tonnen Chromerz bis Ende 1944 vereinbart.[171] Unmittelbar vor Beginn der Chromerzexporte nach Deutschland erhielt die Türkei am 31.12.1942 einen Rüstungskredit des

168 Alan S. Milward, Die deutsche Kriegswirtschaft 1939–1945, Stuttgart 1966, S. 159.

169 Deringil, S. 128.

170 Facts about Turkey's chrome sales during the Second World War; Anlage zu: Opening Statement of the Press Conference of the Minister of State – Prof. Dr. Sükrü S. Gürel (24.6.1998), Ms. Ankara 1998 (im folgenden zitiert als Statement Gürel); Vermerk VLR Dr. Ripken (AA) vom 15.7.1942, BArch, R 901, Nr. 61173, Bl. 118f.

171 Lothar Krecker, Deutschland und die Türkei im zweiten Weltkrieg, Frankfurt a.M. 1964, S. 153–183.

Reichs über 100 Mio. RM. Die darüber finanzierten Waffenlieferungen kamen von Firmen wie Focke-Wulf, Krupp und Rheinmetall. Die Türkei erhielt u.a. 60 Jagdflugzeuge, 67 Panzerkampfwagen, 60 Panzerabwehrkanonen und 265 schwere Maschinengewehre. Neben Geschützen lieferte Krupp auch Eisenbahnmaterial in die Türkei, um die bestehenden Engpässe bei den Chromerztransporten zu überwinden.[172]

Die türkische Regierung bezahlte die Lieferungen mit Schatzbonds, die zu 80 % vom Reich garantiert waren. Zur Finanzierung der Produktion verkauften die in einer Arbeitsgemeinschaft zusammengeschlossenen Lieferfirmen den vom Reich garantierten Anteil an ein Bankenkonsortium aus der Deutschen Bank, der Dresdner Bank, der Commerzbank und der Reichskreditgesellschaft. Für die türkischen Staatsobligationen gaben diese Banken den deutschen Firmen Anzahlungsgarantien. Die Dresdner Bank übernahm 213 Anzahlungsgarantien über insgesamt 14,618 Mio. RM, davon allein 3,757 Mio. RM gegenüber Krupp.[173]

Im Rahmen der vor allem von Außenminister Numan Menemencioglu betriebenen Politik der „aktiven Neutralität" bezog die Türkei neben den Waffenlieferungen aus Deutschland auch von den Alliierten Rüstungsgüter. Während die türkische Artillerie von Krupp ausgerüstet wurde, schulten britische Ausbilder die Luftwaffe.

In den USA und in Großbritannien wurde häufig vermutet, daß die Chromerzlieferungen der Türkei an Deutschland mit Gold bezahlt würden.[174] Die Geheimdienste der Alliierten wußten sehr genau, daß dies nicht der Fall war. Gleichwohl hat sich die Legende von den angeblichen Gold-Chromerz-Geschäf-

172 Krecker, S. 183–189; Schreiben Dresdner Bank Auslandssekretariat an Dresdner Bank Frankfurt a.M. vom 20.1.1943, HADrBk, Türkische Schatzbonds; Telegramme Ripken an Fa. Schenker vom 25.1.1943 und 26.10.1943, BArch, R 901, Nr. 68674; Telegramm Seiler an Reichsverkehrsministerium, Eisenbahnabteilung, vom 14.2.1943, ebd., Nr. 68673, Bl. 74.

173 Vermerk betr. Waffenlieferungskredit von 100 Mio. RM vom 13.5.1957, PolArchAA, B 86, Nr. 1183; Auszahlungsgarantien der Dresdner Bank, Berlin gegenüber türkischen Stellen, 27.5.1958, ebd. Vgl. hierzu auch: O.M.G.U.S., Finance Division – Financial Investigation Section, Ermittlungen gegen die Deutsche Bank, Nördlingen 1985, S. 250f.

174 Eizenstat-Bericht II, S. 127.

ten bis in die neuere Literatur hinein tradiert.[175] Das Reich hatte wiederholt Zahlungen in Gold angeboten, was aber von der türkischen Regierung stets abgelehnt wurde.[176] Als Reserve „für etwaige Chromerzfinanzierungen" hielt die DOB für das Reichswirtschaftsministerium nicht Gold, sondern einen Betrag über 1 Mio. Ltq bereit.[177] Möglicherweise bestand insofern allerdings ein indirekter Zusammenhang zwischen dem Goldgeschäft und den Chromerzlieferungen. Die von der DOB bereitgestellte Reserve konnte aus Goldverkäufen stammen. Es ist nicht auszuschließen, daß sie auch zur Vorfinanzierung von Chromerzlieferungen verwendet wurde.

Daß die Regierung in Ankara an der Belieferung mit deutschen Waffen stärker interessiert war als an Goldabgaben der Reichsbank, ist anhand der Berichte der Türkischen Zentralbank (Merkez-Bank) leicht nachzuvollziehen. Daraus geht hervor, daß der Goldbestand der Zentralbank während des Kriegs durch Transaktionen mit den Alliierten sprunghaft anstieg. Im April 1944 verfügte die Merkez-Bank über rund 77 Tonnen Gold in der Türkei und rund 92 Tonnen Gold im Ausland.[178]

5.3. Auftraggeber und Abnehmer: Der freie Goldmarkt in Istanbul

Die Goldarbitragegeschäfte der Dresdner Bank in der Türkei wurden für dort tätige Diplomaten durchgeführt, deren Aufträge wie folgt formuliert waren:

„In der Anlage übersende ich Ihnen einen Scheck auf ... über sfrs... Ich bitte Sie, für den Gegenwert dieses Schecks und für meine Rechnung Gold in Deutschland oder in der Schweiz zu kaufen, dieses Gold nach der Türkei zu bringen und nach Eintreffen für

175 So z. B. noch bei Rings, S. 32. Anders dagegen: OSS, Turkey, Economic Report 17.4.-30.4.1944 (1.6.1944), NA, RG 165, Box 3057.

176 Facts about Turkey's chrome sales during the Second World War, Anlage zu: Statement Gürel.

177 Schreiben Reichswirtschaftsminister an Dresdner Bank Berlin vom 10.5.1944, PolArchAA, R 114195.

178 OSS, Turkey, Economic Report 17.4.-30.4.1944 (1.6.1944), NA, RG 165, Box 3057.

meine Rechnung zu verkaufen. Den Gegenwert wollen Sie mir dann in Türkpfunden auszahlen".[179]

Die Schecks konnten ebenso in US-$ und in freien Reichsmark ausgestellt werden. Angegeben wurde auch noch die Bank, bei der die Auftraggeber den genannten Betrag zur Verfügung stellten. Dabei handelte es sich entweder um Schweizer Geschäftsbanken in Zürich oder um die Dresdner Bank in Berlin. Die Höhe der Beträge variierte stark. Die Spannbreite reichte von einigen hundert SFr bzw. freien RM bis zu 100 000 oder gar 250 000 SFr.

In den aufgefundenen Akten der DOB zum Goldgeschäft sind allein für den Zeitraum zwischen Juli 1943 und Juli 1944 etwa 360 Arbitrageaufträge von Diplomaten enthalten. Ein großer Teil dieser Aufträge kam aus den deutschen Vertretungen in Ankara und Istanbul. Zu den Auftraggebern gehörten aber auch viele Diplomaten der mit Deutschland verbündeten und der neutralen Staaten. Ebenfalls belegt sind Aufträge eines Delegierten des Internationalen Komitees des Roten Kreuzes. Oft waren die Schreiben in französischer Sprache verfaßt. Aufträge für Goldarbitragen erteilten der DOB beispielsweise der ungarische Militärattaché in Istanbul am 15.4.1943 über 1 300 US-$ bei der Dresdner Bank in Berlin, ein spanischer Minister am 2.8.1943 über 7 353 SFr bei der Schweizerischen Bankgesellschaft in Zürich, ein Mitarbeiter des Schweizer Konsulats am 1.9.1943 über 52 000 SFr beim Crédit Suisse in Zürich, der bereits erwähnte Vertreter des Internationalen Roten Kreuzes am 25.12.1943 über 92 000 SFr, ebenfalls beim Crédit Suisse in Zürich.[180] Besonders große Aufträge kamen wiederholt von der japanischen Botschaft, so u.a. am 23.7.1943 über 80 000 SFr, am 6.8.1943 über 100 000 SFr und am 18.7.1944 über 250 000 SFr.[181]

179 DOB, Darstellung der technischen Abwicklung der Gold-Arbitrage durch die Deutsche Orientbank in den Jahren 1942–1944 (11.9.1952), HADrBk, D.O.B., Sekretariat – Midas-Depot.

180 HADrBk, D.O.B., Lettres Recues A–Z.

181 Ebd.; Schreiben DOB Istanbul an Friedrich Carl Sarre vom 8.12.1952, HADrBk, D.O.B., Sekretariat – Midas-Depot. An anderer Stelle ist auch eine von der Japanischen Botschaft in Ankara veranlaßte Überweisung der Yokohama Specie Bank an die Dresdner Bank belegt, die über die Eidgenössische Bank und den SBV ging. AADrBk, Industriebüro, SBV 1943/44 (94952).

Hinweise auf die damals in der Türkei tätigen Diplomaten finden sich u.a. im Politischen Archiv des Auswärtigen Amts und in den US National Archives. Die diplomatischen Vertretungen der Achsenmächte und der Alliierten waren mehr oder weniger gut getarnte Spionagezentralen.[182] Der Emigrant Fritz Neumark schrieb in seinen Erinnerungen: „Ähnlich wie die ja gleichfalls neutrale Schweiz bildete die Türkei einen der Hauptschauplätze der Spione aus aller Herren Länder, wobei Istanbul und Ankara im Zentrum der Aktivitäten standen.“[183] Allein bei den Militärattachés der deutschen Vertretungen in der Türkei waren 28 Angehörige der Abwehr, darunter sechs Offiziere, beschäftigt, die in den Akten des Auswärtigen Amts als solche genannt werden.[184] Die Zahl der im deutschen Generalkonsulat in Istanbul beschäftigten Geheimagenten war so groß, daß sich Botschafter von Papen darüber in Berlin beklagte:

„Wenn in einer Behörde des auswärtigen Dienstes wie dem Generalkonsulat, die über 4 oder 5 eigene Beamte verfügt, schließlich die zehnfache Anzahl von Mitgliedern des Abwehrdienstes eingebaut wird, dann bleibt das Generalkonsulat nur noch eine Fassade, und zwar eine sehr dürftige, für die Tarnung des genannten Dienstes.“[185]

Aus den Akten der DOB lassen sich mehrere Geheimdienstoffiziere als Auftraggeber von Goldarbitragen der DOB ermitteln. Dazu gehören Prof. Dr. Adolf Walter Hinz und Dr. Paul Leverkühn. Beide waren Militärattachés zugeordnet.[186]

Auch der Handelsattaché der deutschen Botschaft, L.C. Moyzisch, gab bei der Istanbuler Filiale der Dresdner Bank Goldarbitragegeschäfte in Auftrag.[187] Moyzisch war Mitarbeiter der Gestapo oder des SD und gehörte zu den Hauptfiguren in

182 Eine in den Akten des Auswärtigen Amts überlieferte Liste feindlicher Geheimagenten enthält 51 Mitarbeiter der Britischen Botschaft, 27 sowjetische Diplomaten und 28 Angehörige der amerikanischen Botschaft. Genannt werden auch griechische, polnische und jugoslawische Spione, PolArchAA, R 101882.

183 Neumark, S. 206.

184 Abwehrangehörige Türkei, PolArchAA, R 101883.

185 Schreiben von Papen an das Auswärtige Amt vom 17.10.1941, ebd., R 101881.

186 Abwehrangehörige Türkei, ebd., R 101883; HADrBk, D.O.B., Lettres Recues A–Z.

187 Am 18.6.1943 beauftragte Moyzisch die DOB mit einer Goldarbitrage über 6 000 SFr und 10 000 US-$, die er bei der Dresdner Bank in Berlin zur Verfügung stellte, HADrBk, D.O.B., Lettres Recues A–Z.

einem der spektakulärsten Spionagefälle des Zweiten Weltkriegs, der „Operation Cicero“.[188]

Erlöse aus den von der Dresdner Bank durchgeführten Goldarbitragen sind über Agenten wie Hinz, Leverkühn und Moyzisch mit Sicherheit auch im Rahmen von Geheimdienstoperationen verwendet worden. Die im zweiten Eizenstat-Bericht vertretene Ansicht, das Reich habe seine diplomatischen, geheimdienstlichen und propagandistischen Aktivitäten in der Türkei über die Goldgeschäfte der Deutschen und der Dresdner Bank finanziert, ist aber unhaltbar.[189] Finanziert wurde die Tätigkeit der Abwehr und des SD von den zuständigen Stellen in Berlin und auch vom Auswärtigen Amt. Die deutschen Geschäftsbanken wurden dafür nicht benötigt. Falls erforderlich, war Ribbentrop jederzeit in der Lage, aus seinen eigenen Beständen große Mengen Gold zu liefern. Im Dezember 1942 schickte er Gold im Wert von 5 Mio. RM an Botschafter von Papen.[190] Die deutschen Diplomaten tätigten die Goldarbitragegeschäfte, um sich ein lukratives Zubrot zu sichern. Aus dem gleichen Grund beteiligten sich auch die Diplomaten der mit Deutschland verbündeten Länder und der neutralen Länder so zahlreich an diesem Handel. Die Gewinne wurden nicht an die Botschaften abgeführt, sondern für den privaten Bedarf verbraucht oder in Gold angelegt.[191] Einem Bericht des amerikanischen Geheimdienstes nach lebten die Diplomaten der Achsenmächte und neutraler Länder in der Türkei durchweg über ihre Verhältnisse.[192]

188 „Cicero“ war der Kammerdiener des britischen Botschafters Sir Hughe Knatchbull-Hugessen. Ihm gelang es, sich Zugang zum Safe des Botschafters zu verschaffen und die dort liegenden Geheimdokumente auf Mikrofilm aufzunehmen. Er verkaufte die Filme an Moyzisch, über den das Material an Ribbentrop und Kaltenbrunner gelangte. Enthalten waren darin u.a. genaueste Informationen über die Konferenzen von Casablanca und Jalta. Über Moyzisch erhielt „Cicero“ eine Summe über 300 000 Pfund Sterling. Später stellte sich heraus, daß die Banknoten gefälscht waren. Vgl. Neumark, S. 208ff.; von Papen, S. 587ff.

189 Eizenstat-Bericht II, S. 130.

190 Telegramm Ribbentrop an Diplogerma Ankara vom 5.12.1942, BArch, R 901, Nr. 61173.

191 Gold Transaction of the Deutsche Bank of Istanbul for the week ended April 15, 1944, NA, RG 165, Box 3051. Golddepots von Diplomaten sind in den überlieferten Depotbüchern der Istanbuler Filiale der Deutschen Bank belegt. Filiale Istanbul, Depot Galata, HADB, F 40/4.

192 Smuggling of Gold. Military Intelligence Division W.D.G.S., Report No. 8881 from Istanbul, Turkey, 5.2.1944, NA, RG 165, Box 3051.

Anders als die Auftraggeber der Arbitragegeschäfte sind die Verkäufe und die Abnehmer des Goldes in den überlieferten Akten der DOB nicht dokumentiert. Aus den Unterlagen der DOB und anderen Quellen, vor allem den Berichten des US-Geheimdienstes OSS, lassen sich aber doch einige Aussagen über die Bewegungen des Marktes, die Abnehmer und den Weg des Goldes gewinnen.

Die Nachfrage auf dem freien Goldmarkt in Istanbul wurde durch die türkische Inflation angeheizt. Der Goldpreis stieg hier während der ersten Kriegsjahre stark an. Die Lieferungen der Deutschen Bank und der Dresdner Bank wirkten dann als ein gewisses Regulativ.[193] Beide Banken spielten auf dem Istanbuler Goldmarkt ab Herbst 1942 eine dominierende Rolle.

Nach einem in türkischer Sprache verfaßten Bericht unbekannter Herkunft, der sich in den Unterlagen der DOB findet und vermutlich aus dem Jahr 1944 stammt (im folgenden: Altin-Bericht), basierten die Transaktionen am Istanbuler Markt vor allem auf dem Handel mit holländischen Goldmünzen, die wegen ihrer unversehrten Prägung leicht abgesetzt werden konnten.[194]

Im Frühjahr 1944 ging der Goldpreis in der Türkei zurück, bei holländischen Goldmünzen um fast 15%. Verschiedene Quellen belegen, daß nun größere Mengen Gold aus Großbritannien auf den türkischen Markt gelangt waren. Die DOB berichtete in einem Schreiben an das Auslandssekretariat der Dresdner Bank vom 30.5.1944 über das britische Gold („in Perfidium hergestellt").[195] Das OSS wies schon im Dezember 1943 auf die Belieferung des türkischen Markts mit britischem Gold hin und vermutete, daß dieses Gold über Gaziantep, eine Stadt in der Nähe der syrischen Grenze, eingeschmuggelt würde.[196] Dem Altin-Bericht von 1944 ist zu entnehmen, daß umfangreiche Goldimporte aus Syrien[197] stattgefunden hatten. Es

193 Neumark, S. 215; Altin, HADrBk, D.O.B., Sekretariat - Gold-Depot.
194 Altin, HADrBk, D.O.B., Sekretariat - Gold-Depot.
195 Schreiben DOB Istanbul an Dresdner Bank, Ausland-Direktion, vom 30.5.1944, HADrBk, Goldgeschäfte 1944.
196 Report on sales of British gold in Turkey, 22.12.1943, NA, RG 226, Box 407 (OSS Ref. Card 70131 S).
197 Syrien war zu dieser Zeit französisches Mandatsgebiet. Report about gold bars sold in Istanbul against live stock sold in Syria, 13.1.1944, NA, RG 226, Box 405 (OSS Ref. Card 62947 S).

seien vor allem Barren und kleine Armbänder eingeführt worden. Erwähnt wird auch „Rothschild"-Gold. Für den Gegenwert wurden Medikamente und Nahrungsmittel nach Syrien ausgeführt.[198] Auf den Handel von Gold aus Syrien gegen Lebensmittel aus der Türkei wird auch in einem OSS-Bericht vom Januar 1944 eingegangen. Ob das Gold aus Großbritannien bzw. Syrien wegen des hohen Preises in der Türkei verkauft wurde, oder ob es die Alliierten einführten, um den türkischen Markt für Raubgold aus Deutschland zusammenbrechen zu lassen, bleibt offen.

Der größte Teil des von der Dresdner Bank in der Türkei verkauften Goldes ging an private Haushalte. Amerikanische Quellen deuten darauf hin, daß der Absatz aber auch über türkische Geschäftsbanken lief.[199] Der Erwerb von Gold war zu dieser Zeit in der Türkei eine der wenigen Möglichkeiten, Vermögen vor der Inflation zu retten. Darauf weist Fritz Neumark in seinen Erinnerungen hin, der als Emigrant in Istanbul selbst Gold gekauft hat:

„... das Hauptmittel, sich gegen inflationäre Entwicklungen zu schützen, war das ohnehin im Orient verbreitete Horten von Edelmetall, vor allem von Goldmünzen, einerseits, der Kauf von Grundvermögen und Häusern andererseits ... Aber auch der Goldpreis, immer als ein freilich nicht ganz adäquater Indikator des Inflationsgrades betrachtet, stieg außerordentlich stark an. Auch ich hatte mich unter dem Druck der Verhältnisse entschlossen, meine recht bescheidenen Ersparnisse, die ich während der fünf ‚fetten Jahre' vor Kriegsausbruch hatte machen können, in Gold anzulegen."[200]

Im Orient war, wie das Zitat andeutet, das Vertrauen in die Stabilität von Währungen traditionell gering. In der ländlichen Türkei, vor allem in Anatolien, hatte sich die Gewohnheit gehalten, Vermögenswerte in Gold anzulegen. Durch die Inflation sah sich die ländliche Bevölkerung in diesem Verhalten einmal mehr bestätigt. Der Goldpreis in Istanbul unterlag denn auch einem Erntezyklus. Von Mai bis August tendierte der Preis nach unten. Ab Oktober stieg der Preis, weil die Bauern nun ihre Ernte-

198 Altin, HADrBk, D.O.B., Sekretariat - Gold-Depot.
199 „... the bulk of German gold sold in Turkey was absorbed by Turkish private banks and individual hoarders." Eizenstat-Bericht II, S. 131.
200 Neumark, S. 215.

einkünfte anlegten.[201] Informationen der alliierten Geheimdienste und der Altin-Bericht bestätigen, daß große Mengen Gold an Bauern in Anatolien abgesetzt wurden.[202]

Zu den Hauptkäufern auf dem türkischen Goldmarkt gehörten traditionell die Minderheiten, also Griechen, Juden, Armenier und Bulgaren.[203] Trotz der Diskriminierung durch das Vermögensabgabegesetz vom November 1942 dürften Vertreter dieser Bevölkerungsgruppen auch während der letzten Kriegsjahre Goldkäufe getätigt und Goldhandel betrieben haben.

Eine starke Nachfrage bestand nach englischen Goldmünzen (Sovereigns) und nach Napoléon-Goldstücken. Ein großer Teil dieser Münzen wurde illegal ausgeführt. Sovereigns konnten in Palästina mit hohen Gewinnspannen abgesetzt werden.[204] Mit dem Goldgeschäft der Dresdner Bank bestand dabei kein Zusammenhang, da die Bank in Istanbul kaum Sovereigns verkaufte. Anders verhielt es sich mit den Napoléon-Goldstücken, die von der Dresdner Bank in größeren Mengen auf dem Istanbuler Markt abgesetzt wurden. Napoléons gelangten im Rahmen eines schwunghaften Schmuggels von Istanbul nach Bulgarien, Rumänien und Ungarn.[205] Dort konnten die Goldmünzen mit hohen Gewinnen verkauft werden, weil die Bevölkerung das Vertrauen in das Papiergeld ihrer Länder verloren hatte. Das OSS berichtete im Februar 1944: „There is a regular ring of smugglers who deal with the diplomats."[206]

Schließlich kauften auch die deutschen Diplomaten bei den Filialen der deutschen Geschäftsbanken in Istanbul Gold an, wahrscheinlich mit Gewinnen aus den Goldarbitragegeschäf-

201 Altin, HADrBk, D.O.B., Sekretariat - Gold-Depot; Schreiben DOB Istanbul an Dresdner Bank, Ausland-Direktion, vom 30.5.1944, HADrBk, Goldgeschäfte 1944.

202 Altin, HADrBk, D.O.B., Sekretariat - Gold-Depot.

203 „Gold is largely purchased by the peasants of Anatolia." Rates of Gold in Turkey (24.8.1943), NA, RG 65, Box 3057 (die Information stützt sich auf Angaben aus der Banque Ottoman); Altin, HADrBk, D.O.B., Sekretariat - Gold-Depot.

204 Gold Sovereigns smuggled from Turkey to Palestine (24.8.1943), NA, RG 165, Box 3057.

205 Altin, HADrBk, D.O.B., Sekretariat - Gold-Depot; Schreiben DOB Istanbul an Dresdner Bank, Ausland-Direktion, vom 30.5.1944, HADrBk, Goldgeschäfte 1944.

206 Smuggling of Gold. Military Intelligence Division W.D.G.S., Report No. 8881 from Istanbul, Turkey, 5.2.1944, NA, RG 165, Box 3051.

ten.[207] Goldgeschäfte wurden ebenfalls zwischen den Istanbuler Filialen der Dresdner Bank und der Deutschen Bank getätigt.[208]

Große Goldmengen gingen in diesen Jahren an die Türkische Zentralbank, deren Goldreserve während des Kriegs von 27,4 Tonnen auf 216,2 Tonnen anstieg. Die türkische Regierung und die Zentralbank hatten vor dem Hintergrund der Inflationserfahrung im eigenen Land kein Vertrauen in Devisen, auch nicht in den Schweizer Franken. Die Devisenbestände der Zentralbank wurden weitestgehend in Gold konvertiert.[209]

In neueren Stellungnahmen der türkischen Regierung wird der Bezug von NS-Raubgold vehement bestritten. Der rasante Anstieg der Goldreserve während des Kriegs kam nach diesen Erklärungen durch Außenhandelsüberschüsse zustande.[210] Auf der Washingtoner Konferenz über „Holocaust-Era Assets" vom Dezember 1998 wurde der Türkei von US-Unterstaatssekretär Eizenstat bescheinigt, daß keine Beweise vorliegen, wonach die Türkei NS-Raubgold gekauft hätte. Diese Feststellungen beziehen sich freilich nur auf die Zentralbank. Auch von der türkischen Regierung wird nicht bestritten, daß damals auf dem freien Markt Raubgold aus Deutschland abgesetzt wurde.[211]

Nach damaligen Berichten alliierter Dienststellen war die Türkische Zentralbank nicht an den Goldgeschäften der Dresdner Bank und der Deutschen Bank in Istanbul beteiligt.[212] Dabei hatte die Leitung der Zentralbank trotz der alliierten Warnungen keine Skrupel, vermutliches Raubgold aus Deutschland zu erwerben. Der stellvertretende Generaldirektor der Türkischen Zentralbank, Nedim Ersun, kaufte privat noch im Juli 1944 über

207 Gold Transaction of the Deutsche Bank of Istanbul for the week ended April 15, 1944, NA, RG 165, Box 3051; Filiale Istanbul, Depot Galata, HADB, F 40/4.

208 Gold Transaction of the Deutsche Bank of Istanbul for the week ended April 15, 1944, NA, RG 165, Box 3051.

209 The Gold Report (1997), Anlage zu: Statement Gürel.

210 Ebd.

211 International conference upholds Turkey's stance in Nazi gold controversy. In: Turkish Daily News vom 3.12.1998.

212 „These sales are not made with the Central Turkish Bank ..." Turkey, Foreign Capital and Financial Enterprise in Country (Febr. 1944), NA, RG 165, Box 3051.

die Dresdner Bank Gold.[213] Daß zwischen der Dresdner Bank und der Türkischen Zentralbank während des Kriegs keine Goldgeschäfte stattfanden, war schlichtweg durch das Gefälle zwischen dem Marktpreis und dem offiziellen Ankaufspreis der Zentralbank bedingt. Die Dresdner Bank konnte im Februar 1944 auf dem freien Markt in Istanbul 1 kg Feingold für 4 900 Ltq verkaufen. Von der Türkischen Zentralbank hätte sie dafür nur den offiziellen Kurs von 1 400 Ltq erhalten.[214] Hinzu kam, daß die Türkische Zentralbank selbst Goldarbitragegeschäfte betrieb.[215]

Die Goldbestände der Türkischen Zentralbank erhöhten sich während des Kriegs hauptsächlich durch Transaktionen mit den USA und Großbritannien. Die Regierung in Ankara unterstützte die Einfuhr amerikanischen Goldes, weil sie sich davon eine Dämpfung des Goldpreises in der Türkei erhoffte.[216] Im Frühjahr 1944 war der größere Teil der von der Türkischen Zentralbank ausgewiesenen Goldguthaben (92,323 kg von 169,667 kgf) im Ausland deponiert. Dieses Gold befand sich überwiegend in den USA und konnte nach Berichten des OSS nicht aus Deutschland oder den von Deutschland besetzten Ländern stammen. Die in der Türkei ausgewiesenen Goldguthaben der Zentralbank beliefen sich im April 1944 auf rund 77 344 kg. Auch

213 Nedim Ersun erwarb über die Dresdner Bank damals ffrs 4 000 in Goldstücken der Lateinischen Münzunion, die von der Reichsbank abgegeben wurden. Schreiben an Deutsche Reichsbank, Devisenabteilung, vom 6.7.1944, HADrBk, Goldgeschäfte 1944. Im April 1944 hatte er bei der Deutschen Bank 250 Goldmünzen der Lateinischen Münzunion gekauft. Gold Transaction of the Deutsche Bank of Istanbul for the week ended April 15, 1944, NA, RG 165, Box 3051.

214 Turkey, Foreign Capital and Financial Enterprise in Country (Febr. 1944), NA, RG 165, Box 3051.

215 Hinweise darauf finden sich in einer Aufzeichnung von Johannes Posth über ein 1952 geführtes Gespräch mit dem langjährigen Direktor der Türkischen Zentralbank für Devisenangelegenheiten, Adnan Birgi. Posth faßte Birgis Äußerungen wie folgt zusammen: „Die verschiedenen Gold-Transaktionen, die die Türkische Zentralbank während des Krieges vorgenommen hätte, waren vom Standpunkt der Türkei aus gesehen reine Arbitragen-Operationen, und zwar derart, daß von hier aus Schweizer Franken gegeben wurden, die dann gegen Gold umgetauscht und den Fonds der Türkischen Zentralbank hier zugeführt wurden." Die Transaktionen wären mit der Britischen Botschaft abgestimmt gewesen. Aufzeichnung J. Posth vom 27.8.1952, HADrBk, D.O.B., Sekretariat - Midas-Depot.

216 Telegram American Embassy, Ankara (Steinhardt) to Secretary of State, 26.5.1943, NA, RG 165, Box 3057.

ausländisches Gold wurde als Guthaben geführt, weil die damit gedeckten Banknoten im Debit erschienen. Rund 55 541 kg des im Inland ausgewiesenen Bestandes der Zentralbank waren britisches Gold.[217]

Aus den Unterlagen der Dresdner Bank und der Deutschen Bank ergibt sich, daß beide Banken während des Kriegs zusammen etwa 10 Tonnen Gold in Istanbul verkauft haben.[218] Rechnet man das von der Reichsbank an die Türkische Zentralbank abgegebene Gold hinzu, dann summieren sich die Lieferungen aus Deutschland auf rund 12 Tonnen.[219] Der größte Teil dieses Goldes war Beutegold aus besetzten Ländern. Daß auf dem freien Markt in der Türkei auch Barren aus Opfergoldbeständen abgesetzt wurden, ist sicher. Hinzu kommt noch weiteres NS-Raubgold, das in den 3 Tonnen Gold enthalten war, die 1943 im Rahmen eines Dreiecksgeschäfts mit der SNB von der Reichsbank an die Türkische Zentralbank geliefert wurden. Raubgold befand sich zweifellos auch in der Goldlieferung Ribbentrops an die deutsche Botschaft in Ankara vom Dezember 1942. Weitere derartige Transaktionen des Auswärtigen Amts oder der deutschen Geheimdienste müssen als wahrscheinlich gelten. Die Schätzungen der Alliierten, wonach die Türkei NS-Raubgold im Wert von 10–15 Mio. US-$ erhalten hat, das entspricht etwa 9–13 Tonnen, müssen um einige Tonnen nach oben korrigiert werden, auf vermutlich rund 15 Tonnen.[220]

217 OSS, Economic Report Turkey, 17.4.–30.4.1944, ebd.

218 Nach dem Steinberg-Bericht, S. 74, hat die Deutsche Bank in Istanbul 4 967 kgf Gold verkauft. Ähnlich hoch lag die von der Dresdner Bank verkaufte Menge (siehe oben Kap. 3.3.).

219 Am 6.7.1942 kaufte die Türkische Zentralbank 2 010 kgf Gold von der Reichsbank. Dagegen handelte es sich bei den im Juni 1943 von der Reichsbank nach Ankara gelieferten 3 047 kgf Gold um einen Ankauf der Türkischen Zentralbank bei der SNB. Da die Merkez-Bank nicht in der Lage war, dieses Gold in die Türkei zu transportieren, wurde ein von der Reichsbank angebotener Dreieckshandel vereinbart. Die Reichsbank übernahm das in der Schweiz erworbene Gold der Türkischen Zentralbank und lieferte eine entsprechende Goldmenge in die Türkei, wobei es sich um belgisches Raubgold handelte. Weitere Transaktionen zwischen den Zentralbanken erfolgten nicht. The Gold Report, Anlage zu: Statement Gürel.

220 Eizenstat-Bericht II, S. 131 (umgerechnet nach dem damaligen US-Preis von 1125 $ pro kgf).

5.4. Der Kurswechsel der Türkei, der gescheiterte Schweiz-Transfer und die Schließung der Istanbuler Filiale (1944)

Anfang 1943 gingen die Alliierten dazu über, auf die neutralen Länder wegen des Handels mit geraubten Gütern aus dem deutschen Herrschaftsbereich Druck auszuüben. In der Londoner Erklärung vom 5.1.1943 warnten 17 alliierte Nationen, daß sie derartige Transaktionen nicht anerkennen würden. Da sich die neutralen Länder davon wenig beeindrucken ließen, folgte am 22.2.1944 eine Gold Declaration, die gleichzeitig von Großbritannien, den USA und der Sowjetunion abgegeben wurde. Die Alliierten erklärten darin, daß sie die Eigentumsübertragung von Raubgold - unabhängig vom Zeitpunkt des Verkaufs - nicht anerkennen und von Ländern mit diplomatischen Beziehungen zu den Achsenmächten nur noch Gold kaufen werden, das nachweislich nicht geraubt worden war.[221] Durch die militärischen Erfolge der Alliierten wurde deren Position gegenüber den neutralen Ländern immer stärker. Mit dem 1944 entwickelten Safehaven-Programm, wie es in der Resolution VI der Konferenz von Bretton Woods bekräftigt wurde, forderten die Alliierten von den neutralen Ländern, die Bewegungen des deutschen Auslandsvermögens zu beobachten und Informationen darüber herauszugeben. Es sollte verhindert werden, daß Vermögenswerte und Raubgüter aus Deutschland, die vor den herannahenden Truppen der Alliierten in neutrale Länder transferiert wurden, sich dort in einem „sicheren Hafen" befanden.[222]

Angesichts der veränderten Kriegslage kamen die neutralen Länder im Frühjahr 1944 den alliierten Forderungen entgegen, indem sie die Belieferung Deutschlands mit kriegswichtigen Rohstoffen einschränkten. Spanien reduzierte im Mai 1944 die Wolfram-Lieferungen, Portugal verhängte im Juni 1944 ein Wolfram-Embargo gegen die Achsenmächte.

Die Chromerzlieferungen der Türkei an Hitler-Deutschland hatten im Januar und Februar 1944 noch einmal zugenommen. Deutsche Diplomaten versuchten, über eine Verlängerung des Chromerzabkommens zu verhandeln. Die Botschafter der USA

221 Eizenstat-Bericht I, I/A und I/F.; PolArchAA, R 114200.

222 Eizenstat-Bericht I, II/A-C. Aus der neueren Forschung über das Safehaven-Programm ist besonders die Dissertation von Collado-Seidel hervorzuheben.

und Großbritanniens, Steinhardt und Knatchbull-Hugessen, überreichten am 14.4. dem türkischen Außenminister Menemencioglu Protestnoten, in denen sie mit Blockademaßnahmen drohten.[223] Eine noch größere Wirkung dürfte der fast gleichzeitige Vormarsch sowjetischer Truppen an die rumänische Grenze gehabt haben. Die Türkei änderte ihre Politik nun abrupt. Am 20.4.1944 gab Menemencioglu vor der Großen Nationalversammlung die Einstellung der Chromerzlieferungen nach Deutschland bekannt.[224] Damit war den Alliierten ein entscheidender Schlag im Krieg um die Rohstoffe gelungen. Albert Speer hatte in einer Denkschrift an Hitler vom 12.11.1943 für diesen Fall vorausgesagt, daß der Krieg zehn Monate später zu Ende sein werde.[225]

Der Goldhandel der Dresdner Bank am Bosporus ging trotz der alliierten Warnungen auch in den folgenden Monaten weiter. Nach der alliierten Golddeklaration wurde in der Schweiz gemünztes Gold mit einer Gesamtmenge von fast 300 kgf angekauft (siehe Anlage 1).

Unter dem Eindruck des sich abzeichnenden Sieges der Alliierten und des sowjetischen Vormarschs auf dem Balkan kam die türkische Regierung den Alliierten im Sommer 1944 weiter entgegen. Der als deutschfreundlich geltende Außenminister Menemencioglu wurde entlassen. Am 2.8.1944 brach die Türkei dann die diplomatischen Beziehungen zu den Achsenmächten ab.[226]

Erst wenige Wochen vor Kriegsende, am 23.2.1945, gab die Türkei die Neutralität vollständig auf und erklärte Deutschland den Krieg. Dieser Wechsel in letzter Stunde erfolgte vor dem Hintergrund der anstehenden UN-Gründungskonferenz und wahrscheinlich auch mit Blick auf die zu erwartenden Reparationsregelungen.[227]

Mit dem Abbruch der diplomatischen Beziehungen kam der Goldhandel der Dresdner Bank schlagartig zum Erliegen. In den

223 Eizenstat-Bericht II, S. 125.
224 Weisband, S. 257ff.: Das Verbot galt ab 21.4., 19 Uhr. In dieser Frist konnten die noch auf türkischem Gebiet befindlichen 236 Waggons mit Chromerzlieferungen die bulgarische Grenze passieren. Telegramm Generalkonsulat Istanbul an Auswärtiges Amt vom 21.4.1944, PolArchAA, R 11494.
225 Albert Speer, Erinnerungen, 7. Auflage West-Berlin 1970, S. 329.
226 Dengiril, S. 169–173.
227 Weisband, S. 302ff.

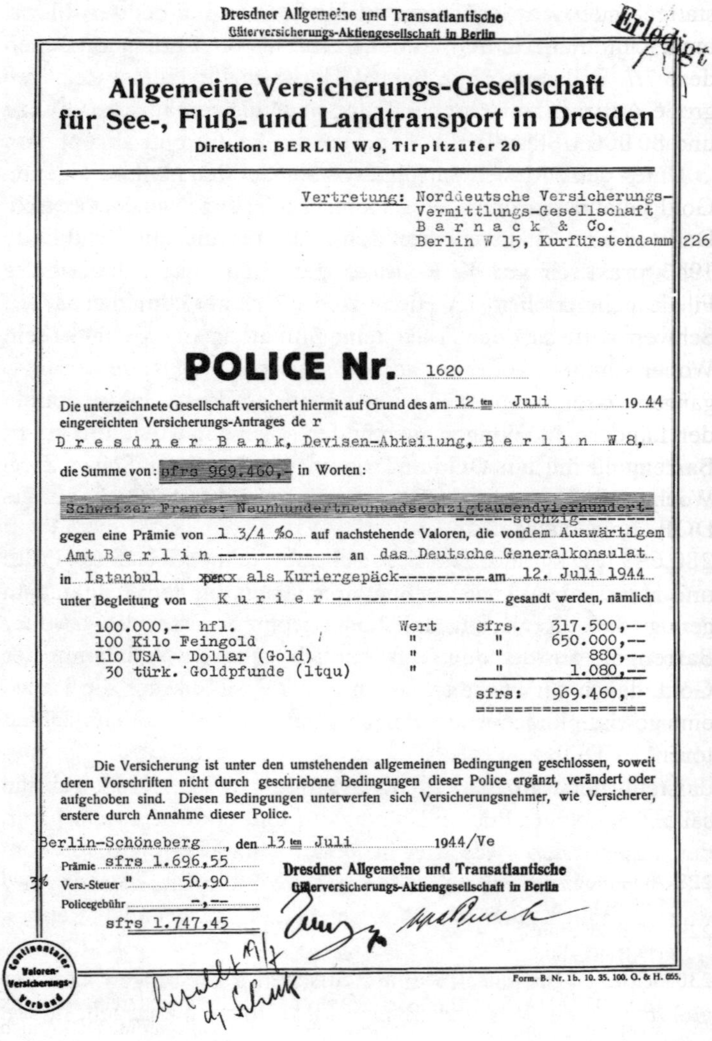
Dresdner Allgemeine und Transatlantische
Güterversicherungs-Aktiengesellschaft in Berlin

Erledigt

Allgemeine Versicherungs-Gesellschaft für See-, Fluß- und Landtransport in Dresden

Direktion: BERLIN W 9, Tirpitzufer 20

Vertretung: Norddeutsche Versicherungs-
Vermittlungs-Gesellschaft
B a r n a c k & Co.
Berlin W 15, Kurfürstendamm 226

POLICE Nr. 1620

Die unterzeichnete Gesellschaft versichert hiermit auf Grund des am 12 ten Juli 19 44 eingereichten Versicherungs-Antrages de r
D r e s d n e r B a n k, Devisen-Abteilung, B e r l i n W 8,
die Summe von: sfrs 969.460,- in Worten:
Schweizer Francs: Neunhundertneunundsechzigtausendvierhundert- ------sechzig--------
gegen eine Prämie von 1 3/4 ‰ auf nachstehende Valoren, die vondem Auswärtigem Amt B e r l i n ------------- an das Deutsche Generalkonsulat in Istanbul perxx als Kuriergepäck---------- am 12. Juli 1944
unter Begleitung von K u r i e r ----------------- gesandt werden, nämlich

100.000,-- hfl.	Wert	sfrs.	317.500,--
100 Kilo Feingold	"	"	650.000,--
110 USA - Dollar (Gold)	"	"	880,--
30 türk. Goldpfunde (ltqu)	"	"	1.080,--
		sfrs:	969.460,--

Die Versicherung ist unter den umstehenden allgemeinen Bedingungen geschlossen, soweit deren Vorschriften nicht durch geschriebene Bedingungen dieser Police ergänzt, verändert oder aufgehoben sind. Diesen Bedingungen unterwerfen sich Versicherungsnehmer, wie Versicherer, erstere durch Annahme dieser Police.

Berlin-Schöneberg, den 13 ten Juli 1944/Ve

Prämie sfrs 1.696,55
3% Vers.-Steuer " 50,90
Policegebühr -,--
sfrs 1.747,45

Dresdner Allgemeine und Transatlantische
Güterversicherungs-Aktiengesellschaft in Berlin

Continentaler Valoren-Versicherungs-Verband

Form. B. Nr. 1b. 10. 35. 100. O. & H. 655.

Abb. 4: Versicherungspolice für den letzten Goldtransport der Dresdner Bank nach Istanbul (Juli 1944)

vorangegangenen Wochen hatten noch hektische Aktivitäten stattgefunden. Die Dresdner Bank kaufte im Juli bei der Reichsbank Goldmünzen im Wert von 2,157 Mio. SFr.[228] Zwischen dem 7.7. und dem 26.7. nahm die Istanbuler Filiale noch vier große Aufträge zur Goldarbitrage über insgesamt 398 000 SFr und 80 000 US-$ an.[229]

Unter dem quasi in letzter Stunde nach Istanbul geflogenen Gold befand sich auch eine Lieferung mit 100 kg Barrengold. Das war insofern ungewöhnlich, als die Dresdner Bank seit Ende 1943 praktisch nur noch gemünztes Gold an ihre Istanbuler Filiale geliefert hatte. Weder bei der Reichsbank noch in der Schweiz hatte sie danach Barrengold in dieser Menge erworben. Woher kam das Gold? Da keine entsprechenden Käufe vorangegangen waren, konnten die Barren nur aus dem Golddepot bei der Länderbank Wien stammen. Dieses enthielt am 16.6.1944 Barrengold mit einer Gesamtmenge von 380,693 172 kg. Zwei Wochen später wurde das Depot von der Dresdner Bank auf die DOB umgebucht. Am 4.10.1944 befanden sich hier dann 280,693 172 kg, also exakt 100 kg weniger.[230] Johannes Posth und Hans von Aulock bestätigten später indirekt, aber deutlich genug, daß die im Juli 1944 nach Istanbul gelieferten 100 kg Barrengold aus dem Gewinndepot in Wien kamen. Über dieses Gold, das in der Nachkriegsgeschichte der Dresdner Bank noch eine gewisse Bedeutung erlangen sollte, gaben die beiden Direktoren der DOB zu Protokoll, daß es „in Wirklichkeit Reingewinn darstellt, der während der Jahre 1942 bis 1944 erzielt worden sei".[231]

228 Aktennotiz Devisenabteilung vom 27.7.1944: Goldgeschäfte im Monat Juli 1944, HADrBk, Goldgeschäfte 1944.

229 DOB Istanbul an Rechtsanwalt Friedrich Carl Sarre vom 8.12.1952, HADrBk, D.O.B., Sekretariat - Midas-Depot.

230 Schreiben Devisenabteilung an Länderbank Wien, Effektenkasse, vom 16.6.1944. HADrBk, Goldgeschäfte 1944; Schreiben Dresdner Bank an Länderbank Wien vom 4.10.1944, ebd. In einem Depotbuch „Nostro" wurden zwar mit Datum vom 23.6.1944 zwei Ausbuchungen aus diesem Depot über 31 kg und 49 kg eingetragen. AADrBk, Depotbücher, Depot 2, Nostro. Dem widersprechen aber eindeutige Belege, wonach 280,693 kg Gold auch im Frühjahr 1945 noch in diesem Depot vorhanden waren. Schreiben an das Reichsbankdirektorium vom 23.3.1945, HADrBk, Goldgeschäfte 1944.

231 Zitiert nach: Schreiben Verlagerungsabteilung an Personalbüro II vom 9.8.1960. HADrBk, Deutsche Orientbank, Unser Gold in Ankara und Liquidationsfragen.

Bei der Dresdner Bank mußte man im Juli 1944 fast täglich damit rechnen, daß die Türkei die Beziehungen zu Deutschland abbrechen würde. Was veranlaßte die Bank zu diesem riskanten Transfer? Warum blieb das Gold nicht in dem damals noch sicheren Depot in Wien? Der Vorstand der Dresdner Bank teilte später dem türkischen Finanzministerium mit, daß die Lieferung vom Juli 1944 die Zahlungsfähigkeit der Istanbuler Filiale für den Krisenfall gewährleisten sollte, entsprechend dem „standing“ der Bank.[232]

Die wahre Geschichte dieses Transfers findet sich in den Unterlagen der Dresdner Bank angedeutet. Am 23.6.1944 telegrafierte die Berliner Zentrale an Alfred von Arx, Generaldirektor des SBV in Zürich: „Beabsichtigen Sendung ca. 200 kg fein falls erforderlich einholet Einfuhrgenehmigung ...“[233] Am nächsten Tag, dem 24.6., bestätigte Schobert der Istanbuler Filiale „den Empfang Ihrer verschiedenen Telegramme, mit denen Sie uns auf gewisse Schwierigkeiten bei der Verlagerung von Midas nach Regula aufmerksam machen und uns bitten, mit Regula selbst zu verhandeln“. „Midas“ diente im internen Schriftverkehr der Bank als Tarnname für Gold, „Regula“ stand für Schweiz. Schobert gab in dem zitierten Schreiben eine Auskunft weiter, die er vertraulich erhalten hatte. Bei einem Antrag auf eine Einfuhrgenehmigung in die Schweiz müsse mit einer Bearbeitungsdauer von mehreren Monaten gerechnet werden. Die Schweiz wolle Goldimporte aus Deutschland wenn irgend möglich verhindern. Es könne nicht ausgeschlossen werden, daß in Zukunft auch Ursprungszeugnisse verlangt würden. Als Lösung schlug Schobert der Istanbuler Filiale vor, in der Schweiz ein Guthaben über den Gegenwert der „200 Ballen“ (d.h. 200 kg Barrengold) in SFr zu unterhalten. Schobert fuhr fort: „Sollten Sie sich unserer Ansicht anschließen, so würden

232 Dresdner Bank, Vorstand, an Ministère des Finances, Ankara, vom 5.12.1959. Ebd. Eine ähnliche Darstellung findet sich in einem Schreiben der DOB Istanbul an Rechtsanwalt Friedrich Carl Sarre vom 8.12.1952, HADrBk, D.O.B., Sekretariat – Midas-Depot.

233 HADrBk, Goldgeschäfte 1944. Für die Verbindungen der Dresdner Bank zum SBV war von Arx eine Schlüsselfigur. Sein Name findet sich bereits in einem Besucherverzeichnis der Auslandsabteilung aus dem Jahr 1937. Tätigkeitsbericht der Auslands-Abteilung der Dresdner Bank für die Monate September und Oktober 1937, NA, RG 242, T 83 Dresdner Bank Microfilmed Exhibits, Roll 3, Box 196.

wir Ihnen von dem in Wien liegenden Depot 200 Ballen nach Istanbul senden."[234]

Die Dresdner Bank wollte also im Juni 1944 mehr als die Hälfte des in Wien deponierten Goldes in den „sicheren Hafen" Schweiz transferieren. Die geplante Operation dürfte der Grund dafür gewesen sein, daß Schobert am 16.6.1944 die Länderbank Wien anwies, das Depot intern auf die DOB umzubuchen.[235] Weil der ursprüngliche Plan an der restriktiven Haltung der Schweiz scheiterte, war dann vermutlich vorgesehen, das Gold in Istanbul gegen Devisen zu verkaufen. Der Gegenwert sollte in Schweizer Franken nach Zürich gehen und dort angelegt werden.

Denkbar ist, daß die Transaktion gemeinsam mit dem SBV durchgeführt werden sollte. Wie im Bergier-Bericht ausgeführt wird, hatte die DOB im März 1944 dem SBV vorgeschlagen, auf gemeinsame Rechnung in der Türkei mit Gold zu handeln. Dem Präsidenten der Generaldirektion des SBV, Maurice Golay, erschien die Angelegenheit so brisant, daß er bei der SNB anfragte, ob juristische Bedenken bestünden. SNB-Vizepräsident Paul Rossy hatte keine Einwände und erklärte, „... que nous pouvons traiter ces opérations sans arrière-pensée".[236] Der SBV verkaufte der Dresdner Bank daraufhin 880 000 Goldfranken, die Ende März 1944 in vier Sendungen über Wien an die DOB gingen.[237]

Die nach Istanbul gelieferten 100 kg Barrengold aus dem Depot bei der Länderbank Wien erhielten am 12.7.1944 die Ausfuhrgenehmigung der Reichsstelle für Edelmetalle und wurden über die Norddeutsche Versicherungs-Vermittlungs-Gesellschaft in Berlin versichert. Der Transport ging nicht sofort nach Istanbul. Das nächste Kurierflugzeug, das am 12.7. startete, nahm für die DOB nur Goldmünzen (70 kg) mit. Die Barren blieben vom 13. bis 19.7.1944 noch im Aufbewahrungsdepot (Depot 2).[238] Das Auswärtige Amt sagte der Dresdner Bank zu, Goldmünzen und Barrengold im Gesamtgewicht von ca. 180 kg

234 Schreiben Dresdner Bank an DOB Istanbul vom 24.6.1944, HADrBk, Goldgeschäfte 1944.
235 Telegramm an Länderbank Wien vom 16.6.1944, ebd.
236 Bergier-Bericht, S. 166f.
237 Telegramm Mercurbank Wien an Dresdner Bank, Direktor Schobert, HADrBk, Goldgeschäfte 1944.
238 Schreiben an Auswärtiges Amt, Kurier-Abteilung, vom 11.7.1944, ebd.; AADrBk, Depotbücher, Depot 2, Filialen H–Z, Bl. 111488.

am 19.7. mit dem diplomatischen Flugkurierdienst nach Istanbul zu befördern. Die Lieferung umfaßte neben den 100 kg Barrengold auch noch holländische sowie einige beim SBV angekaufte amerikanische und türkische Goldmünzen. Die DOB holte das Gold beim deutschen Generalkonsulat in Istanbul ab. Am Morgen des 23.7. erreichte die Berliner Zentrale das Telegramm der Filiale Istanbul-Galata, in dem mitgeteilt wurde, daß die Sendung angekommen war: „Hundert Ballen zehntausend Binderstücke eingetroffen."[239]

Es sollte das letzte Kurierflugzeug gewesen sein, das Istanbul mit Gold der Dresdner Bank erreichte. Die Bank versuchte zwar noch, weitere 100 kg Barrengold in die Türkei zu schicken. Auch dies spricht dafür, daß es sich um die geplante 200-kg-Transaktion in die Schweiz handelte. Am 19.7. ging erneut eine Lieferung über 100 kg Feingold in das Aufbewahrungs-Depot (Depot 2), als deren Ausgangsdatum der 1.8.1944 eingetragen ist. Der Ausgang trägt einen Stornierungsvermerk. Der zweite Teil des Schweiz-Transfers über die Türkei kam offensichtlich nicht einmal mehr bis Istanbul. Das Gold ging in das Depot bei der Länderbank Wien zurück.[240]

Der erste Teil des Transfers blieb in Istanbul liegen. Bis zum Abbruch der diplomatischem Beziehungen zwischen der Türkei und dem Reich am 2.8.1944 konnten die 100 kg Barrengold nicht mehr, wie vermutlich geplant, in Schweizer Franken konvertiert werden.[241] Nach dem Abbruch der diplomatischen Beziehungen mußte die DOB ihr Neugeschäft in der Türkei einstellen. Es wäre ihr aber durchaus noch möglich gewesen, den in Istanbul vorhandenen Goldbestand dort abzusetzen. Bei der Istanbuler Filiale der Deutschen Bank befand sich Anfang August 1944 ebenfalls eine gewisse Menge Gold (ca. 72,5 kg),

239 Telegramm vom 22.7.1944, HADrBk, Goldgeschäfte 1944. Zur Herkunft der amerikanischen und türkischen Goldmünzen: Schreiben SBV Zürich an Dresdner Bank Berlin vom 1.7.1944, ebd.

240 AADrBk, Depotbücher, Depot 2, Filialen H–Z, Bl. 111488. In einem internen Strazzenbeleg vom 1.8.1944 wurde die Stornierung mit einer Doppelbuchung begründet, ebd., Handakten Salzwedel.

241 Über die Istanbuler Filiale der Dresdner Bank wurden zu diesem Zeitpunkt unter dem Kennwort Sebastian größere Devisentransfers an die Reichsbank getätigt. In einem Schreiben vom 31.7.1944 wird auf eine Überweisung von 200 000 SFr Bezug genommen. Schreiben Dresdner Bank an Deutsche Reichsbank, Devisenbörse, vom 31.7.1944, AADrBk, Industriebüro, Länderbank Wien.

die dann bis Kriegsende und auch noch darüber hinaus in der Türkei verkauft wurde.[242] Das Gold der Dresdner Bank wurde dagegen in die deutsche Botschaft gebracht und dann mit dem Goldbestand der Botschaft an die Gesandtschaft der Schweiz übergeben, die für Deutschland die Schutzmachtfunktion wahrnahm. Der Vorgang muß als weiteres Indiz dafür gewertet werden, daß ein Verkauf dieser Barren in der Türkei nie beabsichtigt war.

Nach der Kapitulation des Reichs ersuchte die türkische Regierung am 16.6.1945 die Schweiz, ihr das Gold der Dresdner Bank und der deutschen Botschaft zu übergeben. Die Schweizer Gesandtschaft händigte auf Weisung der Regierung in Bern am 12.9.1945 beide Goldbestände an die Türkei aus. Zur Entlastung der Schutzmacht wurde bei der Übergabe ein Protokoll mit einer detaillierten Bestandsliste angefertigt, unterzeichnet vom Schweizerischen Gesandten Larey und dem zuständigen Unterabteilungsleiter des türkischen Außenministeriums, Fikret Belbez. Der in der Türkei verbliebene Bestand der Dresdner Bank umfaßte demnach 100 kg Barrengold und 20 000 Goldmünzen.[243]

6. Wohin gelangte das Gold nach dem Krieg?

6.1. Die sowjetische Kriegsbeute

Nach der Eroberung Berlins ließ die sowjetische Kommandantur am 9.5.1945 die Tresore der Dresdner Bank-Zentrale in der Behrenstraße öffnen. Dabei stellte sich heraus, daß der Silberbestand bereits von einem Beutekommando eingezogen worden war. Das im Tresor 5 lagernde Gold wurde knapp drei Wochen später, am 29.5.1945, auf Befehl des sowjetischen Abschnittskommandanten entnommen, aufgelistet und verpackt. Einige Tage später erfolgte der Abtransport in die Sowjetunion. Der ein-

242 HADB, F 40/10.

243 Procès-Verbal de Remise du 12.9.1945 (Annexe). Schweizerisches Bundesarchiv Bern, 2200.11 1967/100, Band 15. Der Goldbestand der deutschen Botschaft setzte sich aus 143,6 kg Barrengold und 12 799 Goldmünzen zusammen.

gezogene Bestand umfaßte Goldmünzen von insgesamt 168,766 kgf.[244]

Die Zentrale der Dresdner Bank in Berlin hatte während des Kriegs keinen eigenen Goldbestand gehortet. Deshalb war es während der letzten Kriegsjahre auch nicht zur Auslagerung von Gold aus Berlin gekommen. Daß sich im Mai 1945 eine größere Goldmenge in den Berliner Tresoren befand, war eine durch den Kriegsverlauf bedingte Notlösung. Dies zeigt die am 7.11.1944 angefertigte Bestandsliste über die Berliner Depots, die sich vollständig mit der Liste der nach Kriegsende von den sowjetischen Militärbehörden durchgeführten Entnahmen deckt und zugleich Hinweise auf die Herkunft dieses Goldes gibt. Das Gold war im Depot 2 (Aufbewahrungs-Depot) auf die DOB und die Societatea Bancara Romana in drei Beständen gebucht. Es handelte sich um 180 000 hfl in Goldmünzen („Depot 2 für Istanbul"), 160 000 ffrs in Goldmünzen der Lateinischen Münzunion („Depot 2 für Bukarest") und weitere 49 540 ffrs in Goldmünzen der Lateinischen Münzunion („Spezial-Depot Bulgarien").[245]

Diese Bestände waren im Zusammenhang mit der veränderten Lage in der Türkei und auf dem Balkan zwischen März und September 1944 nach Berlin umgeleitet worden, wo sie „vorübergehend" deponiert wurden. Die Buchung erfolgte deshalb auch in das Aufbewahrungs-Depot (Depot 2). Die im Altbankarchiv erhaltenen Depotbücher belegen, daß die Eingänge in das Spezial-Depot Bulgarien am 31.8.1944 und am 4.9.1944 erfolgten, unmittelbar vor der Kriegserklärung Bulgariens an Deutschland vom 8.9.1944. Eingebucht wurden damals die bereits erwähnten 2 477 Napoléon-Goldstücke, die sich seit 1943 in einem Depot bei der Bulgarischen Handelsbank in Sofia befunden hatten.[246] Das „für Bukarest" gebuchte Gold war im Som-

244 Aktennotiz betr. Kassenbestände der Hauptbank und der Depositenkassen zur Zeit der Einnahme Berlins durch die Rote Armee, AADrBk, Ordner Tresorbergungsgut. Die Mengenangabe wurde nach dem im Herzog-Bericht, S. 77ff. angegebenen Schlüssel für die betreffenden Münzarten errechnet.

245 Goldbestände, vom 7.11.1944, HADrBk, Goldgeschäfte 1944–1949.

246 Schreiben der Bulgarischen Handelsbank, Karl Lang, vom 21., 23. und 24.8.1944, HADrBk, Goldgeschäfte 1944; AADrBk, Depotbücher, Depot 2, Filialen H–Z, Bl.111488. Das Spezial-Depot Bulgarien blieb bis zum 24.2.1960 eingebucht. Die Ausbuchung erfolgte wahrscheinlich im Zusammenhang mit der damals eingeleiteten Liquidation der

mer 1944 im Auftrag der Societatea Bancara Romana gekauft, aber nicht mehr nach Rumänien geliefert worden. Die für die DOB gebuchten 180 000 hfl in Goldmünzen gingen am 2.8.1944 im Depot 2 ein. Am gleichen Tag brach die Türkei die diplomatischen Beziehungen zu Deutschland ab.[247]

Die sowjetischen Offiziere, die das Gold aus den Tresoren der Dresdner Bank-Zentrale in Berlin abtransportieren ließen, verfügten über eine recht genaue Bestandsliste. Sie konnten vermuten, daß es sich um Raubgold aus ehemals besetzten westeuropäischen Ländern handelte, weil der Bestand ausschließlich holländische, belgische und französische Goldmünzen umfaßte. Weder die beteiligten Offiziere noch die sowjetische Kommandantur haben sich daran aufgehalten. Das entnommene Gold wurde nicht bei der Internationalen Reparationsagentur angemeldet und der TGC gehörte die UdSSR nicht an. Der größte Teil des aus den Tresoren der Dresdner Bank in die Sowjetunion abtransportierten Goldes war nachweislich bei der Reichsbank gekauft worden.[248] Mit Sicherheit umfaßte diese sowjetische Kriegsbeute NS-Raubgold.

DOB bzw. der vorangegangenen Freigabe des in der Türkei beschlagnahmten Vermögens.

247 AADrBk, Depotbücher, Depot 2, Buch 7, U Schätze, Reichsschatzwechsel, Bl. 2614 A, Rs.; ebd., Filialen H–Z, Bl. 2008 A; Notiz an Herrn Direktor Eichner vom 21.11.1957, ebd. Zu dem „für Bukarest“ gebuchten Depot siehe auch Kap. 3.1.

248 Für die Societatea Bancara Romana wurden am 12.7.1944 ffrs 80 000 in verschiedenen Goldmünzen der Lateinischen Münzunion ins Depot 2 genommen, die bei der Reichsbank angekauft worden waren. Schreiben Devisenabteilung an Effektenkasse vom 11.7.1944, HADrBk, Goldgeschäfte 1944; bei den Goldgulden der DOB dürfte es sich um die 180 000 hfl in Goldmünzen gehandelt haben, die noch am 1.8.1944 von der Reichsbank erworben worden waren (siehe Anlage 1). Goldfranken zur Versendung an die Bulgarische Handelsbank hatte die Dresdner Bank am 17.8.1943 bei der Reichsbank gekauft. Schreiben an die Reichsstelle für Edelmetalle vom 17.8.1943, HADrBk, Goldgeschäfte 1942/43.

6.2. Der Konflikt um die Abführung des Münchner Depots an die Tripartite Gold Commission

Das größte Golddepot der Dresdner Bank war bei der Länderbank Wien errichtet worden (siehe Kap. 3.4.). Anfang Oktober 1944 lagerten hier 280,693 kg Gold.[249] Das Depot wurde nun „aus Sicherheitsgründen" zur Münchner Filiale der Dresdner Bank verlegt, denn zu diesem Zeitpunkt mußte mit einem baldigen Vormarsch sowjetischer Truppen auf Wien gerechnet werden.[250]

Am 23.3.1945, wenige Wochen bevor die amerikanischen Truppen München erreichten, teilte Schobert dem Direktorium der Reichsbank mit, daß die Münchner Filiale angewiesen worden sei, das Gold bei der dortigen Reichsbankfiliale „für Rechnung der Deutschen Orientbank, Filiale der Dresdner Bank, Istanbul, für die Deutsche Golddiskontbank zu deponieren". Aus dem gleichen Schreiben geht hervor, daß die Dresdner Bank damit eine von der Reichsbank seit längerem gewünschte Goldeinzahlung erbrachte und zusätzlich noch 80 000 hfl in Goldmünzen überwies.[251] Möglicherweise entlieh die Reichsbank damals über ihre Tochter Deutsche Golddiskontbank Gold der Dresdner Bank, weil ihre Goldreserve nun in einen abgesperrten Bergwerksstollen im thüringischen Merkers ausgelagert war, das Goldgeschäft mit der SNB aber noch weiterging.[252]

Demnach hätte sich das Golddepot der DOB schon vor Kriegsende bei der Reichsbankfiliale München befunden. Nach einer anderen Quelle wurde es erst später von der Bayerischen Bank für Handel und Industrie, einem Nachfolgeinstitut der Dresdner Bank, an die Reichsbankfiliale bzw. deren Rechtsnach-

249 Schreiben Dresdner Bank an Länderbank Wien vom 4.10.1944, HADrBk, Goldgeschäfte 1944–1949. Im Juli 1944 waren 100 kg Barrengold aus diesem Depot entnommen und nach Istanbul geschickt worden (siehe Kap. 5.4.).

250 Das Gold ging mit zwei Transporten am 5.10 und am 6.10.1944 nach München. Schreiben Dresdner Bank, Auslandssekretariat, an Bankdirektor Hugo Zinsser, Mitglied der Geschäftsleitung der Rhein-Main-Bank, vom 19.2.1952 (Zitat), HADrBk, Kairo-Istanbul; Schreiben Devisenabteilung an Effektenkasse, Postversand, vom 4.10.1944; Schreiben Länderbank Wien an Dresdner Bank Filiale München vom 5.10. und 6.10.1944, HADrBk, Goldgeschäfte 1944–1949.

251 Schreiben an das Reichsbankdirektorium vom 23.3.1945 (Kopie), ebd.

252 Die letzte Goldlieferung an die SNB erfolgte am 6.4.1945 über die Reichsbankfiliale Konstanz. Rings, S. 164f.

folgerin, die Landeszentralbank von Bayern, transferiert. Sicher ist, daß das Gold am 15.6.1945, den Kontrollratsgesetzen entsprechend, von der Reichsbankfiliale bei der amerikanischen Militärregierung angemeldet wurde, die es beschlagnahmte. Das Gold wurde nun als Asservat der Militärregierung geführt.[253]

Die amerikanische Militärregierung sah das Depot als monetäres Gold an, das nach dem Pariser Reparationsabkommen an die TGC abzuführen war.[254] Wie der Dresdner Bank ein Gutachten des von ihr beauftragten Rechtsanwalts Friedrich Carl Sarre bestätigte, hatten die Militärregierungen die Befugnis, den Begriff monetäres Gold so auszulegen, daß das Münchner Golddepot in diese Kategorie fiel.[255] Obwohl sich die Unterlagen der Dresdner Bank über das Goldgeschäft im Zweiten Weltkrieg bis zum Juni 1949 bei der Property Division der US-Militärregierung befanden, wußten die amerikanischen Dienststellen offensichtlich nicht, zu welchem Zweck und aus welchen Mitteln das in München beschlagnahmte Gold erworben worden war.[256]

Anfang 1951 befand sich das Golddepot der DOB immer noch bei der Bayerischen Landeszentralbank. Zu diesem Zeitpunkt entwickelte Johannes Posth von Istanbul aus Aktivitäten, um eine Abführung des Goldes durch die Alliierten zu verhindern. Unmittelbar zuvor hatte die Türkei den Kriegszustand mit Deutschland für beendet erklärt. Posth, der in Ankara über gute Kontakte verfügte, hatte nun die Hoffnung, daß das beschlagnahmte deutsche Auslandsvermögen in der Türkei über kurz oder lang freigegeben würde. Sein Plan war, das in München deponierte Gold für die Dresdner Bank zu retten, indem es dem deutschen Auslandsvermögen in der Türkei zugeschlagen würde. In einem Schreiben an den Vorstand der Bank für Handel und Industrie (BHI) teilte Posth mit, daß er sich bereits an die

253 Schreiben DOB an Office of the United States High Commissioner for Germany vom 1.8.1951, HADrBk, D.O.B. Sekretariat - Midas-Depot; Schreiben des Vorstands der Landeszentralbank von Bayern an die Deutsche Orientbank vom 11.1.1952, HADrBk, Kairo-Istanbul.

254 Die amerikanische Militärregierung vertrat die Auffassung, an dem Gold hätten „immediately prior to its seizure" Eigentumsansprüche des Reichs bestanden. Zitiert nach Schreiben DOB an Dresdner Bank, Auslandssekretariat, vom 2.7.1953, HADrBk, D.O.B. Sekretariat - Midas-Depot.

255 Schreiben Friedrich Carl Sarre an die DOB vom 8.9.1952, ebd.

256 OMGUS, Property Division, an Dresdner Bank vom 26.6.1949, HADrBk, Goldgeschäfte 1944-1949.

Türkische Zentralbank gewandt habe, um einen Inkasso-Auftrag zur Verlegung des Münchner Depots in die Türkei zu erteilen. Die Türkische Zentralbank hatte es freilich abgelehnt, von Posth – als Repräsentanten der seit 1944 ruhenden DOB-Aufträge entgegenzunehmen. Die BHI beurteilte die Chancen skeptisch, hoffte aber auf eine „Normalisierung" durch das geplante Großbankengesetz und riet Posth, „noch etwa ein halbes Jahr Geduld zu üben".[257]

Mitte 1951 wurde bekannt, daß der amerikanische Hochkommissar (HICOG) beabsichtigte, das Münchner DOB-Depot an die Tripartite Gold Commission abzuführen. Die DOB versuchte dies nun mit allen ihr zur Verfügung stehenden Mitteln zu verhindern. Hans von Aulock wollte mit dem Hinweis auf die angebliche Verletzung türkischer Interessen einen Aufschub durch die US-Regierung erreichen und bat dafür das amerikanische Hochkommissariat in Frankfurt a.M. – vergebens – um Unterstützung.[258]

Anfang August 1951 richtete die DOB ein Schreiben an den amerikanischen Hochkommissar, in dem sie sich als eine in der Türkei ansässige Bank bezeichnete und um Überstellung des Goldes dorthin ersuchte, unter Verwahrung durch die Türkische Zentralbank. In der Begründung wurde behauptet, das Gold wäre im Auftrag von Diplomaten aus Istanbul beschafft und im August 1944 bei der Länderbank Wien deponiert worden, um es in die Türkei zu transportieren. Wegen des Abbruchs der diplomatischen Beziehungen wäre das Gold in Wien liegengeblieben und vor den herannahenden sowjetischen Truppen nach München verlegt worden. Unterzeichnet war das Schreiben von zwei türkischen Mitarbeitern der DOB, Sadi Ataman und Emin Kehyagil, die sich als Beauftragte der türkischen Regierung zur

257 Schreiben Johannes Posth an die BHI, Direktion, vom 18.1.1951; Schreiben Vorstand BHI an Direktor Johannes Posth vom 22.1.1951, HADrBk, D.O.B. Sekretariat – Midas-Depot. Die BHI war eine gemeinsame Gründung der drei Nachfolgeinstitute der Dresdner Bank zur Durchführung des Neugeschäfts in West-Berlin. Sie hatte gute Kontakte zu den amerikanischen Stellen in West-Berlin. Hier befand sich damals der Sitz der Finance Division des amerikanischen Hochkommissars, deren Kontrolle das Münchner Depot unterlag.

258 Schreiben Dresdner Bank, Auslandssekretariat, an Bankdirektor Dr. Hugo Zinsser vom 19.2.1952, HADrBk, Kairo – Istanbul.

Abwicklung der DOB ausgaben.[259] Tatsächlich nie beabsichtigt gewesen, das Gold des Wiener Depots in der Türkei zu verkaufen (siehe Kap. 3.4.). Die von der DOB vertretene Auffassung wurde auch von den Nachfolgeinstituten der Dresdner Bank und ihren Rechtsabteilungen verbreitet. Sie fand in Rechtsgutachten ebenso Eingang wie in die HICOG-Akten.[260] Der Leitung der DOB muß freilich zugute gehalten werden, daß sie sich später korrigierte.[261]

Das amerikanische Hochkommissariat blieb von den Argumenten der DOB unbeeindruckt und hielt an dem Standpunkt fest, daß das Gold unter die Bestimmungen des Pariser Reparationsabkommens fiel.[262]

In Ankara wurde die DOB im August 1951 beim Finanzministerium, beim Außenministerium und auch beim stellvertretenden Ministerpräsidenten vorstellig, um die türkische Regierung zu einer Initiative in Washington zu bewegen. Hans von Aulock berichtete darüber an Hermann Richter nach Düsseldorf:

„Das Türkische Finanzministerium war zwar bei der Idee, 280 kg Gold gegen Landeswährung zu erwerben, sehr feurig. Aber das Türkische Auswärtige Amt war ein rocher de bronce ... Die türkische Regierung vertritt den Standpunkt, daß deutsches Eigentum, welches in der Türkei liegt, eine rein türkische Angelegenheit ist. Man gestattet den Alliierten weder Einsicht noch Mitbestimmungs-

259 Schreiben DOB, Sadi Ataman und Emin Kehyagil, an Office of the United States High Commissioner for Germany vom 1.8.1951, HADrBk, D.O.B. Sekretariat - Midas-Depot. Sadi Ataman hatte während der Internierung Poths in Anatolien von September 1944 bis Februar 1946 die Leitung der DOB übernommen.

260 Besonders auffällig ist dies bei dem Gutachten, das der bekannte Völkerrechtler Prof. Dr. Rudolf Laun im Auftrag der Dresdner Bank erstellte. HADrBk. D.O.B. Sekretariat - Midas-Depot. Weitere Belege: Schreiben Friedrich Carl Sarre an DOB Istanbul vom 8.9.1952 (mit Hinweis auf die HICOG-Akten); Bestätigungsschreiben Hamburger Kreditbank an Rhein-Main-Bank, für Rechtsabteilung z. Hd. von Herrn Dr. Eiche, vom 10.8.1951, ebd.

261 Schreiben DOB Istanbul an Rechtsanwalt Friedrich Carl Sarre, Frankfurt a.M., vom 26.9.1952, ebd. Posth teilte hier zumindest für den größeren Teil des Depots (191 kg) mit, daß dieses Gold „unseren während der Jahre 1942-1944 aus Goldarbitragen erzielten Gewinn" darstellt.

262 Office of the United States High Commissioner for Germany, Office of Economic Affairs, an Deutsche Orientbank Istanbul vom 16.8.1951, ebd.

recht. Infolgedessen will sich die türkische Regierung um deutsche Vermögenswerte, die außerhalb der Türkei liegen, nicht bemühen, damit das vorstehend skizzierte Prinzip nicht präjudiziert wird."[263]

Johannes Posth und Hans von Aulock mußten sich nun eingestehen, daß ihre Möglichkeiten erschöpft waren. Am 27.8.1951 schrieben sie an das Auslandssekretariat der Dresdner Bank in Hamburg: „Wir werden also dieses Depot leider als verloren anzusehen haben."[264]

Auch das Auslandssekretariat ließ in dieser Angelegenheit nichts unversucht. Hier wandte man sich an den Bundesfinanzminister und an Ministerialdirektor Herbert Blankenhorn, einen der engsten Vertrauten Adenauers. Gegenüber der Bayerischen Landeszentralbank behielt sich die Dresdner Bank bei einer Abführung des Goldes Regreßansprüche vor.[265]

Die Auseinandersetzungen um das Münchner Depot machen deutlich, wie hartnäckig sich die Dresdner Bank den Maßnahmen der Alliierten zur Rückführung von NS-Raubgold widersetzte, wenn eigene Vermögenswerte betroffen waren. Die Dresdner Bank und ihre frühere Istanbuler Filiale klammerten sich geradezu an dieses Gold und ignorierten die Raubgoldfrage. Ein auf Angaben der Dresdner Bank gestütztes Rechtsgutachten bestritt sogar ausdrücklich, daß das Münchner Depot Beutegold aus ehemals besetzten Ländern enthielt.[266] Natürlich wußte man dies bei der Dresdner Bank besser.

Der beim amerikanischen Hochkommissariat zuständige Bearbeiter, Stern, teilte Rechtsanwalt Sarre mit, „er habe vermutet, daß die Barren teilweise aus dem in KZ-Lagern angefallenen Gold eingeschmolzen worden seien. Diese Vermutung habe sich jedoch nicht beweisen lassen."[267] Die Prüfung der Lieferungen in dieses Depot hat den damaligen Verdacht erhärtet. Es ist dem-

263 Ebd.

264 Ebd.

265 Schreiben Dresdner Bank, Auslandssekretariat, an Bankdirektor Hugo Zinsser, Mitglied der Geschäftsleitung der Rhein-Main-Bank, vom 19.2.1952, HADrBk, Kairo-Istanbul.

266 Milbank, Tweed, Hope & Hadley, Survey of Questions in reference to certain Gold bars delivered to the Office of the United States High Commissioner for Germany (26.6.1953), HADrBk, D.O.B. Sekretariat – Midas-Depot.

267 Zitiert nach Schreiben Friedrich Carl Sarre an DOB Istanbul vom 8.9.1952, ebd.

nach sehr wahrscheinlich, daß der Bestand auch Opfergold enthielt.

Das in München deponierte Gold der Dresdner Bank wurde am 29.11.1951 von der Bayerischen Landeszentralbank an die amerikanische Hohe Kommission übergeben. Die Landeszentralbank berief sich gegenüber der Dresdner Bank auf die Gesetze Nr. 53 und Nr. 63 der Militärregierung. Sie hatte keinen Entscheidungsspielraum, weil das Gold bereits als Asservat des amerikanischen Hochkommissars geführt worden war.[268]

Unmittelbar nach der Übergabe wurde das Gold nach New York geflogen und dort bei der Federal Reserve Bank of New York zugunsten der TPG deponiert. Von einer Klage in den USA sah die Dresdner Bank ab, nachdem ihr Auslandssekretariat ein Rechtsgutachten der New Yorker Kanzlei Milbank, Tweed, Hope & Hadley eingeholt hatte.[269]

6.3. Die Freigabe des in der Schweiz und in der Türkei blockierten Vermögens

Zu den auf die DOB eingetragenen Vermögenswerten der Dresdner Bank gehörten nach Kriegsende neben dem in Deutschland deponierten Gold noch Guthaben in der Schweiz und der Türkei, Immobilien in Istanbul und das von den türkischen Behörden in Ankara verwahrte Gold. Auf den Verbleib des in der Schweiz und in der Türkei blockierten Vermögens hatte die Dresdner Bank keinen Einfluß. Entschieden wurde darüber zunächst in den Verhandlungen, die zwischen den Alliierten und der Schweiz bzw. der Türkei über die Herausgabe von Raubgold und deutschem Auslandsvermögen geführt wurden, später dann in Verhandlungen zwischen der Bundesregierung und den Regierungen in Bern und Ankara.

Nach dem Pariser Reparationsabkommen waren die neutralen Länder und die Türkei von den westlichen Siegermächten

268 Ebd.; Schreiben Landeszentralbank von Bayern, Vorstand, an die Deutsche Orientbank vom 11.1.1952, ebd.

269 Schreiben Friedrich Carl Sarre an DOB Istanbul vom 8.9.1952, ebd. Schreiben Milbank, Tweed, Hope & Hadley an Dresdner Bank, Hamburg, vom 26.6.1953 (mit Anlage Survey of Questions in reference to certain Gold bars delivered to the Office of the United States High Commissioner for Germany), ebd.

gedrängt worden, deutsches Auslandsvermögen für Reparationszwecke abzugeben und das aus Deutschland bezogene Raubgold an die TPG abzuführen. Mit fast allen Ländern, denen die Alliierten solche „Safehaven-Noten" präsentierten, gestalteten sich die anschließenden Verhandlungen zäh und langwierig.

Die Schweiz verpflichtete sich im umstrittenen Washingtoner Abkommen vom 25.5.1946, das deutsche Auslandsvermögen gegen Entschädigung zu liquidieren. Zuvor war es in der Raubgoldfrage zu einer Auseinandersetzung mit den Alliierten gekommen, aus der die Regierung in Bern eindeutig als Sieger hervorging. Die Schweiz erklärte sich im Washingtoner Abkommen bereit, Gold im Wert von 250 Mio. SFr herauszugeben. Dafür verzichteten die Alliierten auf weitere Ansprüche.[270] Der Wert der Goldmenge, die von der Reichsbank während des Kriegs an die SNB verkauft worden war, lag nach dem heutigen Kenntnisstand bei 1,679 Mrd. SFr.[271] Die in Washington vereinbarte Liquidation des deutschen Auslandsvermögens wurde von der Schweiz hinausgeschoben. Nach Gründung der Bundesrepublik zeichnete sich rasch ab, daß für die Regierung in Bern eine Regelung über die deutschen Schulden, die sogenannte Clearing-Milliarde, und das Vertrauen deutscher Kunden in den Finanzplatz Schweiz höhere Priorität hatten als die Forderung der Alliierten auf Herausgabe deutschen Auslandsvermögens. Gegen eine von der Bundesrepublik aufzubringende Ablösungssumme in Höhe von 121,5 Mio. SFr verzichteten die Alliierten im August 1952 auf ihre Ansprüche aus dem Washingtoner Abkommen. Im Rahmen der Ablösungsabkommen vereinbarten die Schweiz und die Bundesrepublik, daß deutsche Guthaben in der Schweiz bis zu einem Betrag von 10 000 SFr frei verfügbar wurden. Guthaben von mehr als 10 000 SFr wurden zu zwei Dritteln freigegeben.[272]

Die Beziehungen zwischen der Dresdner Bank und den Schweizer Banken waren bis dahin mehr als gespannt. Die Dresdner Bank hatte Guthaben bei der Schweizerischen Kreditanstalt und der SBG, die sich auf insgesamt zwei Mio. SFr belie-

270 Linus von Castelmur, Schweizerisch-Alliierte Finanzbeziehungen im Übergang vom Zweiten Weltkrieg zum Kalten Krieg. Die deutschen Guthaben in der Schweiz zwischen Zwangsliquidierung und Freigabe (1945–1952), Zürich 1992, S. 90ff.

271 Bergier-Bericht, S. 61.

272 Vgl. von Castelmur.

fen. Ein großer Teil des Guthabens bei der SBG war aus Sicht der Dresdner Bank „widerrechtlich vereinnahmt“ worden.[273] Ähnlich wie beim Konflikt um das Münchner Golddepot versuchte die Dresdner Bank 1951 zu erreichen, daß das von der Schweiz blockierte Guthaben der DOB als deutsches Auslandsvermögen in der Türkei behandelt und und türkischen Behörden zur Verwahrung überstellt wurde. Die Chancen auf eine Rückgabe der in der Schweiz beschlagnahmten Vermögenswerte wurden zu diesem Zeitpunkt offensichtlich noch skeptisch beurteilt.[274]

Nach den Ablösungsabkommen von 1952 wurde das Guthaben der DOB in der Schweiz, das 1 064 345 SFr betrug, zu zwei Dritteln abgegolten. Der freigegebene Betrag von 695 370 SFr ging an die Rhein-Main-Bank, eines der drei Nachfolgeinstitute der Dresdner Bank, und wurde in der Umstellungsrechung aktiviert. Der Bund erhielt Ausgleichsforderungen in entsprechender Höhe zurück.[275] Anders als beim Münchner Golddepot ist für das DOB-Guthaben bei der SBG kein unmittelbarer Zusammenhang mit dem Goldgeschäft erwiesen. Die Goldankäufe bei der Reichsbank waren zumeist über ein Konto beim SBV abgewickelt worden.

Auch der türkischen Regierung wurden nach der Pariser Reparationskonferenz Safehaven-Noten übermittelt. Die Alliierten gingen davon aus, daß die Türkei während des Kriegs von Deutschland mindestens 3 Tonnen Raubgold erhalten hatte. Dazu zählten sie nicht die Verkäufe, die von den deutschen

273 Die SBG hatte im Tausch gegen diesen Betrag (900 000 SFr) ihre Guthaben in Deutschland an die Dresdner Bank überweisen lassen. Die Überweisungen konnten aber nach den Bestimmungen der Alliierten für die Berliner Altbanken nicht ausgeführt werden. Schreiben Dresdner Bank, Auslandssekretariat, Direktion, an Deutsche Orientbank, Istanbul, vom 16.6.1951, HADrBk, Deutsche Orientbank, Sekretariat – Midas-Depot.

274 Ebd.

275 Zur Umstellung siehe Kap. 6.4.; zu den Bestimmungen über die Altbank: Meyen, S. 142f. und S. 164ff. Als Begründung teilte die Rhein-Main-Bank der DOB mit, daß das Guthaben in der Umstellungsrechnung West aktiviert wurde und „nur einen Filial-Verrechnungs-Posten, und nicht eine echte Forderung darstellt“. Telegramm von Aulock an Sasse, Rhein-Main-Bank, vom 27.4.1955, HADrBk, Deutsche Orientbank, Korrespondenz und Buchungsaufgaben; Vermerk vom 28.4.1955 betr. Deutsche Orientbank – sfrs – Guthaben, ebd.; Schreiben Dr. Eiche, Rechtsabteilung vom 30.4.1956, ebd.

Geschäftsbanken auf dem freien Markt getätigt worden waren. Von der Regierung in Ankara forderten die Alliierten die Herausgabe des bei der Reichsbank angekauften Zentralbankgoldes - dabei handelte es sich zu einem großen Teil um Raubgold aus Belgien - sowie der blockierten Goldbestände der deutschen Botschaft und der Dresdner Bank.[276]

In keinem anderen Fall blieb das Safehaven-Programm so erfolglos wie gegenüber der Türkei. Während mit der Schweiz, mit Schweden, mit Portugal und mit Spanien Abkommen zur Überstellung von Raubgold getroffen wurden, die freilich eher diplomatischen Niederlagen der Alliierten gleichkamen, konnte mit der Türkei keine Vereinbarung erreicht werden.[277] Die Regierung in Ankara faßte zwar im Juli 1947 - vor dem Hintergrund eines Abkommens über amerikanische Finanzhilfe an die Türkei - einen Beschluß, der die Herausgabe von 3 Tonnen Gold vorsah.[278] Umgesetzt wurde der Beschluß aber nicht. Bis 1953 versuchten die USA, Großbritannien und Frankreich mit zahlreichen Initiativen, von der Türkei die Herausgabe von NS-Raubgold und deutschem Auslandsvermögen zu erreichen. Dann resignierten die Alliierten. Die Türkei konnte nun mit der Bundesrepublik ohne Berücksichtigung der alliierten Ansprüche über das deutsche Auslandsvermögen verhandeln.

Der 1961 erstellte Abschluß-Bericht der Internationalen Reparationsagentur (IARA) über die Verhandlungen mit der Türkei liest sich wie eine Anklageschrift.[279] Nahtlos knüpft daran der 1998 veröffentlichte zweite Eizenstat-Bericht der amerikanischen Regierung an, der sich ausschließlich auf die US-Akten stützt.

Warum verhielt sich die Türkei, ein Verbündeter der Westmächte und seit 1952 dann ein Mitglied der NATO, in der

276 Enclosure No. 1 to Despatch No. 69, American Embassy Ankara, 27.3. 1946, „Presentation of Safehaven Note", NA, RG 59, Decimal File 1945-1949, 800.515/3-2946; Enclosure No. 1 to Despatch No. 16, „Note to the Turkish Ministry of Foreign Affairs on Looted Gold", 10.1.1948, ebd., 800.515/8-1247; Confidential. Recovery from third countries of looted monetary gold, NA, RG 59, Records of the Legal Advisor, Records Relating to Postwar Settlement Issues, Lot 70 D 516, Box 14. Vgl. Eizenstat-Bericht I, VII/D.

277 Einen Überblick über die verschiedenen Abkommen vermittelt der Eizenstat-Bericht II (mit Ausnahme der Schweiz). Eine vergleichende Bewertung gibt Collado-Seidel, S. 563-575.

278 Eizenstat-Bericht II, S. 136.

279 Ebd., S. 138.

Raubgoldfrage noch intransigenter als die neutral gebliebenen Länder? Die Türkei sah sich nicht als neutrales Land, sondern als eine Siegermacht, die schon vor der Kriegserklärung an Deutschland vom 23.2.1945 mit den Alliierten in enger Verbindung war und lediglich „außerhalb des Kriegs" gestanden hatte. Die Türkei beanspruchte das Recht des Siegers, in eigener Souveränität über verwahrte Vermögenswerte aus einem besiegten Land zu entscheiden. Die Regierung in Ankara wollte das deutsche Auslandsvermögen vorrangig zur Begleichung ihrer Ansprüche gegen Deutschland heranziehen. Solange diese Ansprüche nicht geklärt waren, wurde ein Abkommen mit den Alliierten über die Herausgabe deutschen Auslandsvermögens einschließlich des blockierten Goldes vermieden. An der Pariser Reparationskonferenz war die Türkei nicht beteiligt.

Die Safehaven-Forderungen an die Türkei scheiterten letztlich nicht nur an der Haltung Ankaras, sondern auch an politisch-militärischen Interessen der Alliierten und speziell der USA. Die Türkei befand sich durch den eskalierenden West-Ost-Konflikt schon bald wieder in einer geostrategischen Schlüsselposition. Mit der im März 1947 verkündeten Truman-Doktrin wurde sie zum Testfall der amerikanischen Eindämmungspolitik gegenüber der Sowjetunion. Die Bemühungen der Alliierten um die Abführung von NS-Raubgold wurden den neuen außen- und sicherheitspolitischen Interessen untergeordnet. Aus Hinweisen in den Akten der DOB läßt sich vermuten, daß die Türkei und die Alliierten einvernehmlich die Raubgoldfrage in der politischen Versenkung verschwinden ließen. 1952 erfuhr Johannes Posth aus dem türkischen Außenministerium, man wolle die „Frage des sogenannten Raubgoldes bei den Alliierten nicht wieder aufrühren", denn die Angelegenheit sei „aufgrund von Verhandlungen" inzwischen „zu Gunsten der Türkei geregelt worden".[280] Einseitige Schuldzuweisungen an die Türkei dürften da zu kurz greifen.

Das Londoner Schuldenabkommen von 1953 wurde von der Türkei nicht ratifiziert, weil sie eine weniger langfristige Rück-

280 Zitiert aus: Aufzeichnung vom 27.8.1952, HADrBk, D.O.B., Sekretariat – Midas-Depot. Posth beruft sich hier auf ein Gespräch, das Adnan Birgi, ehemaliger Direktor der Türkischen Zentralbank, in seinem Auftrag mit dem Generalsekretär des türkischen Außenministeriums, Cevat Agikalin, geführt hatte.

zahlung der deutschen Schulden erreichen wollte.[281] Nach dem Londoner Abkommen konnte sie darüber aber mit der Bundesrepublik nur noch bilateral verhandeln. Die türkische Regierung glaubte, mit dem blockierten deutschen Auslandsvermögen über ein Faustpfand zu verfügen, das eine Regelung ihrer Ansprüche gegen das Reich in Höhe von 146,5 Mio. US-$ ermöglichen würde.[282] In Bonn war man sich vermutlich schon bald darüber im klaren, daß die Bundesregierung in dieser Frage am längeren Hebel saß. Während in der Bundesrepublik die Wirtschaft boomte, geriet die Türkei in eine Wirtschafts- und Finanzkrise.[283] Die ehrgeizige Industrialisierungs- und Modernisierungspolitik des seit 1950 regierenden Ministerpräsidenten Adnan Menderes führte zu einem dramatischen Anstieg der Auslandsverschuldung. Die USA lehnten es 1956 schließlich ab, der Türkei weitere Kredite zu geben. Wichtigstes Kreditgeberland wurde nun die Bundesrepublik, der Staatspräsident Celal Bayar im Frühjahr 1958 einen Staatsbesuch abstattete.[284] Wenige Monate später kam Ministerpräsident Menderes nach Bonn, um mit Adenauer über eine neue Finanzhilfe zu verhandeln. Aus bündnispolitischen Gründen gewährte die Bundesregierung einen 50-Mio.-$-Kredit. Für türkische Aufträge bestanden zu diesem Zeitpunkt schon Bundesbürgschaften in Höhe von 562 Mio. DM.[285]

281 Kamuran Gurun, Peddling against the Current (engl. Übersetzung eines Auszugs aus dem 1994 in Istanbul erschienenen türkischen Original), S. 3f. Anlage zu: Statement Gürel.

282 Der größte Teil dieser Summe entfiel auf Kriegsschäden an türkischem Eigentum in Deutschland, ebd., S. 4f. Auf deutscher Seite wurden die Forderungen an die Türkei in einer vertraulichen Denkschrift der Deutschen und der Dresdner Bank an die Bundesregierung bilanziert. Dazu gehörten auch die beschlagnahmten Guthaben der Reichsbank und der Istanbuler Filialen der Deutschen und der Dresdner Bank bei türkischen Banken. Denkschrift über Forderungen und Gegenforderungen zwischen Deutschland und der Türkei bei Kriegsende, überreicht von der Deutschen Bank, Düsseldorf, und der Dresdner Bank, Hamburg, PolArchAA, B 86, Ref. 506/507/V7, Nr. 1186.

283 Korkut Boratav, Die türkische Wirtschaft im 20. Jahrhundert (1908–1980), Frankfurt a.M. 1987, S. 82–89.

284 Celal Bayar war von 1950 bis 1960 Präsident der Türkischen Republik. Schon 1921 war er zum Wirtschaftsminister ernannt worden. Bayar hatte vor dem Ersten Weltkrieg u. a. in der Filiale der Deutschen Orientbank in Bursa gearbeitet.

285 Aufzeichnung über die Türkei anläßlich des Besuchs des türkischen Staatspräsidenten Celal Bayar in Bonn vom 7. bis 10.5.1959,

Die deutsche Presse griff anläßlich des Menderes-Besuchs die ungeklärte Frage des deutschen Auslandsvermögens in der Türkei auf und erinnerte auch an die blockierten Goldbestände. Es war durchaus bezeichnend für den damaligen Umgang der bundesdeutschen Öffentlichkeit mit der Raubgoldproblematik, daß die Hamburger Tageszeitung „Die Welt“ nun in herrischem Ton forderte, daß die Türkei „das Gold seinen rechtmäßigen Eigentümern zurückgibt“. Gemeint waren der Bund und die Dresdner Bank. „Die Welt“ fügte eine deutliche Drohung an die Adresse der türkischen Regierung hinzu: „Schuldner, die ihren Kredit noch weiter in Anspruch nehmen wollen, sollten alles tun, um sich kreditwürdig zu zeigen.“[286]

Vor diesem Hintergrund ist das Gesetz Nr. 7326 vom 5.6.1959 zu sehen, mit dem die Regierung in Ankara das deutsche Vermögen in der Türkei freigab. Weil die Freigabe nicht an vertraglich vereinbarte Gegenleistungen gebunden war, wird das Gesetz heute von seiten der türkischen Regierung als eine großzügige Geste gegenüber einem NATO-Partnerland dargestellt.[287] Vermutlich ging das Gesetz auf eine Zusage zurück, die Staatspräsident Bayar bei seinem Besuch in Bonn gemacht hatte.[288] Die Türkei hatte dabei keine Wahl. Vor dem Staatsbankrott stehend, konnte sie es sich nicht leisten, an ihren Ansprüchen als Siegerland des Zweiten Weltkriegs festzuhalten.[289] Für die Dresdner Bank rückte durch das Gesetz Nr. 7326 die Herausgabe des in Ankara liegenden Goldes in greifbare Nähe. Schon im September 1959 wurden die Finanzbehörden in Istanbul angewiesen, die Siegel von den Archiven der Deutschen Orientbank zu entfernen.[290]

PolArchAA, B 86, Ref. 506/507/V 7, Nr. 1124; Türkengold. In: Die Welt vom 7.8.1958.

286 Türkengold. In: Die Welt vom 7.8.1958.

287 German Assets Issue in Turkey after the Second World War, Anlage zu: Statement Gürel.

288 Kamuran Gurun, „Peddling against the Current“, S. 7, ebd.

289 Im Frühjahr 1960 wurde die Regierung Menderes durch einen Militärputsch unter General Cemal Gürsel gestürzt. Menderes wurde zum Tode verurteilt und hingerichtet.

290 Schreiben Botschaft der Bundesrepublik Deutschland in Ankara an das Auswärtige Amt vom 7.9.1959, PolArchAA, B 86, Ref. 506/507/V 7, Nr. 1186.

6.4. Die Rückholung des Goldes aus Ankara

Unter Berufung auf das Gesetz Nr. 7326 ersuchte der Vorstand der Dresdner Bank am 5.12.1959 das türkische Finanzministerium, das seit Kriegsende blockierte Gold freizugeben und die Ausfuhr in die Bundesrepublik zu genehmigen.[291] Wenige Wochen vorher hatte sich die Dresdner Bank mit 36 Mio. DM an der Vorfinanzierung eines langfristigen Kredits für die Türkei beteiligt.[292] Am 22.6.1960 wurde das „Ankara-Gold" dann vom türkischen Finanzministerium an die Dresdner Bank, vertreten durch Hans von Aulock und Johannes Posth, übergeben. Es handelte sich um die 100 kg Barrengold und 20 000 Goldmünzen, die beim Abbruch der diplomatischen Beziehungen zwischen der Türkei und Deutschland im August 1944 in den Tresoren der DOB gelegen hatten. Die Übergabe wurde in einem notariellen Protokoll festgehalten. Daraus geht hervor, daß die Dresdner Bank den Goldbestand vollständig zurückerhielt. Das Gold war in 27 Säcken mit unversehrten Siegeln der DOB enthalten.[293]

Der ebenfalls seit Kriegsende blockierte Goldbestand der deutschen Botschaft in Ankara wurde am 11.10.1960 überstellt.[294] In der Frage der Ausfuhrgenehmigung hielten sich die türkischen Behörden gegenüber dem Auswärtigen Amt ebenso bedeckt wie gegenüber der Dresdner Bank. Auf wiederholte Anfragen erklärte das Finanzministerium schließlich, daß der Dresdner Bank eine Ausfuhrgenehmigung erst nach Abschluß

291 Schreiben Vorstand der Dresdner Bank an Ministère des Finances, Ankara, vom 5.12.1959, HADrBk, Deutsche Orientbank, Unser Gold in Ankara und Liquidationsfragen.

292 Von der Kreditanstalt für Wiederaufbau wurde der Türkei damals ein Kredit über 147 Mio. DM für die Dauer von zunächst 1½ Jahren gewährt. Da die türkische Regierung auf rasche Auszahlung drängte, ein Kredit aus Bundes- und ERP-Mitteln aber so schnell nicht besorgt werden konnte, wurden die Mittel von der Dresdner Bank und der Deutschen Giro-Zentrale zu je 50 Prozent der Kreditanstalt für Wiederaufbau kurzfristig zur Verfügung gestellt. Johannes Posth in Istanbul wurde gebeten, „an geeigneten Stellen" auf „die starke Unterstützung" hinzuweisen. Schreiben Baron Richter an Direktor J. Posth, Istanbul, vom 23.4.1960, HADrBk, Kairo-Istanbul.

293 Reseh Tesbit Zapti, 22.6.1960 (T.C. Ücüncü Noter, Ankara), HADrBk, D.O.B., Sekretariat Gold-Depot.

294 Schreiben Botschaft der Bundesrepublik Deutschland Ankara an das Auswärtige Amt vom 29.8.1961, PolArchAA, B 86, Ref. 506/507/V 7, Nr. 1186.

FRANKFURTER
VERSICHERUNGS-AKTIENGESELLSCHAFT
ALLIANZ
VERSICHERUNGS-AKTIENGESELLSCHAFT
ZWEIGNIEDERLASSUNG FRANKFURT A.M.

780

DRESDNER BANK A.G.
Verlagerungsabteilung
Eing.: - 8. MRZ. 1963

VALOREN-ABTEILUNG 17/1259

BANKVALOREN- UND
JUWELIERWAREN-EINZEL-POLICE Nr. V 00 504

VERSICHERUNG VON BANKVALOREN
UND JUWELIERWAREN
gegen die Gefahren des Transportes unter Begleitung.

Die unterzeichneten Gesellschaften versichern hiermit
der Dresdner Bank Aktiengesellschaft, Verlagerungsabteilung,
6000 Frankfurt a.Main, Neue Mainzerstr. 18,
die Summe von
DM 1.100.000,-- (Deutsche Mark: Eine Million und Einhunderttausend)
gegen eine Prämie von 0,75 o/oo für
4.500 franz.Goldstücke, sog. 'Napoléons-barbes'
800 franz.Goldstücke, sog.' Napoléons-anc. '
10.000 belg. Goldstücke, sog. 'Napoléons-belges'
4.500 ital. Goldstücke, sog. 'Napoléons-italiens'
200 franz.Goldstücke, sog. 'Napoléons-lator',
100 kg Gold in Barren
die zum Zwecke der Umlagerung innerhalb des
Stadtgebietes von Ankara/Türkei von der Banque
Ottomane, Ankara, zur Deutschen Botschaft, Ankara,
in abgeschlossenen Behältern im geschlossenen
Kraftfahrzeug
am 12. März 1963
unter Begleitung von zwei Bankbeamten
befördert werden., die in Sichtweite von zwei bewaffneten
Bankbeamten auf Krad oder in PKW eskortiert werden.
Die Versicherung ist zu den umstehenden Allgemeinen Bedingungen abgeschlossen, soweit diese nicht durch geschriebene Bedingungen ergänzt, abgeändert oder aufgehoben sind. – Beide Vertragspartner unterwerfen sich diesen Bedingungen, der Versicherungsnehmer durch die Annahme dieser Police.

Bei Aushändigung dieser Police sind zu entrichten:

Prämie:	DM 825,--
Ausfertigungs- u. Zustellungsgeb.	DM -,--
	DM 825,--
Versich.-Steuer	DM 41,30
Einlösungsbetrag:	DM 866,30

Frankfurt a.M., den 8. März 1963
(Ort und Datum)
te
FRANKFURTER VERSICHERUNGS-AKTIENGESELLSCHAFT
ALLIANZ VERSICHERUNGS-AKTIENGESELLSCHAFT ZWEIGNIEDERLASSUNG FRANKFURT A.M.
(Versicherer)

Empfangsbescheinigung
Den vorstehenden Einlösungsbetrag erhalten:
________, den ________
(Unterschrift des Vertreters)

Val. 103. (BG.) 8/00 0,5. 9. 60

Abb.5: Versicherungspolice für den Transport des Goldes der Dresdner Bank in Ankara (März 1963)

der DOB-Liquidation erteilt werden könne.[295] Später machte das Finanzministerium die Ausfuhrgenehmigung von Garantiebriefen für die offenen Verbindlichkeiten der Dresdner Bank in der Türkei abhängig.[296]

Die Dresdner Bank wurde bei ihren Bemühungen um Rückholung des Goldes vom Auswärtigen Amt nach Kräften unterstützt. Der Bund hatte an der Rückholung ein massives Eigeninteresse. Nach dem bereits erwähnten Umstellungsgesetz, das im Zusammenhang mit der Währungsreform von 1948 verabschiedet worden war, mußte das „Ankara-Gold" wirtschaftlich dem Vermögen des Bundes zugerechnet werden. Als Kompensation für den Wegfall der vorhandenen Schuldtitel gegen das Reich gewährte das Umstellungsgesetz den Banken Ausgleichsforderungen gegen die öffentliche Hand, sofern ihr Vermögen nach der Währungsumstellung nicht ausreichte, um verbliebene Verbindlichkeiten zu decken. Bei der Dresdner Bank war dies der Fall, weil die Umstellungsrechnung als Folge der Währungsreform und wegen kriegsbedingter Verluste einen Überhang der Passiva über die Aktiva aufwies. Zu den kriegsbedingten Verlusten zählte auch das in der Türkei blockierte Gold. Erlangte die Dresdner Bank das Gold wieder, dann mußte es in der Umstellungsrechnung aktiviert werden. Die Bundesrepublik erhielt dadurch Ausgleichsforderungen in entsprechender Höhe zurück. Auf seiten der Dresdner Bank war in dieser Angelegenheit die „Verlagerungsabteilung" zuständig, da es sich um Vermögen der ruhenden Altbank handelte.[297]

Im Sommer 1963 schickte die Dresdner Bank ihren Goldfachmann August Hess nach Ankara. Zusammen mit einem Vertreter der Treuhand-Vereinigung AG führte er dort eine minutiöse Bestandsaufnahme des von der Türkei freigegebenen Goldes durch. Neben dem Übergabeprotokoll der Schweizer Gesandtschaft von 1945 existiert so ein weiterer, noch ausführlicherer Prüfungsbericht über diesen Bestand. Hess taxierte den Wert der 20 000 Goldmünzen (einschließlich des numismatischen Mehr-

295 DOB i. L. an Dresdner Bank vom 7.9.1961, HADrBk, Deutsche Orientbank, Unser Gold in Ankara und Liquidationsfragen.

296 Schreiben Ministère des Finances, Direction Générale du Trésor, Ankara, vom 26.4.1962 an DOB i. L. Istanbul, ebd.

297 Die Verlagerungsabteilung gehörte zur Altbank, befand sich aber in Frankfurt a. M. und unterlag damit nicht den Bestimmungen für die Berliner Altbanken.

wertes) auf 706 974 DM, den Wert der 100 kg Barrengold (91 Barren à 1 kg und 18 Barren à 0,5 kg) auf 458 000 DM.[298] Auch für das bei der türkischen Zentralbank deponierte Gold der deutschen Botschaft lag inzwischen eine Bestandsliste vor.[299]

Der Prüfungsbericht von August Hess belegt ganz eindeutig, daß es sich bei den von der Türkei freigegebenen Goldmünzen um Beutegold des „Dritten Reichs“ handelte. In der Liste sind 11 318 belgische und 5 299 französische Goldmünzen verzeichnet, aber nur 7 österreichische und keine einzige deutsche Goldmünze.[300] Daß dieses Gold nicht aus Altbeständen der Reichsbank stammte, war klar zu erkennen. Die Hess-Liste war auch im Vorstand der Dresdner Bank bekannt.[301] Das von der Türkei freigegebene enthielt möglicherweise auch Opfergold, weil es aus dem Depot der Länderbank Wien nach Istanbul geschickt worden war (siehe Kap. 4.3.). Die Frage nach der Herkunft des Goldes wurde aber nicht gestellt, die Dresdner Bank kannte die Zusammenhänge nicht im Detail. Eine derartige Herkunft war indessen nicht auszuschließen. Ähnlich verhielt sich das Auswärtige Amt in bezug auf das Botschaftsdepot, das aus den Beutebeständen Ribbentrops stammen konnte.[302] Die Deutsche Bundesbank übernahm unbesehen das Gold des Botschaftsdepots und hatte zunächst auch Bereitschaft signalisiert, das „Ankara-Gold“ der Dresdner Bank zu erwerben.[303]

298 August Hess (Goldhandel HV), Prüfungsbericht über das bei der Deutschen Botschaft in Ankara lagernde Goldbarren- und Goldmünzendepot vom 18.7.1963, HADrBk, Vermögen in der Türkei.

299 Anlage zum Protokoll vom 11.10.1960, PolArchAA, B 86, Ref. 506/507/V 7, Nr. 1186.

300 Zusammenstellung der Goldmünzen, Anlage zu: August Hess, Prüfungsbericht über das bei der Deutschen Botschaft in Ankara lagernde Goldbarren- und Goldmünzendepot vom 18.7.1963, HADrBk, Vermögen in der Türkei.

301 Das belegt das Schreiben Hans Rinn an Dr. Hans Koller vom 14.6.1965, HADrBk, Deutsche Orientbank, Unser Gold in Ankara 1965. Rinn war bis April 1965 Vorstandsmitglied der Dresdner Bank.

302 In diesem Depot befanden sich 12 799 Goldmünzen und 143 600 kg Barrengold. Die Münzen setzten sich zu einem großen Teil aus englischen Sorten (Sovereigns, Gold Kings), aber auch aus Napoléons zusammen. Botschaft der Bundesrepublik Deutschland Ankara, Protokoll vom 11.10.1960 mit Anlage, PolArchAA, B 86, Ref. 506/507/V 7, Nr. 1186.

303 Schreiben Auswärtiges Amt, Ref. V 7, an Bundesminister der Finanzen, Ref. VI A/2, vom 13.11.1961, ebd.; Schreiben Verlagerungsabteilung an Bankdirektor Fritz André, Mitglied des Vorstandes der Dresdner Bank, vom 25.10.1963, HADrBk, Kairo-Istanbul.

Nachdem die Verhandlungen mit dem türkischen Finanzministerium über Jahre hinweg erfolglos geblieben waren, betrieb der Vorstand der Dresdner Bank eine fragwürdige Rückholaktion. Durchgeführt wurde diese Aktion von der Botschaft der Bundesrepublik und vom Auswärtigen Amt, die dabei im finanziellen Interesse des Bundes handelten.

Das von der Türkei an die deutsche Botschaft in Ankara zurückgegebene Gold war bereits im Herbst 1961 in die Bundesrepublik gelangt. Das Auswärtige Amt hatte den Transfer unter Umgehung der türkischen Behörden durchgeführt. Die Botschaft war am 18.10.1961 aus Bonn angewiesen worden, die bei der Türkischen Zentralbank deponierten Goldmünzen „mit nächster Fluggelegenheit der Bundeswehr“ an die Bundesbank zu schicken.[304] Am 29.10.1961 landete eine Noratlas-Maschine des Lufttransportgeschwaders 61 mit den Goldmünzen aus Ankara an Bord auf dem Militärflughafen Wiesbaden. Ebenso wurden bald darauf die Goldbarren dieses Bestandes ausgeflogen.[305] Der diplomatische Kurierdienst und die Militärmaschinen der NATO-Länder konnten von den türkischen Behörden nicht kontrolliert werden. Einem Bericht der Botschaft an das Auswärtige Amt ist allerdings zu entnehmen, daß die türkische Seite die Aktion bewußt durchgehen ließ.[306]

Die Dresdner Bank erbat vom Auswärtigen Amt umgehend nähere Informationen über die Rückholung des Botschaftsgoldes. Die Kuba-Krise wurde zum Vorwand genommen, um den eigenen Goldbestand in Ankara, der seit der Rückgabe bei der Banque Ottomane deponiert war, in die Botschaft der Bundesre-

304 Telegramm vom 31.10.1961 an Diplogerma auf Drahtbericht vom 18.10.1961, PolArchAA, B 86, Ref. 506/507/V 7, Nr. 1186.

305 In einem Bericht der Deutschen Botschaft in Ankara an das Auswärtige Amt vom 22.3.1962 wurde mitgeteilt, daß der Abtransport der bei der Zentralbank deponierten Goldbestände „bei zwei verschiedenen Gelegenheiten mit einer Noratlas-Maschine der Bundeswehr“ erfolgt war, ebd.

306 „Es muß angenommen werden, dass ein solcher Transport einer besonderen Genehmigung der Devisenstelle bedarf, dass sich die türkischen Stellen über diese, die Angelegenheit nur komplizierende Frage aber deswegen hinweggesetzt haben, weil sich die Goldbestände nach ihrer Übergabe in der Verfügungsgewalt der Exterritorialität besitzenden Botschaft befanden.“ Ebd.

publik zu bringen.[307] Schon bald verbesserten sich für die Dresdner Bank die Chancen, das Gold aus Ankara zurückzuholen. Der unbequeme Leiter des türkischen Schatzamts, Ziya Müezzinoglu, wurde auf einen anderen Posten versetzt. Noch wichtiger war, daß mit Gebhardt von Walther ein Diplomat zum Botschafter der Bundesrepublik in Ankara ernannt wurde, der die Materie bestens kannte und mit dessen Unterstützung die Dresdner Bank rechnen konnte. Von Walther hatte in den Jahren 1943/44 als Botschaftsrat in Ankara zu den Diplomaten gehört, die bei der DOB Goldarbitragen in Auftrag gaben.[308] Wahrscheinlich war er bei der Übergabe des Goldbestandes der DOB an die deutsche Botschaft und später an die Schweizer Gesandtschaft beteiligt gewesen.[309] Die Haltung der Alliierten zur Problematik des NS-Raubgoldes kannte von Walther natürlich genau.

Dem Leiter der Verlagerungsabteilung der Dresdner Bank, Hans Koller, unterbreitete Botschafter von Walther im April 1964 den Vorschlag,

„daß er das Gold herausbringen könne, wenn ihm eine Erklärung des Auswärtigen Amts zugesandt würde, wonach der Bund seit Zuteilung der Ausgleichsforderung an Eigentümer des Goldes ist. Er müsse nämlich den Türken gegenüber den Transport des Goldes verantworten können, was nur der Fall sei, wenn es sich um Eigentum des Bundes handele.“[310]

Der Vorschlag scheiterte am Bundesfinanzministerium, das aber bestätigte, daß der Bund an der geplanten Transaktion ein wirtschaftliches Interesse habe.[311] Der Botschafter fand nun zu der Sprachregelung, daß es sich „praktisch um Bundesbesitz han-

307 Aktennotiz Referat 112 vom 1.3.1962, ebd. Schreiben Verlagerungsabteilung an Hans Rinn, Mitglied des Vorstandes, vom 13.3.1963, HADrBk, Deutsche Orientbank, Unser Gold in Ankara und Liquidationsfragen.

308 HADrBk, D.O.B., Goldgeschäfte. Gebhardt von Walther war seit 1929 im diplomatischen Dienst. Vor seiner Tätigkeit als Botschafter in Ankara (1962-1966) war er u.a. Ständiger Vertreter der Bundesrepublik bei der NATO. Später wurde er Botschafter in Moskau (1966-1968).

309 Schreiben DOB i.L. an Dresdner Bank, Verlagerungsabteilung, vom 25.10.1962. HADrBk, Deutsche Orientbank, Unser Gold in Ankara und Liquidationsfragen.

310 Aktennotiz Verlagerungsabteilung vom 29.4.1964, HADrBk, Deutsche Orientbank, Unser Gold in Ankara und Liquidationsfragen.

311 Aktennotiz Verlagerungsabteilung vom 22.5.1964, ebd.

delt", und erklärte sich bereit, „das gesamte Golddepot per Kurier" nach Deutschland zu bringen.[312] Inzwischen war auch Bundesaußenminister Schröder unterrichtet.[313]

Schließlich schlug Botschafter von Walther vor, nur die Goldmünzen in die Bundesrepublik zu transferieren und das Barrengold über die Botschaft an die Türkische Zentralbank zu verkaufen. Die Verlagerungsabteilung der Dresdner Bank und das Vorstandsmitglied Hans Rinn stimmten zu, „da wir ohnehin auf den guten Willen des Auswärtigen Amtes angewiesen sind".[314]

So betätigte sich dann die Botschaft als Goldhändler und verkaufte die Barren zu 4 500 DM pro kgf an die Türkische Zentralbank, die ihrerseits trotz aller bekannten Informationen über das NS-Raubgold keine Bedenken hatte, den Bestand zu erwerben. Die Zentralbank hatte im Vorjahr massive Goldverkäufe tätigen müssen, um den Devisenverpflichtungen nachzukommen.[315]

Die Goldmünzen wurden aus der Türkei herausgebracht, wie sie hereingekommen waren: mit dem Kurierdienst des Auswärtigen Amts. Diesmal erfolgte der Transport allerdings unter Umgehung der türkischen Devisengesetze. Zwischen dem 17.3.1965 und dem 19.5.1965 wurden fünf Lieferungen mit jeweils ein bis zwei Säcken per Landkurier nach Bonn geschickt. Die restlichen Goldmünzen wurden in zwölf Säcken verpackt mit einer Bundeswehrmaschine ausgeflogen. Das Auswärtige Amt hatte sich darüber mit dem Bundesverteidigungsministerium abgestimmt. Die Dresdner Bank nahm das Gold am 29.5.1965 auf dem Militärflughafen Köln-Wahn entgegen.[316]

312 Zitiert nach Schreiben Verlagerungsabteilung an Vorstandsmitglied Alfred Hölling vom 9.11.1964 (vertraulich), ebd.

313 Schröder war am 22.5.1964 von Alfred Hölling, einem Vorstandsmitglied der Dresdner Bank, informiert worden. Mit der Angelegenheit beschäftigten sich im Auswärtigen Amt auch die Staatssekretäre Carstens und Lahr. Aktennotiz Verlagerungsabteilung vom 22.5.1964, ebd.

314 Schreiben Hans Rinn an Verlagerungsabteilung vom 26.1.1965, ebd.

315 Die Türkei steht erneut vor finanziellen Schwierigkeiten. In: Handelsblatt vom 15.1.1964.

316 Aktennotiz Verlagerungsabteilung vom 1.6.1965, HADrBk, Deutsche Orientbank, Korrespondenz und Buchungsaufgaben; Aktennotiz Verlagerungsabteilung Koller vom 25.5.1965 betr. Unser Gold in Ankara; Schreiben Dresdner Bank an Auswärtiges Amt vom 2.6.1965. Der Transport war zuvor bei der Frankfurter/Allianz versichert worden. Schreiben Frankfurter/Allianz AG an Dresdner Bank, Verlagerungsabteilung, vom 20.5.1965, HADrBk, Deutsche Orientbank, Unser Gold in Ankara 1965.

Die Goldmünzen wurden umgehend nach Zürich geschickt und dort verkauft. Die per Landkurier beförderten Goldmünzen waren bereits an die Schweizerische Kreditanstalt weitergegangen.[317] Hans Rinn, der inzwischen vom Vorstand der Dresdner Bank in den Aufsichtsrat gewechselt war, erwarb zuvor noch ausgewählte Goldmünzen aus dem Ankara-Bestand für seine private Sammlung.[318]

Der Vorstand der ruhenden Altbank (Dresdner Bank i.R.) nahm in seiner Sitzung vom 19.8.1965 in der Frankfurter Gallusanlage die erfolgreiche Rückholung und Verwertung des Goldes mit Genugtuung zur Kenntnis. Vorstandsmitglied Hölling berichtete über den Transfer und die Erlöse, die anwesenden Liquidatoren der DOB, von Aulock und Posth, erhielten für ihre Tätigkeit in der DOB wie auch für die Rückholung des Goldes Sondervergütungen zugesagt.[319]

Für das „Ankara-Gold" erzielte die Dresdner Bank einen Erlös von 1 090 377,19 DM (nach heutigem Wert rund 3,162 Mio. DM). Davon entfielen 450 080,99 DM auf die Goldbarren, die über die Botschaft der Bundesrepublik an die Türkische Zentralbank gingen, und 640 296,20 DM auf die in der Schweiz verkauften Goldmünzen.[320]

317 Um in der Bundesrepublik keine Umsatzsteuer zu zahlen, wurde das Gold noch aus dem zollfreien Bereich weiterverschickt. Für diese Information dankt der Verfasser Herrn Dr. Hans Koller. Die Lieferungen in die Schweiz und den dortigen Verkauf belegen die Aktennotizen der Verlagerungsabteilung vom 24.3.1965 und vom 1.6.1965. HADrBk, Deutsche Orientbank, Unser Gold in Ankara 1965.

318 Rinn hatte die Liste des Münzbestandes vorgelegen. Er bat darum, ihm „von sämtlichen Franzosen" unter den Goldmünzen „je 1 Stück in guter Prägung" zu überlassen. Schreiben Hans Rinn an Dr. Hans Koller vom 14.6.1965. Hans Rinn hatte während des Zweiten Weltkriegs das Börsenbüro der Dresdner Bank geleitet. Von 1952 bis 1957 war er Vorstandsmitglied der Hamburger Kreditbank, von 1957 bis zum April 1965 dann Vorstandsmitglied der Dresdner Bank. Von 1965 bis 1971 gehörte er dem Aufsichtsrat an. Rinn war in den fünfziger Jahren maßgebend am Wiedereinstieg der Dresdner Bank in den Goldhandel beteiligt. Vgl. auch Meyen, S. 338; OMGUS-Bericht, S. 316f.

319 Auszug aus dem Protokoll der Vorstandssitzung der Altbank vom 19.8.1965, HADrBk, Deutsche Orientbank, Unser Gold in Ankara 1965.

320 Schreiben Verlagerungsabteilung Dr. Koller an Fritz André, Mitglied des Vorstandes, vom 12.7.1965; Schreiben Auswärtiges Amt an Dresdner Bank vom 19.7.1965, ebd. Die Umrechnung auf den heutigen Wert stützt sich auf den Preisindex des Statistischen Bundesamts für die Lebenshaltung privater Haushalte.

Nutznießer dieser Transaktion war in erster Linie die Bundesrepublik, da das „Ankara-Gold" nun in der Umstellungsrechnung der Dresdner Bank aktiviert wurde und eine entsprechende Ausgleichsforderung gegenüber dem Bund entfiel. Das Gold wurde in Abstimmung mit dem hessischen Wirtschaftsministerium in die Umstellungsrechnung eingestellt. Mit welchem Wert es dort ausgewiesen wurde, ist den verfügbaren Unterlagen nicht eindeutig zu entnehmen. Von der Rückholaktion profitierte aber auch die Dresdner Bank. Im Unterschied zu der praktisch unverkäuflichen Ausgleichsforderung war das Gold fungibel. Der Erlös konnte zum damaligen Zinssatz von 8,5 % verliehen werden.

Der wirtschaftliche Vorteil, den die Dresdner Bank aus dem Verkauf zog, kann allein kaum die Intensität ihrer Bemühungen um die Rückholung des „Ankara-Goldes" erklären. Durch die Bestimmungen des Umstellungsgesetzes war die Bank zwar gegenüber dem Bund in der Pflicht, das Gold zu verwerten. Innerhalb der Dresdner Bank wurde das „Ankara-Gold" aber keineswegs wie Bundesvermögen betrachtet. Die Akten über diesen Vorgang wurden unter der Bezeichnung „Unser Gold in Ankara" geführt. Zwanzig Jahre nach Kriegsende hatte die Rückholung des Goldes für die Dresdner Bank wohl auch einen symbolischen Wert.

7. Was die Dresdner Bank über das Raubgold wußte und wie sie mit der Raubgoldfrage umging

Die kriminelle Goldbeschaffung des NS-Staats war damals kein Geheimnis, schon gar nicht für eine Großbank mit politischen Beziehungen, wie sie die Dresdner Bank hatte. Die Abführung des geraubten jüdischen Vermögens und anderer gestohlener Vermögenswerte gehörte seit 1938 zum alltäglichen Geschäft der Banken. Über die vom nationalsozialistischen Regime keineswegs verheimlichte Plünderung von Goldreserven der besetzten Länder war die Dresdner Bank zweifellos gut im Bilde. Sie war mit dem Besatzungsregime so eng verstrickt, daß sie sich über das Beutegold nicht erst aus der internationalen Presse informieren mußte. Der für die Raubgoldtransaktionen verantwortliche Vizepräsident der Reichsbank, Emil Puhl, war nach eigener Aussage mit dem Aufsichtsratsvorsitzenden der Dresdner Bank, Carl Goetz, „besonders gut bekannt".[321]

Bei dem von der Reichsbank in Form von Barren verkauften Raubgold konnten die Abnehmer die Herkunft der einzelnen Lieferungen nicht erkennen. Das Gold war zuvor umgeschmolzen, geschieden oder zumindest mit neuen Banknummern, häufig auch mit gefälschten Zertifikaten, versehen worden. Die Dresdner Bank führte dies später als Argument zu ihrer Entlastung an. Max Schobert schrieb 1953: „... soweit Barrengold gekauft wurde, konnte man dem Gold nicht ansehen, von welchem Land die Reichsbank ihrerseits das Gold erworben hatte."[322] Für einen beträchtlichen Teil des Beutegoldes traf das aber nicht zu. Die Herkunft der von der Reichsbank abgegebenen Goldmünzen aus den Währungsreserven besetzter Länder war auf die Dauer nicht zu verheimlichen. Wenn die Dresdner Bank über Jahre hinweg bei der Reichsbank fast ausschließlich holländische, belgische und französische Goldmünzen mit einer Gesamtmenge von mehr als dreieinhalb Tonnen ankaufte, dann wußte sie über die Herkunft des jeweiligen Goldes natürlich ebenso Bescheid wie ihre türkische Filiale DOB, die diese Münzsorten mit gleicher Regelmäßigkeit in Istanbul absetzte. Dennoch handelte die Dresdner Bank mit Goldmünzen nicht etwa weniger bereitwillig als mit Goldbarren. Obwohl in den Akten der Dresdner Bank aus der Zeit vor 1945 bislang keine Äußerung zur Raubgoldproblematik gefunden wurde, kann deshalb kein Zweifel daran bestehen, daß die Bank wissentlich Beutegold aus besetzten Ländern verkauft hat.

Vor dem Hintergrund der Anpassung der Dresdner Bank an das NS-System und ihrer Rolle innerhalb der deutschen Kriegswirtschaft kann dieser Befund nicht verwundern. Die Bank betrieb den Handel mit Raubgold aber keineswegs aus politischer Gefälligkeit, sondern als „business as usual". Natürlich hatten die Goldgeschäfte den Effekt, daß Raubgold aus den Tresoren der Reichsbank auf dem freien Markt in der Türkei gewaschen wurde. Das Motiv der Dresdner Bank war aber primär das wirtschaftliche Interesse an den hohen Arbitragegewin-

321 Eidesstattliche Versicherung Emil Puhl, BArch, 99 US 7, Nr. 768, Bl. 67 (Dokument Dr. Rasche Nr. 104).

322 Schreiben Max Schobert an Friedrich Thomann, Dresdner Bank Berlin, vom 23.3.1953, AADrBk, Handakten Salzwedel.

nen. Auch deshalb beschränkte sich ihre Beteiligung an den damaligen Goldtransaktionen der Reichsbank - ebenso wie bei der Deutschen Bank - auf das lukrative Türkeigeschäft.

Im Unterschied zum Goldhandel zwischen der Reichsbank und der SNB waren die Goldgeschäfte der Dresdner Bank und der Deutschen Bank nicht kriegswirtschaftlich notwendig, auch wenn das Reich davon profitierte. Der Umfang war vergleichsweise gering, ein direkter Zusammenhang mit den kriegswichtigen Rohstofflieferungen der Türkei bestand nicht. Beide Banken waren in keiner Weise zum Verkauf von Raubgold in der Türkei gezwungen und hätten das Geschäft jederzeit einstellen können, ohne ernsthafte Sanktionen befürchten zu müssen.

Anders als dies beim Beutegold und beim konfiszierten Gold der Fall war, gehörte die Herkunft des Opfergoldes zum Arkanwissen des „Dritten Reichs“. Innerhalb der Reichsbank war etwa ein halbes Dutzend leitender Mitarbeiter darüber informiert.[323] Es gab eine Vielzahl von Informationskanälen, über die auch der damalige Vorstand der Dresdner Bank von der Herkunft des Opfergoldes erfahren haben könnte, vor allem im Rahmen der speziellen Beziehungen zur SS. Die Ermordung der Juden in den Konzentrations- und Vernichtungslagern war in der Dresdner Bank auch unterhalb der Vorstandsebene bekannt.[324] Es kam beispielsweise vor, daß ein Unternehmen einen Kreditantrag zur Umarbeitung geraubter Kleidung von KZ-Opfern stellte. Mitarbeiter der Dresdner Bank konnten feststellen, daß die Kleider „blutgetränkt waren und auf begangene Mordtaten hinwiesen“.[325] Daß Schmuck und Edelmetalle von deportierten Juden geplündert wurden, war ebenfalls hinreichend bekannt. Unter den Bedingungen der Kriegswirtschaft konnte es als unwahrscheinlich gelten, daß die Verwertung derartiger Goldmengen

323 Report on the SS loot, 30.10.1945, NA, RG 260, Records of the Executive Office, Office of the Adjutant General, General Correspondence (Decimal File) 1945-1949, Box 8, AG 004.2 Banks; Interrogation of Emil Puhl, Vice-President of Reichsbank, ebd., Bl. 12-38.

324 Der damalige Direktor der Dresdner Bank und Leiter ihrer Berliner Depositenkassen, Werner von Richter, erklärte später, daß die Vernichtung der Juden um Mitte 1944 „allen Stellen der Dresdner Bank“ bekannt war. BArch, 99 US 7, Nr. 439, Bl. 32 (NID 11 446).

325 Zitiert nach: Rasche und die finanzielle Unterstützung der SS durch die Dresdner Bank, ebd., Nr. 779, Bl. 30. Im erwähnten Fall hatte die Firma Strassburg, Berlin, einen Kredit beantragt, um Kleidungsstücke von KZ-Opfern in Bekleidung für Zwangsarbeiter umarbeiten zu können. Der Kreditantrag wurde durch von Richter abgelehnt.

auf die Dauer vollständig an der Reichsbank vorbei erfolgte. Durch die Beteiligung an Goldtransaktionen der Reichsbank nahm die Dresdner Bank in Kauf, auch mit Gold jüdischer Opfer beliefert zu werden.

Daß die Dresdner Bank die Herkunft der einzelnen Opfergold-Barren kannte, mit denen sie handelte, ist aus dem gesichteten Material nicht nachzuweisen. Von einer augenscheinlichen Beweislage kann in diesem Fall auch nicht ausgegangen werden, da die Beschaffenheit der Barren keine besonderen Merkmale aufwies.

Das schließt keineswegs aus, daß der damalige Vorstand grundsätzlich über die Belieferung mit Opfergold informiert war. Doch gibt es dafür, ebenso wie im Fall der Deutschen Bank, bislang keinen Beweis.[326] Auch die Recherchen der amerikanischen Militärregierung, die sich auf viele inzwischen nicht mehr erhaltene Unterlagen der Dresdner Bank stützten, haben keinen derartigen Nachweis ergeben. Über den Umgang der Bank mit Opfergold wäre sonst mit Sicherheit im Prozeß gegen Karl Rasche vor dem Internationalen Militärgerichtshof in Nürnberg verhandelt worden.[327]

Ein Gegenbeweis ist freilich ebenfalls nicht zu erbringen. Was der Vorstand der Dresdner Bank über das Opfergold wußte, wird wohl kaum schriftlich niedergelegt worden sein. Selbst zur Herkunft des Beutegoldes finden sich in den Akten keine Äußerungen, obwohl dieses Wissen nicht geheim war und die Bank Hintergrundinformationen und augenscheinliche Beweise hatte. Die Akten der Dresdner Bank zeigen ein für Bankiers keineswegs nur unter den Bedingungen der NS-Kriegswirtschaft typisches Verhalten. Mit jedem Detail der Transaktionen beschäftigte man sich ausführlich. Die Frage nach der Herkunft von Zahlungsmitteln und Vermögenswerten wurde aber nicht gestellt.

326 Steinberg-Bericht, S. 47 („no hard evidence").

327 Herkunft und Verwertung des Opfergoldes waren Gegenstand der Nürnberger Nachfolgeprozesse (Wilhelmstraßenprozeß) gegen Emil Puhl und gegen Lutz Graf Schwerin von Krosigk, den früheren Reichsfinanzminister. Auf den Handel mit Opfergold wurde in den Berichten der amerikanischen Militärregierung über die Ermittlungen gegen die Dresdner Bank nicht eingegangen. Militärregierung von Deutschland (US), Dresdner Bank und Deutsche Bank. Sonderbericht des Militär-Gouverneurs, Zone der Vereinigten Staaten, Ms., Juni 1947. AADrBk, Ostfilialen, Situation L–Z. Vgl. auch OMGUS-Bericht.

Auch wenn der Quellenlage kein eindeutiger Befund zu entnehmen ist, können aus den verfügbaren Unterlagen doch einige mögliche Szenarien abgeleitet werden.

Bereits erwähnt wurden die guten Beziehungen zwischen dem Aufsichtsratsvorsitzenden Carl Goetz und Reichsbankvizepräsident Emil Puhl, einer Schlüsselfigur des Raubgoldhandels, der über die Herkunft der Melmer-Lieferungen gut informiert war. Der Internationale Militärgerichtshof in Nürnberg verurteilte Puhl zu fünf Jahren Gefängnis. Schon bald nach seiner vorzeitigen Entlassung aus der Haft wurde er in die Geschäftsleitung und dann in den Vorstand der Hamburger Kreditbank, eines Nachfolgeinstituts der Dresdner Bank, berufen.[328]

Carl Goetz war seit 1937 stellvertretender Aufsichtsratsvorsitzender bei der Degussa, die das Opfergold im Auftrag der Reichsbank bearbeitete und durch ihre fast monopolartige Stellung als Scheideanstalt einen sehr genauen Überblick über die damaligen Goldtransaktionen hatte. Die Dresdner Bank galt als Hausbank der Degussa. Sie stellte mit Carl Lüer bis 1943 auch den Vorsitzenden des Aufsichtsrates. Lüer war bei der Dresdner Bank „Betriebsführer“ und gehörte zu den überzeugten Nationalsozialisten im Vorstand.[329]

Karl Rasche wurde im Prozeß vor dem Internationalen Militärgerichtshof in Nürnberg von Zeugen attestiert, daß er „über den Charakter der SS und der wirtschaftlichen Unternehmungen der SS besonders gut unterrichtet war“.[330] Im Vorstand der Dresdner Bank war Rasche u.a. für die Böhmische Escompte-Bank und den Bereich „Ostland“ zuständig. Gute Kontakte zur SS hatte auch das Vorstandsmitglied Emil Meyer, zu dessen

328 Emil Puhl war seit 1935 Mitglied des Direktoriums der Reichsbank, von 1939 bis 1945 dann Vizepräsident. Im Krieg wurde er rasch zum eigentlichen Kopf der Reichsbank. Am 11.4.1949 in Nürnberg verurteilt, war Puhl ab 14.3.1950 als Berater für die Hamburger Kreditbank tätig. Im August 1950 wurde er in die Geschäftsleitung berufen. Von 1952 bis 1957 war er Mitglied des Vorstandes der Hamburger Kreditbank. Bis 1961 gehörte Puhl dem Zentralbeirat der Dresdner Bank an.

329 Carl Lüer war seit 1927 Mitglied der NSDAP. 1938 wurde er in den Vorstand der Dresdner Bank berufen. Von 1938 bis 1943 hatte Lüer den Vorsitz im Aufsichtsrat der Degussa, bis 1945 blieb er dann stellvertretender Vorsitzender. In den Jahren 1941–1943 war Lüer Vorstandsvorsitzender und Feindvermögensverwalter der Adam Opel AG. Er gehörte auch dem Beirat der Reichsbank an.

330 Rasche und die finanzielle Unterstützung der SS durch die Dresdner Bank, BArch, 99 US 7, Nr. 779, Bl. 36.

Gebiet die Tochterbanken in Posen und Krakau gehörten. Ebenso wie Rasche war er Ehrenoffizier der SS. Seine Position hatte Meyer der Protektion durch einen Schwager, Hitlers Wirtschaftsberater Wilhelm Keppler, zu verdanken. Kepplers früherer Mitarbeiter Fritz Kranefuß saß im Aufsichtsrat der Dresdner Bank. Keppler, Kranefuß und Meyer bildeten eine „Seilschaft". Was einer von ihnen wußte, erfuhren die anderen mit großer Sicherheit.

Meyer und Rasche gehörten dem von Keppler gegründeten und später von Kranefuß geleiteten „Freundeskreis Reichsführer SS" an.[331] Mitglied war hier auch Oswald Pohl, der Chef des Wirtschafts- und Verwaltungshauptamts der SS. Das SS-WVHA war die „Leitungszentrale der Konzentrationslager und der SS-Wirtschaft".[332] Die Verwertung des Opfergoldes über die Melmer-Lieferungen wurde von Pohl gesteuert.

Die Pohl unterstehenden Wirtschaftsbetriebe der SS erhielten von der Dresdner Bank Kredite über ingesamt 30 Mio. RM.[333] Viele dieser Betriebe hatten Konten bei der Dresdner Bank. Dazu gehörte die Ostindustrie GmbH (Osti) mit Sitz in Lublin. Sie wurde 1943 zur Verwertung geraubten jüdischen Vermögens im Generalgouvernement gegründet und rechnete auch Geld und Wertgegenstände ermordeter Juden ab.[334] Geschäftsführer war der SS- und Polizeiführer im Distrikt Lublin, Odilo Globocnik, der Organisator der „Aktion Reinhardt", aus deren Raubbeute Melmer beliefert wurde. Ein Teil des Zahlungsverkehrs der Osti, darunter auch aus dem „Reinhardtfonds" über-

331 Reinhard Vogelsang, Der Freundeskreis Himmler, Göttingen 1972.
332 Hermann Kaienburg, KZ-Haft und Wirtschaftsinteresse. Das Wirtschaftsverwaltungshauptamt der SS als Leitungszentrale der Konzentrationslager und der SS-Wirtschaft. In: Ders. (Hg.), Konzentrationslager und deutsche Wirtschaft, Opladen 1996, S. 29–60.
333 Georg, S. 134; Walter Naasner, Neue Machtzentren in der deutschen Kriegswirtschaft 1942–1945. Die Wirtschaftsorganisation der SS, das Amt des Generalbevollmächtigten für den Arbeitseinsatz und das Reichsministerium für Bewaffnung und Munition/Reichsministerium für Rüstung und Kriegsproduktion im nationalsozialistischen Herrschaftssystem, Boppard 1994, S. 386ff.
334 Ebd., S. 90–99; Kaienburg, S. 54f.

wiesene Gelder, lief über ein Konto bei der Dresdner Bank in Berlin.[335]

Wäre „Melmer-Gold“ auf Weisung von Oswald Pohl direkt an Karl Rasche oder Emil Meyer übergeben worden, dann hätten die beiden Ehrenoffiziere der SS wohl kaum Skrupel gehabt, das Gold zu kaufen und weiterzuverwerten. Doch so einfach vollzog sich die Verstrickung der Dresdner Bank in den Handel mit Opfergold nicht. Der Devisen- und Goldhandel der Bank gehörte ebenso wie das Auslandsgeschäft mit der Türkei zu Bereichen, auf die der SS-Flügel des Vorstandes keinen unmittelbaren Einfluß ausübte. Der Leiter der Devisenabteilung, Max Schobert, war ein parteiloser Fachmann, der bei der nationalsozialistischen Betriebszelle der Bank als politisch verdächtig galt.[336] Der von der Danat-Bank in die Devisenabteilung übernommene Prokurist Otto Lozow trat selbst in die DAF nur auf massiven Druck hin ein.[337] Die Direktoren der Istanbuler Filiale, Posth und von Aulock, waren keine Nationalsozialisten.[338] Das Auslandssekretariat der Dresdner Bank stand in einem ausgesprochenen Spannungsverhältnis zum SS-Flügel des Vorstandes. Für das Türkeigeschäft war im Vorstand bis 1943 der Leiter des Auslandssekretariats, Hans Pilder, zuständig.[339] Von Pilder war bekannt, daß er zum NS-Regime in kritischer Distanz stand. Bei der SS galt er ausdrücklich als „unerwünscht“. 1943 wurde er faktisch, ein Jahr später dann auch formell, aus dem Vorstand der Dresdner Bank und dem Aufsichtsrat der Länderbank Wien

335 Schreiben Deutsche Wirtschaftsbetriebe an Dresdner Bank, Depositenkassse Steglitz, vom 1.4.1943, BArch, 99 US 7, Nr. 440, Bl. 90 (NID 8741); Aktenvermerk vom 26.6.1943, ebd, Bl. 82. Die Dresdner Bank forderte die Osti ausdrücklich auf, auch eine Bankverbindung bei ihrer Niederlassung in Krakau, der Kommerzialbank, zu eröffnen. Schreiben Ostindustrie GmbH an die Kommerzialbank Krakau vom 5.4.1943 (Abschrift), ebd., Bl. 92 (NID 9698).

336 Schobert wurde wegen seiner „Denkart“ und seiner Ehe mit einer Britin verdächtigt. Gegen eine Beförderung Schoberts hatte der NS-Betriebszellen-Obmann der Dresdner Bank Einwände erhoben. Bescheinigung des Leiters der Personal-Abteilung, Georg Butz, für Direktor Max Schobert vom 4.10.1946, HADrBk, Personalkartei.

337 Personalakte Otto Lozow, AADrBk.

338 Siehe Kap. 5.1.

339 Pilder hatte vor 1914 bei der Deutschen Orientbank in Ägypten gearbeitet und nach dem Ersten Weltkrieg die Filiale der Dresdner Bank in Bukarest, die spätere Societatea Bancara Romana, geleitet, HADrBk, Personalkartei.

entfernt.[340] Die Referate Balkan und Türkei übernahm nun Alfred Busch, ein ebenfalls parteiloses und dem Regime eher distanziert gegenüberstehendes Vorstandsmitglied. Der Gegensatz zwischen dem SS-Flügel um Rasche und Meyer und dem Auslandssekretariat unter Pilder und Busch war so groß, daß die Weitergabe geheimen Wissens zwischen beiden Fraktionen unwahrscheinlich erscheint. So gut man sich bei Rasche vorstellen kann, daß er an Informationen über die Herkunft des Opfergoldes gelangte, so schwer vorstellbar ist dies bei Pilder, Busch und anderen, für die Goldgeschäfte in die Türkei unmittelbar verantwortlichen Direktoren der Dresdner Bank.

Die nachgewiesenen Wege des von der Dresdner Bank bezogenen NS-Raubgoldes führen bis weit in die Nachkriegszeit hinein. Die Nachkriegsgeschichte demaskiert alle Schutzbehauptungen, wonach die Haltung gegenüber der Raubgoldproblematik während des Kriegs durch Unwissenheit oder die Zwänge der Kriegswirtschaft und der Kriegsdiktatur bedingt gewesen sei. Sie zeigt, daß die Dresdner Bank in dieser Frage kein Unrechtsbewußtsein hatte.[341] Auch in der Nachkriegszeit war nämlich - in Kenntnis aller von den Alliierten enthüllten Fakten und in einem demokratischen Umfeld - bei ihr kein Unrechtsbewußtsein vorhanden. Ganz deutlich zeigte sich dies bei den massiven Bemühungen, die Abführung des Münchner Golddepots an die Tripartite Gold Commission zu verhindern. Auch zwanzig Jahre nach Kriegsende hatte die Dresdner Bank keine Skrupel, einen ganz eindeutig als NS-Beutegold zu erkennenden Bestand, die Münzen des „Ankara-Goldes", zu veräußern.

Zu diesem Zeitpunkt bedurfte es keiner besonderen Kenntnisse, um zumindest zu vermuten, daß das von der Türkei seit Kriegsende verwahrte „Ankara-Gold" auch Opfergold enthalten könnte. Ein so gesehen vergleichbarer Fall war das in der Schweiz deponierte „Trinitas-Gold" der Deutschen Bank, das damals auf Veranlassung von Hermann Josef Abs nicht verkauft wurde. Ausschlaggebend für diese Entscheidung war möglicherweise dessen suspekte Herkunft.[342] Ein derartiger Gedanke lag

340 Erklärung Dr. Hans Pilder vom 16.1.1948, BArch, 99 US 7, Nr. 430, Bl. 62ff. (NID 13906). Aktenvermerk über die Sitzung vom 1.2.1943, ebd. Nr. 445, Bl. 60ff. (NID 14785).
341 Der Begriff wird hier nicht im strafprozessualen Sinne verstanden.
342 Steinberg-Bericht, S. 39f.

dem Vorstand der Dresdner Bank fern. Allerdings ist zu berücksichtigen, daß die Banken für blockiertes Auslandsvermögen Ausgleichsforderungen gegen den Bund hatten und deshalb verpflichtet waren, für wiedererlangtes Auslandsvermögen dem Bund Ausgleichsforderungen in entsprechender Höhe zurückzugeben.

Nachforschungen über die Wege des Beute- und Opfergoldes wurden von der Dresdner Bank in der Zeit nach dem Krieg nie angestellt. Als sich das amerikanische Hochkommissariat 1953 im Auftrag eines durch Konfiskation Geschädigten nach einer bestimmten Lieferung von Goldbarren erkundigte, die über die Reichsbank an die Dresdner Bank gegangen war, antwortete die Dresdner Bank ausweichend. Die Altbank wandte sich in dieser Angelegenheit an Max Schobert, der inzwischen die Rhein-Ruhr-Bank, ein Nachfolgeinstitut der Dresdner Bank, leitete. Schobert antwortete: „Die Reichsbank hat uns in den ersten Kriegsjahren Gold in geringem Umfang gegen Devisenzahlungen verkauft, das wir an die Filiale Konstantinopel weitergaben. Es handelte sich hierbei meist um gemünztes Gold ...“[343]

Wenn man sich vergegenwärtigt, daß die Dresdner Bank nur ein Jahr zuvor noch mit dem amerikanischen Hochkommissariat um die Abführung des Münchner Gold-Depots gerungen hatte, dann war diese Reaktion ausgesprochen kaltschnäuzig. Nun wurde selbst die Bezeichnung „Istanbul“ vermieden. Der Vorgang zeugt auch davon, wie sicher man sich gegenüber den Alliierten fühlte.

Schobert war kein Mitglied der NSDAP gewesen, und sein Umgang mit der Raubgoldfrage stand in keinem Zusammenhang mit der spezifischen Rolle der Dresdner Bank im „Dritten Reich“. Fehlendes Unrechtsbewußtsein, gepaart mit „Erinnerungsverweigerung“, war für die Haltung der bundesdeutschen Nachkriegsgesellschaft gegenüber dieser Problematik charakteristisch. Die Rückholung des „Ankara-Goldes“ der Dresdner Bank ist dafür ein Lehrstück. Aufgrund der Bestimmungen des im Zusammenhang mit der Währungsreform erlassenen Umstellungsgesetzes waren hier oberste Bundes- und Landesbehörden involviert. Das Auswärtige Amt hielt sich an der Herkunft dieses Bestands ebensowenig auf wie das Bundesfinanzministerium,

343 Schreiben Max Schobert an Friedrich Thomann, Dresdner Bank Berlin, vom 23.3.1953, AADrBk, Handakten Salzwedel.

die Deutsche Bundesbank und das hessische Ministerium für Wirtschaft und Verkehr als die für die Umstellungsrechnung der Dresdner Bank zuständige Bankenaufsicht.[344]

Auch Johannes Posth von der Deutschen Orientbank, der wie Schobert keineswegs Nationalsozialist gewesen war, mochte nicht einsehen, daß seine Bank mit Raubgold gehandelt hatte. Er äußerte sich dazu in einem Schreiben aus dem Jahr 1952:

„Wir haben es zwar gutgläubig gegen freie Devisen erworben, das ändert wohl nichts an der Tatsache – und das haben ja die Erfahrungen bei Verhandlungen im Ausland gezeigt –, dass von der Reichsbank abgegebenes Gold als ‚Raubgut' betrachtet wurde."[345]

Posths Argumentation zeigt zwei typische Muster. Zunächst wird deutlich, daß die Legalität von Goldabgaben durch die Reichsbank niemals in Frage gestellt wurde. Dies war die klassische Schutzbehauptung der Empfänger von NS-Raubgold. Das Zitat von Posth belegt ferner, daß der Begriff „Raubgold" nach wie vor als eine Parole der Alliierten galt (looted gold) und der Vorwurf des Raubgoldhandels als eine von außen aufgezwungene Kriminalisierung wahrgenommen wurde. Auch dabei handelte es sich um eine durchaus verbreitete Einstellung. Sie findet sich in Ansätzen selbst in der 1957 angefertigten Dokumentation des Österreichers Herbert Herzog wieder.

Die Wahrnehmung der Raubgoldproblematik als eine ungerechtfertigte Beschuldigung durch die Alliierten war natürlich nur möglich, weil es innerhalb Deutschlands und speziell innerhalb der Dresdner Bank darüber nach 1945 keine kritische Diskussion gegeben hatte.

Dieses Verhalten war nicht etwa nur für die deutschen Banken und für die frühe Bundesrepublik charakteristisch. In der Schweiz und in der Türkei wurde die Forderung der Alliierten auf Herausgabe des NS-Raubgoldes als unerbetene Einmischung von außen angesehen. Auch hier hat man sich aus eigenem Antrieb nie kritisch mit der Raubgoldproblematik auseinander-

344 Die Bankenaufsicht beim hessischen Ministerium für Wirtschaft und Verkehr wurde von der Dresdner Bank wiederholt über den Stand der Rückholaktion informiert. Schreiben der Dresdner Bank, Verlagerungsabteilung, an den Hessischen Minister für Wirtschaft und Verkehr, Bankenaufsicht, vom 27.11.1964, 27.1.1965 und 19.5.1965, HADrBk, Deutsche Orientbank, Unser Gold in Ankara und Liquidationsfragen.

345 Schreiben DOB i. L. an Dresdner Bank, Auslandssekretariat, vom 16.7. 1952, HADrBk, D.O.B., Sekretariat – Midas-Depot.

gesetzt. Und doch können die Vorgänge nicht gleichgesetzt werden, weil das Gold eben von Deutschen geraubt worden war und die Dresdner Bank aus ihrer Rolle im „Dritten Reich“ keinen Anspruch ableiten konnte, nach dem Krieg als unabhängiger Händler zu gelten.

Zusammenfassung

Zusammenfassung

Die Dresdner Bank gehörte zu dem kleinen Kreis deutscher Geschäftsbanken, die an den Goldtransaktionen während des Zweiten Weltkriegs beteiligt waren. Durch neu aufgefundene Akten und korrespondierende Archivbestände können die damaligen Goldgeschäfte der Bank und ihre Einbeziehung in den Raubgoldhandel bis in die Details belegt werden. Diese Geschäfte erstreckten sich auf den Zeitraum zwischen September 1942 und Juli 1944. Die Dresdner Bank hat damals Gold mit einer Gesamtmenge von etwa 5,762 Tonnen angekauft. Bei Kriegsende befanden sich noch etwa 0,635 Tonnen in Depots der Bank. Verglichen mit anderen deutschen Geschäftsbanken war dies eine beträchtliche Größenordnung, die nur noch von der Deutschen Bank erreicht wurde. Verglichen mit dem Gesamtumfang des deutschen Goldhandels im Zweiten Weltkrieg und dem Hauptstrom dieses Handels, den Lieferungen der Reichsbank an die Schweizerische Nationalbank, waren die Transaktionen der Dresdner Bank nicht sehr umfangreich - „moderate scale", nach dem Urteil amerikanischer Ermittler 1946.[346]

Das bezogene Gold kam zu mehr als 90 % von der Reichsbank. Ankäufe in der Schweiz, der anderen möglichen Bezugsquelle, sind nur in geringem Umfang belegt. Es muß angenommen werden, daß die Goldabgaben der Reichsbank an die Dresdner Bank weitgehend aus Raubgold bestanden. Der legal erworbene Vorkriegsbestand der Reichsbank war bei Beginn der Lieferungen im Herbst 1942 wahrscheinlich aufgebraucht.

Das Raubgold konnte aus sehr unterschiedlichen Quellen stammen. Grundsätzlich sind hier drei Kategorien zu unterscheiden: Das Beutegold aus den Zentralbanken besetzter Länder (hier handelte es sich nicht um legale Kriegsbeute), das konfiszierte Gold, das privaten Personen durch Verordnungen des Reichs entzogen worden war, und das Opfergold, das die SS überlebenden und ermordeten Opfern in den Konzentrations- und Vernichtungslagern raubt hatte. Der größte Teil des von der Dresdner Bank bezogenen Goldes war Beutegold aus besetzten Ländern, vor allem aus den Niederlanden und aus Belgien.

346 Special Gold Transactions from 1938 until 1945 (19.11.1946), NA, RG 260, Box 650.

Nachweislich bezog die Dresdner Bank von der Reichsbank auch Opfergold, das aus den Lieferungen der SS („Melmer-Gold") umgeschmolzen worden war.

Gold wurde von der Reichsbank seit 1939 nur noch zur Beschaffung von Devisen und Rohstoffen oder – in geringerem Umfang – für diplomatische und geheimdienstliche Zwecke abgegeben. Die deutsche Kriegswirtschaft war auf Rohstoffe aus dem neutralen Ausland angewiesen, die mit Devisen bezahlt werden mußten. Die benötigten Devisen waren in den neutralen Ländern, vor allem in der Schweiz, für Gold zu erhalten. Der Goldhandel Deutschlands war deshalb auf das neutrale Ausland ausgerichtet. Zum größten Teil wurde er zwischen der Reichsbank und der Schweizerischen Nationalbank sowie anderen Zentralbanken neutraler Länder getätigt. Eine Ausnahme war der Goldhandel mit der Türkei, der überwiegend über die Deutsche Bank und die Dresdner Bank lief. Beide Banken setzten das Gold in der Türkei auf dem freien Markt ab.

Der Goldhandel der Dresdner Bank während des Zweiten Weltkriegs war ganz auf die Türkei orientiert. Der Verkauf erfolgte dort über die Istanbuler Filiale, die Deutsche Orientbank (DOB). Die Deutsche Orientbank, ehemals eine der bedeutendsten deutschen Auslandsbanken, war in der Weltwirtschaftskrise mit der Dresdner Bank fusioniert worden und hatte nur noch den Status einer Filiale. Verantwortlich für den Goldhandel war die Devisenabteilung der Dresdner Bank in Berlin unter Leitung von Max Schobert.

Über den bislang wenig bekannten Goldhandel in die Türkei ergibt sich aus den Akten der Dresdner Bank ein recht genaues Bild. Weil die Türkei während des Kriegs unter einer Inflation litt, lag der Goldpreis hier erheblich höher als in Deutschland oder in der Schweiz. Die Dresdner Bank und die Deutsche Bank nutzten dies zu lukrativen Geschäften, indem sie Gold ankauften, um es zu einem sehr viel höheren Preis auf dem freien Markt in Istanbul gegen türkische Währung zu verkaufen (Goldarbitrage). Die Goldarbitragen erfolgten im Auftrag von in Ankara oder in Istanbul tätigen Diplomaten des Reichs, der mit Deutschland verbündeten Staaten und neutraler Länder. Die Dresdner Bank profitierte von den Arbitragen durch Provisionen.

Das Gold für die Arbitragegeschäfte war zunächst in der Schweiz gekauft worden. Als die Schweiz 1942 die Goldausfuhr von Geschäftsbanken durch Handelskontrollen praktisch stoppte, sprang die Reichsbank ein. Während der Diplomaten-Goldhandel anfangs ausschließlich über die Deutsche Bank getätigt wurde, konnte nun auch die Dresdner Bank von der Reichsbank Gold für Arbitragegeschäfte in der Türkei beziehen. Der Handel endete abrupt, als die Türkei am 2.8.1944 die diplomatischen Beziehungen zu den Achsenmächten abbrach.

Die von der Dresdner Bank durchgeführten Goldarbitragen liefen so ab, daß die Istanbuler Filiale, die DOB, von den Diplomaten Devisen auf Konten in der Schweiz oder in Deutschland zur Verfügung gestellt bekam. Die Dresdner Bank kaufte mit diesen Devisen über ein Konto beim Schweizerischen Bankverein von der Reichsbank Gold. Das Gold wurde abgegeben, sobald das Goldsichtkonto der DOB bei der Reichsbank einen bestimmten Stand erreicht hatte. Aus devisenrechtlichen Gründen mußte es als Eigentum der Auftraggeber in die Türkei eingeführt werden, wo die Dresdner Bank das Gold von den Diplomaten gegen türkische Währung zurückkaufte, um es dann auf dem freien Markt abzusetzen.

Sofern es sich um Münzen handelte, wurde das Gold direkt nach Istanbul geschickt. Barrengold wurde vorher bei der Degussa in handliche 0,5-kg- und 1,0-kg-Barren umgeschmolzen. Die Lieferungen in die Türkei erfolgten zunächst per Postpaket. Seit dem Frühjahr 1943 gingen die Transporte dann ab Wien mit dem Luftkurierdienst des Auswärtigen Amts nach Istanbul.

Das Reich profitierte von den Goldgeschäften der Dresdner Bank in der Türkei durch relativ hohe Devisenerlöse. So gesehen hatte deren Goldhandel eine gewisse kriegswirtschaftliche Funktion. Die Dresdner Bank bezahlte der Reichsbank das abgegebene Gold in Schweizer Franken, der damals international begehrtesten Währung. Der Preis orientierte sich am Züricher Freiverkehrskurs. Dagegen konnte die Reichsbank bei Goldverkäufen in die Schweiz nur den amtlichen Preis erzielen. Im Laufe des Jahres 1943 wurde das Geschäft mit der Dresdner Bank für die Reichsbank zunehmend lukrativer, weil der Marktpreis für Gold durch die kriegsbedingte Nachfrage anstieg. Im Oktober 1943 zahlte die Dresdner Bank der Reichsbank für 1 kgf Barrengold 6 500 SFr. Der Preis, den die Schweizerische Nationalbank zahlte, lag bei 4 980 SFr pro kgf.

Die Goldarbitragen waren aber keineswegs nur für die Reichsbank ein gutes Geschäft. Die Dresdner Bank und die Auftraggeber profitierten davon noch stärker als die Reichsbank. Die Dresdner Bank konnte sich Ankäufe zu Schweizer Marktpreisen leisten, weil sie das Gold in Istanbul zu noch weitaus höheren Preisen verkaufte. In der Türkei lag der Preis für 1 kgf Barrengold zu dieser Zeit nach dem offiziellen Umrechnungskurs zwischen 13 000 und 19 000 SFr. Entsprechend hoch waren die von der Dresdner Bank erzielten Provisionen und die Gewinne der Auftraggeber.

Die Initiative ging bei diesem Handel denn auch nicht von der Reichsbank, sondern von den beteiligten Geschäftsbanken aus. Entscheidend war hier letztlich nicht das kriegswirtschaftliche Interesse des Reichs, sondern das marktorientierte Gewinnstreben der Banken und der Auftraggeber. Daran wird deutlich, daß die aus Deutschland während des Zweiten Weltkriegs getätigten Goldtransaktionen keineswegs ausschließlich der Devisen- und Rohstoffbeschaffung für das Reich dienten.

Anders als häufig vermutet wurde, standen die Goldgeschäfte der Dresdner Bank und der Deutschen Bank in keinem direkten Zusammenhang mit den Chromerzlieferungen der Türkei an das Reich, von denen die deutsche Rüstungsindustrie abhängig war. Die Legende vom Gold-Chromerz-Handel hat sich bis in die neuere Literatur hinein tradiert. Tatsächlich erhielt die Türkei von Deutschland für das Chromerz nicht Gold, sondern Waffen.

Die Auftraggeber der Goldarbitragen, die damals in der Türkei tätigen Diplomaten, waren häufig getarnte Geheimagenten. Ein Zusammenhang mit den Aktivitäten der deutschen Geheimdienste bestand aber allenfalls indirekt. Anders als es der letzte Eizenstat-Bericht behauptet, wurden die deutschen Diplomaten und Geheimdienste in der Türkei nicht über den Goldhandel der Dresdner Bank und der Deutschen Bank finanziert, sondern von den zuständigen Stellen in Berlin. Die Diplomaten betrieben die Goldarbitragegeschäfte, um sich lukrative Nebeneinnahmen zu sichern. Ihre Gewinne wurden für den privaten Bedarf verwendet oder in Gold angelegt.

Die Gewinne der Dresdner Bank aus dem Goldgeschäft wurden von der Istanbuler Filiale der Dresdner Bank für das Jahr 1942 mit 15 000 Türkischen Pfund (Ltq) angegeben, für das Jahr 1943 mit 615 000 Ltq. Nach dem offiziellen Wechselkurs umgerechnet, beliefen sich die Gewinne auf insgesamt 1,247 Mio. RM oder 2,079 Mio. SFr. Möglicherweise waren in diesen Angaben noch andere Einnahmen der Istanbuler Filiale enthalten. Der Gewinn, den die Dresdner Bank mit den Goldgeschäften in Istanbul erzielte, wurde wiederum in Gold angelegt. Dieses Gold befand sich in einem Depot bei der Länderbank Wien, das 1944 den Höchststand von 380,6931 kgf erreichte. Daraus ergibt sich ein damaliger Wert von rund 2,4 Mio. SFr.

Das von der Dresdner Bank auf dem freien Markt in Istanbul abgesetzte (Raub-)Gold ging zum größten Teil an private Haushalte, die Gold kauften, um ihre Ersparnisse vor der türkischen Inflation zu retten. Im Orient war es zudem traditionell üblich, Vermögen in Gold anzulegen. Diese Gewohnheit hatte sich besonders in der ländlichen Türkei gehalten. Große Goldlieferungen nach Anatolien sind für die damalige Zeit belegt. Zu den Käufern auf dem freien Markt in Istanbul gehörten auch die Diplomaten der Achsenmächte sowie Schmuggler, die bestimmte Sorten von Goldmünzen mit hohen Gewinnen auf dem Balkan bis nach Ungarn absetzten. Von der Dresdner Bank und der Deutschen Bank wurden während des Kriegs insgesamt annähernd 10 Tonnen Gold in der Türkei abgesetzt.

Die Türkische Zentralbank war an den damaligen Goldgeschäften der Dresdner Bank in Istanbul nicht beteiligt, weil die Dresdner Bank kein wirtschaftliches Interesse haben konnte, Gold an sie zu verkaufen. Die Zentralbank kaufte zum offiziellen Preis von 1400 Ltq pro kgf an, während der Preis auf dem freien Markt zwischen 4000 und 6000 Ltq pro kgf lag. Das von den deutschen Geschäftsbanken in die Türkei gelieferte Raubgold wurde deshalb ausschließlich auf dem freien Markt abgesetzt. Skrupel, vermutliches Raubgold aus Deutschland zu erwerben, dürften bei der Türkischen Zentralbank nicht bestanden haben. Privat kaufte der stellvertretende Generaldirektor der Zentralbank noch im Sommer 1944 bei der Dresdner Bank Gold. In der Nachkriegszeit erwarb die Zentralbank von der Dresdner Bank einen größeren Bestand suspekten Goldes, das bei Kriegsende blockiert worden war und möglicherweise auch Opfergold enthielt.

Das von der Dresdner Bank in den Jahren 1942–1944 bezogene Gold bestand zu ca. 60 % aus Münzen. Die Goldmünzen hatten eine Gesamtmenge von rund 3544 kgf. Davon entfielen nur rund 296 kgf auf Ankäufe, die nachweislich in der Schweiz getätigt worden waren. Es handelte sich fast ausschließlich um holländische, belgische und französische Münzsorten sowie um Goldmünzen der früheren Lateinischen Münzunion. Die von der Reichsbank angekauften Goldmünzen (3 248 kgf) müssen deshalb weitgehend dem Beutegold und wohl auch dem konfiszierten Gold zugeordnet werden, das in den besetzten Ländern entwendet worden war. Verglichen mit der Deutschen Bank, handelte die Dresdner Bank in stärkerem Maße mit gemünztem Gold. Möglicherweise ist dies dadurch zu erklären, daß Goldtransaktionen der Deutschen Bank auch noch nach dem Herbst 1942 über die Schweiz gingen, die dem Handel mit Goldmünzen aus Deutschland reserviert gegenüberstand.

Das von der Dresdner Bank angekaufte Barrengold hatte eine Gesamtmenge von 2 218 kgf. Diese Menge ist fast identisch mit der des nachweislich von der Reichsbank bezogenen Barrengoldes (2 136 kgf). Anhand der erhaltenen Verfilmungen von Barrenbüchern der Reichsbank lassen sich Lieferungen mit belgischem Raubgold (560 kgf) und mit möglicherweise konfisziertem Gold aus den besetzten westeuropäischen Ländern (ca. rund 240 kgf) belegen. Da den Eintragungen keine Bezüge aus Vorkriegsbeständen der Reichsbank zu entnehmen sind, kann für die meisten abgegebenen Barren eine ähnliche Herkunft angenommen werden.

Das bezogene SS-Raubgold (Opfergold) ist als solches durch Eintragungen im Buch „verschiedene Goldbarren“ der Reichsbank identifizierbar. Es handelte sich um Goldbarren, die reichsbankintern mit der Angabe „Melmer“ geführt wurden und als deren Abnehmer die Dresdner Bank verzeichnet ist. Durch diese Quelle kann eindeutig nachgewiesen werden, daß die Dresdner Bank 24 Barren Opfergold mit einem Feingewicht von insgesamt rund 274 kg bezogen hat. Möglicherweise hatten auch fünf weitere, an die Dresdner Bank abgegebene Goldbarren mit einem Feingewicht von insgesamt rund 52 kg eine Herkunft aus Melmer-Beständen. Die Gesamtmenge würde sich dann auf 326 kgf erhöhen. Der Anteil des Opfergoldes an der von der Dresdner Bank in den Jahren 1942–1944 bezogenen Goldmenge liegt somit zwischen mindestens 4,8 % und höchstens 5,6 %. Wenn man nur das Barrengold berücksichtigt, ergeben sich entsprechende Anteile von mindestens 12,3 % und höchstens 14,6 %.

Die von der Reichsbank an die Dresdner Bank verkauften Goldbarren mit der reichsbankinternen Angabe Melmer waren zumeist hochwertige Barren mit einem Feingehalt von 999,9 oder 1 000 und einem Feingewicht von rund 12,5 kg, was einem im Goldhandel der Zentralbanken gängigen Standard entsprach. Insgesamt wies dieses Gold keine besonderen äußeren Merkmale auf. Das „Melmer-Gold“ war vor der Verwertung durch die Reichsbank umgeschmolzen und geschieden worden. Die Barren mit Angabe Melmer hatten deshalb nicht mehr die physische Substanz des von SS-Hauptsturmführer Bruno Melmer an die Reichsbank gelieferten Opfergoldes. Durch die Umschmelzung können sie nicht mehr einzelnen Personen als Eigentum zugeordnet werden. Da eine entsprechende Goldmenge aber Opfern oder Erben ermordeter Opfer zustand, waren auch die Barren mit Angabe Melmer Opfergold.

Auf die Dresdner Bank entfiel - ebenso wie auf die Deutsche Bank - ein überproportional hoher Anteil des von der Reichsbank abgegebenen Goldes aus dem Melmer-Bestand. Die Dresdner Bank erhielt mindestens 10,6 %, höchstens aber 12,6 %, dieses Bestands, während ihr Anteil an der Gesamtmenge aller Goldabgaben der Reichsbank nur bei 1 % lag. Sie war nach der Deutschen Bank der größte Abnehmer von Barren mit der reichsbankinternen Angabe Melmer. Beide Banken erhielten Opfergold, das der Menge nach insgesamt etwa 40 % des Melmer-Bestands entsprach. Zu erklären ist dies wohl durch die Struktur des Reichsbank-Edelmetallgeschäfts. Die großen Lieferungen der Reichsbank, vor allem an die Schweizerische Nationalbank, wurden mit einheitlichen Barrentypen (900er Goldbarren, Standard-Goldbarren u. a.) bestritten. Für die relativ kleinen Lieferungen an die Geschäftsbanken wurden häufig Barren der Kategorie „verschiedene Goldbarren“ abgegeben. Dabei könnte auch eine Rolle gespielt haben, daß die Geschäftsbanken - anders als die belieferten Zentralbanken - die Barren bei der Degussa umschmelzen ließen. Die Barren mit Angabe Melmer wurden aber ausschließlich in der Kategorie „verschiedene Goldbarren“ geführt. Hinzu kam eine zeitliche Koinzidenz. Die Goldabgaben an die Dresdner Bank begannen im September 1942, wenige Wochen nach der ersten Lieferung Melmers an die Reichsbank.

Die Menge des gehandelten Opfergoldes lag bei der Dresdner Bank signifikant niedriger als bei der Deutschen Bank, obwohl der gesamte Goldhandel beider Banken während des Kriegs eine ähnliche Größenordnung hatte. Diese Diskrepanz ergab sich zum Teil aus der unterschiedlichen Zusammensetzung der jeweils bezogenen Goldmengen. Bei der Dresdner Bank war der Anteil der Goldmünzen erheblich höher als bei der Deutschen Bank. Lieferungen mit Angabe Melmer sind aber nur für Barrengold belegt. Doch auch in Relation zu dem jeweils bei der Reichsbank gekauften Barrengold lag der Anteil des Goldes mit einer Herkunft aus Melmer-Beständen bei der Deutschen Bank erheblich höher als bei der Dresdner Bank. An diesem Befund wird deutlich, wie stark der damalige Goldhandel eigenständigen Faktoren unterlag. Auf die Menge des bezogenen Opfergoldes hatte es keinen Einfluß, daß die Dresdner Bank mit der SS enger vernetzt war als die Deutsche Bank.

Es kann kein Zweifel daran bestehen, daß die Dresdner Bank wissentlich mit Beutegold aus den von Deutschland besetzten Ländern gehandelt hat. Die Methoden, mit denen das Reich sich Beutegold und konfisziertes Gold beschafft hatte, waren kein Geheimnis. Der Dresdner Bank, die eng mit dem deutschen Besatzungsregime im westlichen wie im östlichen Teil Europas zusammenarbeitete, waren die Vorgänge nur allzu gut bekannt. Bei einem großen Teil des Beutegoldes konnte auch die Herkunft der einzelnen Lieferungen nicht verheimlicht werden. Die holländischen, belgischen und französischen Goldmünzen, von denen die Dresdner Bank insgesamt mehr als 3 Tonnen absetzte, konnten in derartigen Mengen nicht aus Vorkriegsbeständen der Reichsbank stammen. Bei der Verwertung dieses Goldes hatte die Dresdner Bank keinerlei Skrupel, weil ihr das Unrechtsbewußtsein fehlte. Sie hätte auf die Beteiligung an den kriegswirtschaftlich kaum bedeutsamen Raubgoldtransaktionen in die Türkei jederzeit verzichten können, ohne ernsthafte Sanktionen befürchten zu müssen.

Im Unterschied zu dem aus Währungsreserven besetzter Länder erbeuteten Gold und dem konfiszierten Gold war beim Opfergold die Herkunft geheim. Daß die Dresdner Bank oder einzelne Vorstandsmitglieder dieses Geheimnis kannten, läßt sich durch die ausgewerteten Quellen nicht belegen. Ein entlastender Beweis ist aus den Unterlagen ebensowenig zu erbringen. Der damalige Vorstand wird sich zu dieser Frage wohl auch kaum schriftlich geäußert haben. Augenscheinlich identifizierbar waren die bezogenen Opfergold-Barren nicht, da sie keine besonderen Merkmale aufwiesen.

Angesichts der Verflechtungen zwischen der Dresdner Bank und wichtigen Schaltstellen des NS-Regimes einschließlich der SS ist eine Vielzahl von Kanälen denkbar, über die entsprechende Informationen geflossen sein könnten. Neben den guten Beziehungen des Aufsichtsratsvorsitzenden Carl Goetz zu Reichsbankvizepräsident Emil Puhl gilt dies besonders für die Kontakte der beiden SS-Mitglieder im Vorstand der Bank, Emil Meyer und Karl Rasche. Es ist aber auch zu berücksichtigen, daß innerhalb des Vorstandes ein ausgesprochenes Spannungsverhältnis zwischen dem SS-Flügel und dem Auslandssekretariat um die parteilosen Mitglieder Hans Pilder und Alfred Busch bestand. In der für den Goldhandel zuständigen Devisenabteilung hatten Rasche und Meyer keinen unmittelbaren Einfluß.

Der größte Teil des Beutegoldes wie des Opfergoldes wurde eindeutig in der Türkei abgesetzt. Von der Dresdner Bank bezogenes Raubgold ging aber auch in Depots der Bank, vor allem in das Gewinn-Depot bei der Länderbank Wien. Das Wiener Depot wurde zwischen August und Dezember 1943 aufgestockt. In diesem Zeitraum kaufte die Dresdner Bank eine Reihe von Barren, die reichsbankintern mit der Angabe Melmer geführt worden waren. Da die Barrenlieferungen in den genannten Monaten etwa im gleichen Umfang nach Istanbul und nach Wien gingen und anschließend abbrachen, muß davon ausgegangen werden, daß in das Wiener Depot auch Barren aus Opfergoldbeständen gelangten.

Das Depot in Wien hatte die Dresdner Bank angelegt, um die Gewinne aus dem Goldgeschäft in Istanbul vor der türkischen Inflation zu retten und sich gegenüber dem Risiko einer offenen Parteinahme der Türkei für die Alliierten abzusichern. Nach dem Krieg zeigte sich, daß die Dresdner Bank mit dieser Standortentscheidung weniger erfolgreich war als die Deutsche Bank, die ihr Gold während des Kriegs schon frühzeitig in der Schweiz deponiert hatte. Beide Standorte ergaben sich freilich auch aus der Route der jeweiligen Goldtransaktionen, die bei der Dresdner Bank, anders als bei der Deutschen Bank, nicht über die Schweiz gingen.

Im Frühjahr 1944 hatte die Dresdner Bank noch versucht, einen großen Teil der in Gold angelegten Gewinne von Wien in die Schweiz zu transferieren. Dafür war es aber zu spät. Die Dresdner Bank erhielt keine Genehmigung zur Einfuhr des Goldes in die Schweiz. Sie versuchte nun, das Gold in SFr zu konvertieren und den Gegenwert in der Schweiz anzulegen. Zu diesem Zweck ging eine erste Lieferung mit 100 kg Barrengold aus dem Wiener Depot am 19.7.1944 nach Istanbul. Wenige Tage nach Ankunft des Transports in Istanbul brach die Türkei die diplomatischen Beziehungen zu den Achsenmächten ab. Das Barrengold wurde zusammen mit einem größeren Bestand Goldmünzen von der Schweizer Gesandtschaft in Ankara als Schutzmachtvertretung übernommen und nach Kriegsende den türkischen Behörden übergeben.

Das im Wiener Depot verbliebene Gold wurde im Herbst 1944 nach München geschickt und bei der dortigen Filiale der Dresdner Bank deponiert. Nach Kriegsende mußte der Bestand bei der amerikanischen Militärregierung angemeldet werden. Die amerikanischen Dienststellen wandten auf das Depot die Bestimmungen des Pariser Reparationsabkommens an. Gegen heftige Proteste der Dresdner Bank wurde das Gold im Herbst 1951 abgeführt und zugunsten der Tripartite Gold Commission an die Federal Reserve Bank of New York geschickt. An die TGC gingen rund 280 kgf Barrengold. Das waren mehr als 70 % des ursprünglich angelegten Gewinns.

Während das in Deutschland bei Kriegsende verbliebene Gold der Dresdner Bank von den Siegermächten vollständig eingezogen wurde, blieb der in der Türkei blockierte Bestand dem Zugriff der Alliierten entzogen. Dieses Gold befand sich bis Anfang der sechziger Jahre unter Verwahrung der Türkischen Zentralbank in Ankara. Mit dem Gesetz Nr. 7326 gab die Türkei 1959 das blockierte deutsche Auslandsvermögen frei. Die Regierung in Ankara hatte dabei keine andere Wahl. Die Türkei befand sich schon seit längerem in einer schweren Wirtschafts- und Finanzkrise, die Auslandsverschuldung war dramatisch angestiegen. Nachdem sich die USA geweigert hatten, weitere Kredite zu gewähren, hing die Zahlungsfähigkeit der Türkei wesentlich von der Haltung der Bundesrepublik ab. Am 22.6.1960 wurde das in Ankara liegende Gold der Dresdner Bank freigegeben. Dabei handelte es sich um 100 kg Barrengold und 20 000 Goldmünzen. Bei den Goldmünzen war die Herkunft aus Beutegoldbeständen eindeutig. Eine später von der

Dresdner Bank erstellte Liste führte mehr als 11 000 belgische und mehr als 5 000 französische Münzen auf. Die Barren waren aus dem Depot bei der Länderbank Wien in die Türkei gelangt. Daher war es gut möglich, daß sich darunter auch Gold mit Herkunft aus Opfergoldbeständen befand.

Durch die Bestimmungen des im Zusammenhang mit der Währungsreform erlassenen Umstellungsgesetzes war das von der Türkei freigegebene Gold der Dresdner Bank wirtschaftlich als Bundesvermögen anzusehen. Die Dresdner Bank hatte Ausgleichsforderungen gegen die öffentliche Hand, weil sie durch die Folgen der Währungsreform und kriegsbedingter Verluste zunächst überschuldet war. Mit dieser Regelung wurden die entfallenen Schuldtitel gegen das Reich kompensiert. Zu den kriegsbedingten Verlusten zählte auch das in der Türkei blockierte Gold. Gelangte das Gold an die Dresdner Bank zurück, dann mußte diese dem Bund Ausgleichsforderungen in entsprechender Höhe zurückgeben.

Die Bemühungen der Dresdner Bank, eine Ausfuhrgenehmigung für das in der Türkei freigegebene Gold zu erhalten, blieben über Jahre hinweg ohne Erfolg. Der Vorstand betrieb daraufhin eine abenteuerliche Rückholaktion. Durchgeführt wurde diese Aktion vom Auswärtigen Amt und der Botschaft der Bundesrepublik in Ankara, die dabei im finanziellen Interesse des Bundes handelten. Botschafter Gebhardt von Walther erklärte sich im April 1964 bereit, das Gold per Kurier des Auswärtigen Amts aus der Türkei herauszuholen. Auf Vorschlag des Botschafters umfaßte die Rückholaktion für die Dresdner Bank dann nur die Goldmünzen, nicht aber die Goldbarren aus dem Ankara-Bestand. Die 100 kg Barrengold wurden von der deutschen Botschaft im Auftrag der Dresdner Bank in mehreren Raten an die Türkische Zentralbank verkauft. Weder die Botschaft noch die Türkische Zentralbank hatten bei diesem Handel Bedenken. Die Goldmünzen wurden unter Umgehung der türkischen Behörden mit dem Kurierdienst des Auswärtigen Amts zunächst in fünf Sendungen auf dem Landweg nach Bonn befördert. Die letzten zwölf Säcke wurden am 29.5.1965 unter Ausnutzung der NATO-Sonderrechte mit einer Bundeswehrmaschine ausgeflogen.

Die Dresdner Bank schickte die zurückgeholten Goldmünzen umgehend zum Verkauf nach Zürich. Für das „Ankara-Gold“

erzielte sie einen Erlös von ingesamt rund 1,090 Mio. DM. Nutznießer dieser Transaktion war vor allem der Bund, da der Erlös in der Umstellungsrechnung aktiviert wurde und sich die Ausgleichsforderungen der Dresdner Bank gegen die öffentliche Hand entsprechend ermäßigten.

Ebenso wie die Auseinandersetzung um die Abführung des Münchner Depots an die Tripartite Gold Commission zeigen die Rückholung und Verwertung des „Ankara-Goldes" anschaulich, wie die Dresdner Bank, aber auch andere bedeutende Institutionen der Nachkriegsgesellschaft in der Bundesrepublik mit der Raubgoldfrage umgingen. In Kenntnis aller von den Alliierten über das Opfergold und das Beutegold enthüllten Fakten lehnte es die Dresdner Bank lange Zeit ab, ihren Handel mit Raubgold als unrechtmäßig anzusehen. Darauf gründete sich in den frühen fünfziger Jahren ihr Protest gegen die Maßnahmen der Alliierten und ihr Ringen um das suspekte Gold des Münchner Depots. Der Vorwurf des Raubgoldhandels wurde als eine letztlich im Besatzungsrecht wurzelnde Kriminalisierung abgetan. Die Frage nach der Herkunft des Goldes wurde auch Mitte der sechziger Jahre im Fall des Ankara-Bestandes nicht gestellt. Nach wie vor wurde die Raubgoldproblematik ignoriert.

Der Vorgang war keineswegs Ausdruck einer spezifischen moralischen Unempfindlichkeit der Dresdner Bank, er ist eher symptomatisch für den Zeitgeist in der damaligen Bundesrepublik. Das Auswärtige Amt und die deutsche Botschaft in der Türkei halfen bei der Rückholung und auch bei der Verwertung des „Ankara-Goldes" tatkräftig mit, die Bundesrepublik war wirtschaftlich sogar der eigentliche Nutznießer dieses Vorgangs, das Bundesfinanzministerium und die hessische Landesregierung waren an der finanziellen Abwicklung beteiligt, die Deutsche Bundesbank übernahm das nicht minder suspekte Gold der deutschen Botschaft in Ankara, und in der Presse war die Freigabe des von der Türkei verwahrten Goldes schon Jahre zuvor mit Nachdruck gefordert worden.

Abstract

Abstract

The Dresdner Bank belonged to the small circle of German commercial banks participating in the gold transactions during the Second World War. By investigating newly found files and corresponding papers and documents from archives the bank's gold transactions of the day and its involvement in the trade with the looted gold can be clearly proved. These transactions were carried out during the period between September 1942 and July 1944. At the time the Dresdner Bank bought a total quantity of approximately 5.762 tons of gold. At the end of the war approximately 0.635 tons were still in the possession of the bank. In comparison to other commercial banks this was of a considerable magnitude that was only matched by the Deutsche Bank. In comparison to the total volume of the German gold trading during the Second World War and the mainstream of this trade – the deliveries of the Reichsbank to the Swiss National Bank – the transactions of the Dresdner Bank were not very extensive – „moderate scale" according to the opinion of American investigators in 1946.

More than 90% of the purchased gold came from the Reichsbank. Purchases in Switzerland, the other possible supply source, can only be proved to a minor extent. It has to be assumed that the gold supplied by the Reichsbank was to a very large extent looted gold. In autumn 1942 inventories of the Reichsbank legally obtained before the war had presumably been used up.

The stolen gold could have originated from very different sources. The gold looted from the central banks of occupied countries (these were not legal spoils of the war), the confiscated gold that was taken away from private people by ordinances of the Reich and the victims gold that the SS looted from surviving and murdered victims in the concentration and extermination camps. The largest part of the gold acquired by the Dresdner Bank was gold looted in the occupied countries, predominantly from the Netherlands and Belgium. As can be proved the Dresdner Bank also obtained victims gold from the Reichsbank that had been remelted from the deliveries of the SS („Melmer Gold").

Since 1939 gold had been supplied by the Reichsbank practically only for the purpose of procuring foreign exchange and raw materials or – to a lesser extent for the purposes of diplomacy and the secret service. The German wartime economy depended on raw materials from neutral foreign countries and the largest part of them could only be obtained against foreign currencies. These required currencies could be obtained in the neutral countries, predominantly Switzerland, for gold. Therefore Germany's gold trade was predominantly targeted to neutral foreign countries. The largest part of it was handled between the Reichsbank and the Swiss National Bank as well as other central banks of neutral countries. The gold trade with Turkey was an exception and it was mainly effected via the Deutsche Bank and the Dresdner Bank. Both banks sold the gold in Turkey on the free market.

During the Second World War the Dresdner Bank's gold trade was completely orientated towards Turkey. There the sale was handled via the Istanbul branch. This branch carried the designation Deutsche Orientbank (DOB). During the Great Depression the Deutsche Orientbank, once one of the most important German banks abroad, had been merged with the Dresdner Bank. Since then DOB had only enjoyed the status of a branch of the Dresdner Bank. On the part of the Dresdner Bank the manager of its foreign exchange division, Max Schobert, was responsible for the gold trade.

The files of the Dresdner Bank provide a rather precise picture of the so-far not well known gold transactions into Turkey. Because Turkey suffered from inflation during the war, the gold price there was very much higher than in Germany or in Switzerland. The Dresdner Bank and the Deutsche Bank used this situation for lucrative business by first of all buying gold in Switzerland and then, however, mainly from the Reichsbank in order to sell it at a very much higher price on the free market in Istanbul against Turkish currency (gold arbitrage).The gold arbitrages were carried out on behalf of diplomats of the Reich working in Ankara or Istanbul, the states allied with Germany and neutral countries. The Dresdner Bank profited from these arbitrages by commissions.

The gold for the arbitrage transactions had at first been bought in Switzerland. When Switzerland in 1942 practically stopped the commercial banks' export of gold by means of trade controls, the Reichsbank stepped in. Whilst the gold trade by diplomats at the beginning was exclusively handled by the Deutsche Bank, now the Dresdner Bank was also able to acquire gold from the Reichsbank for the arbitrage business in Turkey. The trade was stopped abruptly when Turkey broke off diplomatic relations with the Axis Powers on 2.8.1944.

The Dresdner Bank's gold arbitrage transactions were so conducted that the Istanbul branch of Dresdner Bank, DOB, had foreign exchange made available on accounts in Switzerland or in Germany by foreign diplomats. With these foreign currencies the Dresdner Bank bought gold from the Reichsbank via an account at the Schweizerischer Bankverein. The gold was delivered as soon as DOB's current gold account at the Reichsbank had reached a certain amount. For reasons of exchange control it had to be imported into Turkey as the property of the principals where the Dresdner Bank bought the gold back from the diplomats against Turkish currency in order to sell it on the free market.

As far as coins were concerned the gold was sent directly to Istanbul. Gold bars were first of all melted down at Degussa into bars of 0.5 kg and 1.0 kg. To begin with, the deliveries were made by parcel post. From spring 1943 the transports were then effected from Vienna to Istanbul with the air courier service of the Foreign Office.

The Reich profited from the gold business of the Dresdner Bank in Turkey by comparatively high proceeds of foreign exchange. From this viewpoint the gold trade had a certain wartime economy-related significance. For the delivered gold the Dresdner Bank paid the Reichsbank in Swiss Francs (SFr), at the time the internationally most sought-after currency. The price was orientated towards the off-board trading rate of exchange in Zurich. On the other hand the Reichsbank was only able to obtain the official price when selling gold to Switzerland. In the course of 1943 the business with the Dresdner Bank became more and more lucrative for the Reichsbank because the market price for gold rose on account of the demand created by the war. In October 1943 the Dresdner Bank paid the Reichsbank 6,500 SFr for 1 kgf of gold bars. The price paid by the Swiss National Bank was about 4,980 SFr per kgf.

The gold arbitrages, however, were by no means only good business for the Reichsbank. The Dresdner Bank and the principals profited from it even more than the Reichsbank. The Dresdner Bank could afford to buy at Swiss market prices because it sold the gold at even much higher prices in Istanbul. In those days the price for 1 kgf gold bars was between SFr 13,000 and 19,000 according to the official exchange rate. The commissions earned by the Dresdner Bank and the profits of the principals were correspondingly high.

Therefore the initiative for this trade did not come from the Reichsbank but from the participating commercial banks. Here in the end the wartime economy-related interest of the Reich was not the decisive factor but the market-orientated quest for profits of the banks and the principals. This makes it clear that the gold transactions carried out from Germany during the Second World War did by no means only just serve the procurement of foreign currencies and raw materials for the Reich.

In contrast to frequent assumptions, the gold transactions of the Dresdner Bank and the Deutsche Bank were not at all directly connected with Turkey's supplies of chrome ore to the Reich, upon which the German armaments industry depended. The story of the gold-chrome-ore deal has continued right into more recent literature. As a matter of fact, Turkey received arms and not gold for the chrome ore.

The principals of the gold arbitrages, the diplomats then active in Turkey, were often camouflaged secret service agents. If, at all, there was, however, an indirect connection with the activities of the German secret services. In contrast to what is maintained in the last Eizenstat Report the German diplomats and secret services in Turkey were not financed by the gold trade of the Dresdner Bank and the Deutsche Bank but by the responsible authorities in Berlin. For this purpose the Reich's Foreign Secretary Ribbentrop even sent gold from his own stock to Ankara. The diplomats ran the gold arbitrage transactions in order to safeguard lucrative extra income. Their profits were used for private purposes or invested in gold.

The Istanbul branch of the Dresdner Bank mentioned that the profits from the gold business for the year 1942 amounted to 15,000 Turkish Pounds (Ltq), for the year 1943 to 615,000 Ltq. Converted at the official exchange rate the above profits amounted to a total of 1.247 million RM or 2.079 million SFr. These statements possibly contained some other income of the Istanbul branch. The profit the Dresdner Bank earned with the gold business in Istanbul was again invested in gold. This gold was stored at the Länderbank Vienna. The quantity of gold available there reached its highest level of 380,6931 kgf in 1944. This amounts to the value at that time of approximately 2.4 million SFr.

The largest part of the (looted) gold sold by the Dresdner Bank on the free market in Istanbul went to private households who bought gold in order to rescue their savings from the Turkish inflation. In addition, in the Orient it was a traditional custom to invest assets in gold. This habit had survived particularly in rural Turkey. Large deliveries of gold to Anatolia are documented for these days. Diplomats of the Axis Powers as well as smugglers were also part of the buyers in the free market in Istanbul who sold certain types of gold coins with high profits on the Balkans right up to Hungary. During the war a total of approximately 10 tons of gold were sold by the Dresdner Bank and the Deutsche Bank in Turkey.

The Turkish Central Bank did not participate in the gold transactions of the Dresdner Bank in these days because the Dresdner Bank could not have any economic interest in selling gold to the Turkish Central Bank. The Central Bank bought at the official price of 1,400 Ltq per kgf whilst the price on the free market was between 4,000 and 6,000 Ltq per kgf. Therefore the looted gold supplied by German commercial banks to Turkey was distributed only on the free market. However, any scruples to acquire presumed looted gold from Germany would have hardly existed on the part of the Central Bank. Privately the Deputy Chief Executive of the Central Bank still bought some gold from the Dresdner Bank in summer 1944. During the post-war period the Central Bank then bought a major stock of suspicious gold that had at first been blocked at the end of the war. This gold possibly also contained victims gold.

Approximately 60% of the gold purchased by the Dresdner Bank during the years 1942–1944 consisted of coins. The gold coins represented a total quantity of approximately 3,544 kgf. Of these only approximately 296 kgf were attributable to purchases demonstrably made in Switzerland. They were almost exclusively

Dutch, Belgian and French types of coins as well as gold coins of the former Latin Coin Union. The gold coins bought from the Reichsbank (3,248 kgf) must therefore be classified to a large extent as looted gold as well as confiscated gold that was stolen in the countries occupied by Germany. In comparison to the Deutsche Bank the Dresdner Bank traded to a larger extent in minted gold. This may possibly be explained by the fact that after the autumn of 1942 the Deutsche Bank's gold transactions were still handled via Switzerland maintaining a reserved attitude towards the trade with gold coins from Germany.

The gold bars bought by the Dresdner Bank amounted to a total quantity of 2,218 kgf. This quantity is almost identical with the gold bars (2,136 kgf) demonstrably bought from the Reichsbank. On the basis of preserved filmed copies of the Reichsbank's bar books the deliveries of looted Belgian gold (560 kgf) and of probably confiscated gold from the occupied western European countries (approx. 240 kgf) can be proved. Since the entries do not provide any references to pre-war inventories of the the Reichsbank, a similar origin may be assumed for most of the supplied bars.

The purchased looted SS gold (victims gold) as such can be identified by entries in the book „Various Gold Bars“ of the Reichsbank. These were gold bars carried within the Reichsbank's internal documentation under the specification „Melmer“ and the Dresdner Bank is recorded as their purchaser. This source proves beyond any doubt that the Dresdner Bank obtained 24 bars of victims gold with a weight of fine gold of altogether 274 kg. Potentially five additional gold bars supplied to the Dresdner Bank with a weight of fine gold of approx. 52 kg also originated from the Melmer stock. Then the total quantity would increase to 326 kgf. The proportion of victims gold in the quantity of gold purchased by the Dresdner Bank during the years 1942–1944 therefore is in between a minimum of 4.8 % and a maximum of 5.8 %. If only the gold bars are taken into consideration, relevant proportions of a minimum of 12.3 % and a maximum of 14.6 % are the result.

The gold bars with the the Reichsbank-internal specification Melmer sold by the Reichsbank to the Dresdner Bank were mostly high-quality bars with a fineness of 999.9 or 1 000 and a fine weight of approx. 12.5 kg in accordance with the standard customary between central banks. The gold as such did not show any specific outside characteristics. Prior to its realisation by the Reichsbank the „Melmer Gold“ had been melted down and parted. The bars with the specification Melmer therefore no longer had the physical substance of the victims gold supplied by SS Hauptsturmführer Bruno Melmer to the Reichsbank. After the melting down process individuals could no longer be identified as owners of the gold. Since the victims or the murdered victims heirs, however, were entitled to a corresponding quantity of gold, the bars with the specification Melmer were also victims gold.

A disproportionately high percentage of the victims gold from the Melmer stock supplied by the Reichsbank was allotted to the Dresdner Bank - just as to the Deutsche Bank. The Dresdner Bank received a minimum of 10.6 % and a maximum of 12.6 % of this stock whilst its share of the total quantity of all the gold supplied by the Reichsbank only amounted to 1 %. The Dresdner Bank was, after the Deutsche Bank, the largest buyer of gold bars with the the Reichsbank-internal specification Melmer. Both banks received victims gold whose quantity represented a total of about 40 % of the Melmer stock. This can well be explained by the structure of the precious metal business of the Reichsbank. The large deliveries of the Reichsbank, predominantly to the Schweizerische Nationalbank, were made with uniform types of bars (gold bars of fineness 900, standard gold bars, etc.). For the relatively small supplies to commercial banks, on the other hand, they often used bars of the category „Various Gold Bars“. At the same time it might have played a part that the commercial banks - in contrast to the supplied central banks - had the bars melted down by Degussa. The bars with the specification Melmer, however, were exclusively carried in the category „Various Gold Bars“. In addition, there was a chronological coincidence. The supplies of gold to the Dresdner Bank started in September 1942, a few weeks after Melmer's first deliveries to the Reichsbank.

The quantity of the traded victims gold at the Dresdner Bank was significantly lower than the one at the Deutsche Bank although the entire gold trade of both banks was of approximately a similar magnitude during the war. The discrepancy is partly the result of the different composition of the relevant quantities of purchased gold. At the Dresdner Bank the share of gold coins was considerably larger than at the Deutsche Bank. Deliveries with the specification Melmer, however, have only been proved for gold bars. But also in relation to the relevant gold bars bought from the Reichsbank the proportion of gold originating from the Melmer stock is much higher at the Deutsche Bank than at the Dresdner Bank. These findings make it clear how strongly the gold trade at the time was subject to independent factors. It had no influence upon the quantity of the traded gold that the Dresdner Bank was more closely linked with the SS than the Deutsche Bank.

There can be no doubt that the Dresdner Bank and its branch in Istanbul knowingly traded in looted gold originating from the countries occupied by Germany. The methods used by the Reich to obtain looted and confiscated gold were no secrets. The Dresdner Bank co-operating closely with the German occupation regime in the western as well as in the eastern part of Europe was fully aware of the occurrences. It was also not possible to keep the origin of a major part of the individual deliveries of looted gold a secret. The Dutch, Belgian and French gold coins of which the Dresdner Bank marketed more than 3 tons could not have been part of the Reichsbank's pre-war stock in such quantities. Thus one could recognise them as looted gold. The Dresdner Bank had no scruples at all when it exploited this gold because the bank was unwilling to recognise wrong. It could have done at any time without the participation in the transactions of looted gold to Turkey, insignificant with regard to the wartime economy, without having to fear any serious sanctions.

In contrast to the gold carried off the currency reserves of the occupied countries and the confiscated gold, the origin of the victims gold was kept secret. It cannot be proved on the basis of the analysed sources that the Dresdner Bank or individual members of the board of management were aware of this secret. At the same time, exonerating evidence cannot be provided by these documents either. It is hardly likely that the then board of management made any statements in writing concerning this issue. The purchased bars of victims gold were not evidently identifiable since they did not show any specific characteristics.

In view of the interconnections between the Dresdner Bank and important control centres of the NS regime, including the

SS, one can think of a large number of channels through which the relevant information could have flowed. In addition to the good relations of the chairman of the board of management, Carl Goetz, with the vice president of the Reichsbank, Emil Puhl, this will in particular apply to the contacts of the two SS members of the bank's board of management, Emil Meyer and Karl Rasche. It should, however, also be taken into consideration that there was an explicit relationship of tension between the SS wing and the international department around the members Hans Pilder and Alfred Busch who were not attached to the party. Rasche and Meyer did not have any direct influence in the foreign exchange department responsible for the gold trade.

The largest part of the looted gold as well as the victims gold was definitely sold to Turkey. Robbed gold bought by the Dresdner Bank, however, was also transferred to the depots of the bank, predominantly to the profit depot at the Länderbank Vienna. Between August and December 1943 this Viennese depot was built up. During this period the Dresdner Bank bought a number of bars that were carried under the specification Melmer in the internal documentation of the Reichsbank. Since the supplies of gold bars during the aforementioned months went to approximately the same extent to Istanbul and Vienna and were subsequently practically discontinued, it must be assumed that bars out of the stock of victims gold also reached the Viennese depot.

The Dresdner Bank had established the depot in Vienna in order to save the profits from the gold business against Turkish inflation and to safeguard them against the risk of Turkey openly taking sides with the Allies. After the war it proved that the Dresdner Bank had been less successful with this decision for a location than the Deutsche Bank that during the war already deposited its gold in Switzerland at an early date. Both locations, however, were also a result of the route of the relevant gold transactions that, in contrast to the Deutsche Bank, were not carried out via Switzerland by the Dresdner Bank. In spring 1944 the Dresdner Bank had still attempted to transfer a major part of the profits invested in gold from Vienna to Switzerland. At this time, however, it was already too late. The Dresdner Bank did not receive a permit to import the gold into Switzerland. The bank tried to convert the gold into SFr and to invest the equivalent amount in Switzerland. For this purpose a first delivery with 100 kgf of gold bars was forwarded from the Viennese depot to Istanbul on 19.7.1944. A few days after the arrival of the shipment in Istanbul Turkey broke off diplomatic relations with the Axis Powers. Together with a major stock of gold coins the gold bars were taken over by the Swiss embassy in Ankara as the representation of the protecting state and after the end of the war they were handed over to the Turkish authorities.

The gold remaining the Viennese depot was sent to Munich in autumn 1944 and deposited at the local branch of the Dresdner Bank. After the end of the war the stock had to be registered with the American military government. Then the American authorities applied the provisions of the Paris Reparation Agreement to the depot. Against vehement protests by the Dresdner Bank the gold was removed in autumn 1951 and sent to the Federal Reserve Bank of New York to the credit of the Tripartite Gold Commission. Approximately 280 kgf of gold bars went to TGC. These were more than 70 % of the originally invested profit.

Whilst the gold of the Dresdner Bank remaining in Germany at the end of the war was completely confiscated by the victorious powers, the stock confiscated in Turkey remained beyond the access of the Allies. Up to the early sixties the Dresdner Bank's blocked gold remained under the custody of the Turkish Central Bank in Ankara. 1959 Turkey released the confiscated German assets abroad with the law no. 7326. At the same time the government in Ankara did not have any other choice. For some time Turkey had already found itself in a serious economic and financial crisis. The foreign indebtedness had dramatically increased. After the USA had refused to grant additional loans, Turkey's solvency depended essentially on the attitude of the Federal Republic. On 22.6.1960 the Dresdner Bank's gold stored in Turkey was released. It consisted of about 100 kg of gold bars and 20,000 gold coins. In case of the gold coins their origin from the stock of looted gold was definite. A list prepared by the Dresdner Bank at a later date showed more than 11,000 Belgian and more than 5,000 French coins. The bars had arrived in Turkey from the depot at the Länderbank Vienna that had been built up in 1943. Therefore it is very well possible that there was also gold originating from the stock of victims gold among them.

On account of the provisions of the Currency Conversion Act passed in connection with the currency reform the Dresdner Bank's gold released by Turkey had to be economically considered federal government property. The Dresdner Bank held equalisation claims against the state because it was for the time being overindebted on account of the currency reform and the losses created by the war. With this regulation the no longer existing debt issues against the Reich were compensated for. The gold blocked in Turkey was part of these losses caused by the war. If the gold was returned to the Dresdner Bank, then the bank had to return the equivalent in equalisation claims to the Federal Republic.

For many years the efforts of the Dresdner Bank to obtain an export licence for the gold released in Turkey remained unsuccessful. Subsequently the board of management organised an adventurous repatriation action carried out by the Foreign Office and the embassy of the Federal Republic in Ankara acting in the financial interest of the Federal Republic. In April 1964 ambassador Gebhardt von Walther declared himself willing to get the gold out of Turkey by couriers of the Foreign Office. Upon the ambassador's suggestion the repatriation action for the Dresdner Bank only included the gold coins but not the gold bars from the Ankara stock. The 100 kg of gold bars were sold by the German embassy on behalf of the Dresdner Bank in several instalments to the Turkish Central Bank. Neither the embassy nor the Turkish Central Bank had any reservations regarding this transaction. To begin with the gold coins were sent on the overland route in five shipments by couriers of the Foreign Office to Bonn, circumventing the Turkish authorities. The last twelve sacks were flown out by an aircraft of the Federal Army on 29.5.1965 utilising NATO privileges.

Without any delay the Dresdner Bank shipped the returned gold coins to Zurich for sale. For the „Ankara Gold“ the Dresdner Bank obtained proceeds of altogether 1.090 mill. DM. The Federal Republic was primarily the beneficiary of this transaction because the proceeds were carried as an asset in the conversion account and the Dresdner Bank's equalisation claims against the state were correspondingly reduced.

Just like the dispute about the transfer of the Munich depot to the Tripartite Gold Commission the repatriation and the exploitation of the „Ankara Gold“ vividly shows how the Dresdner Bank, but also other important institutions of the post-war society in Germany, treated the issue of the looted gold. Knowing all the facts revealed by the Allies regarding the victims gold and the looted gold, the Dresdner Bank for a long time refused to consider its trade with the looted gold wrongful. In the early fifties this was the basis of its protest against the measures of the Allies and its struggle for the suspect gold of the Munich depot. The charge of having traded in looted gold was in the end dismissed as criminalisation having its roots in the occupation law, and inquiries regarding the whereabouts of the gold were rejected. In the case of the Ankara stock the question about the origin of the gold was not asked in the middle of the sixties either. The issue of the looted gold continued to be ignored.

The event was not at all an expression of a specific moral insensitivity of the Dresdner Bank. It was rather symptomatic of the spirit of the time in the then Federal Republic. The Foreign Office and the German embassy in Turkey actively assisted in the repatriation and also in the exploitation of the „Ankara Gold“, the Federal Republic was economically even the real beneficiary of this event, the Federal Ministry of Finance and the government of the Federal State of Hesse participated in the financial handling, Deutsche Bundesbank accepted the not less suspect gold of the German embassy in Ankara and years ago the return of the gold confiscated by Turkey had been emphatically demanded by the press.

Verzeichnis der Abkürzungen

BHI	Bank für Handel und Industrie
BIZ	Bank für Internationalen Zahlungsausgleich
DAF	Deutsche Arbeitsfront
Danat-Bank	Darmstädter und Nationalbank
Degussa	Deutsche Gold- und Silber-Scheideanstalt
DOB (D.O.B)	Deutsche Orientbank
ffrs	Französische Franc
Gestapo	Geheime Staatspolizei
hfl	Holländische Gulden
HICOG	U.S. High Commissioner for Germany
HTO	Haupt-Treuhandstelle Ost
IARA	Inter-Allied Reparation Agency
JRSO	Jewish Restitution Successor Organisation
kgf	Kilogramm Feingewicht
Ltq	Türkische Pfund
Mio.	Millionen
NATO	North Atlantic Treaty Organization
NS	Nationalsozialismus, nationalsozialistisch
NSDAP	Nationalsozialistische Deutsche Arbeiterpartei
OMGUS	Office of Military Government for Germany (U.S.)
OSS	Office of the Strategic Services
Osti	Ostindustrie GmbH
RKK	Reichskreditkasse
RM	Reichsmark
SBG	Schweizerische Bankgesellschaft
SBV	Schweizerischer Bankverein
SFr	Schweizer Franken
SNB	Schweizerische Nationalbank
SD	Sicherheitsdienst der SS
SS	Schutz-Staffel
SS-WVHA	SS-Wirtschafts- und Verwaltungshauptamt
TGC	Tripartite Gold Commission
US-$	US-Dollar

Quellen- und Literaturverzeichnis

1. Unveröffentlichte Quellen

Historisches Archiv der Dresdner Bank, Frankfurt a. M. (HADrBk)

Goldgeschäfte 1942/43
Goldgeschäfte 1944
Goldgeschäfte 1944-1949
D.O.B., Goldgeschäfte
D.O.B., Lettres Recues A-Z
D.O.B., Sekretariat - Gold-Depot
D.O.B., Sekretariat - Midas-Depot
Deutsche Orientbank, Korrespondenz und Buchungsaufgaben
Deutsche Orientbank, Unser Gold in Ankara und Liquidationsforderungen
Deutsche Orientbank, Unser Gold in Ankara 1965
Kairo - Istanbul
Türkische Schatzbonds
Vermögen in der Türkei

Altbank-Archiv der Dresdner Bank, Berlin (AADrBk)

Depotbücher, Depot 2
- Buch 7, U Schätze, Reichsschatzwechsel
- Filialen H-Z
- Nostro
Handakten Salzwedel
Industriebüro,
- Länderbank Wien
- SBV 1943/44 (94952)
Ordner Tresorbergungsgut
Ostfilialen, Situation L-Z
Personalakten
Personallisten Filialen

Auswärtiges Amt, Politisches Archiv (PolArchAA), Bonn

R 101881
R 101882
R 101883
R 114142
R 114194

R 114195
R 114200
R 114242

Botschaft Ankara, Nr. 684

B 86, Ref. 506/507/V 7
Nr. 1124
Nr. 1183
Nr. 1186

Bundesarchiv, Berlin (BArch)

R 2 Reichsfinanzministerium
Nr. 19491
Nr. 21686

R 8 X Reichsstelle für Edelmetalle
Nr. 360

R 901 Auswärtiges Amt
Nr. 61173
Nr. 68673
Nr. 68674

R 2501 Reichsbank
Nr. 6501
Nr. 6541

R 8129 Berliner Handelsgesellschaft
Nr. 13174

99 US 7 Internationaler Militärgerichtshof
Nr. 430
Nr. 440
Nr. 445
Nr. 439
Nr. 768
Nr. 779

Historisches Archiv der Deutschen Bank, Frankfurt a. M.

Filiale Istanbul
F 40/4
F 40/6
F 40/10

Historisches Archiv der Deutschen Bundesbank, Frankfurt a. M.

B 330/10061/6
BSG 10-47
US National Archives-Film Nr. 12-24

Landesarchiv Berlin

Rep. 39, Acc. 3526 Archiv für Wiedergutmachung
Bd. 19
Bd. 25

Schweizerisches Bundesarchiv, Bern

2200.11 1967/100, Bd.15

„Sonderarchiv" Moskau (Zentr Hranenija Istoriko-Dokumentalnych Kollekzij)

Beauftragter für den Vierjahresplan
700-1-68
700-1-94

U.S. National Archives, College Park

RG 59 General Records of the Department of State
Decimal File 1945-1949
Lot 70 D 516, Box 14

RG 165 Records of the War Department General and Special Staffs
Box 3051
Box 3057

RG 242 Collection of Foreign Seized
T 83 Dresdner Bank Microfilmed Exhibits, Roll 3

RG 260 OMGUS
- Records of the Executive Office
Office of the Adjutant General, General Correspondence (Decimal File) 1945-1949
- Records of the Finance Adviser
Box 440 (Records of Subordinate Agenies)
Box 650

RG 266 Records of the Office of Strategic Services
Box 405
Box 407

Unternehmensarchiv der Degussa, Frankfurt a. M.
Scheidgut, Zweigniederlassung Berlin
Gold- und Silber-Ausgangsbuch, Oktober 1940–März 1946

2. Gedruckte Quellen

Dresdner Bank: Geschäftsbericht Sechsundsechzigstes Geschäftsjahr, vom 1. Januar 1938 bis 31. Dezember 1938, Berlin 1938.
Dresdner Bank: Geschäftsbericht für das Jahr 1943, Berlin 1944.

3. Memoiren

Neubacher, Hermann: Sonderauftrag Südost 1940–1945. Bericht eines fliegenden Diplomaten, Göttingen 1957.
Neumark, Fritz: Zuflucht am Bosporus. Deutsche Gelehrte, Politiker und Künstler in der Emigration 1933–1953, Frankfurt a. M. 1980.
Papen, Franz von: Der Wahrheit eine Gasse, München 1952.
Speer, Albert: Erinnerungen, 7. Aufl., Berlin 1970.

4. Zeitungen, Pressedienste und amtliche Mitteilungsblätter

Deutscher Reichsanzeiger
Handelsblatt
Reichsgesetzblatt
Turkish Daily News
Völkischer Beobachter
Die Welt

Barkai, Avraham: Vom Boykott zur „Entjudung". Der wirtschaftliche Existenzkampf der Juden im Dritten Reich 1933–1945, Frankfurt a. M. 1988.

Barkai, Avraham/Feldman, Gerald D./Gall, Lothar/James, Harold/Steinberg, Jonathan (principal author): The Deutsche Bank and its Gold Transactions during The Second World War. Online Version, München 1998.

Barth, Boris: Politische Bank wider Willen: Die Deutsche Orientbank vor dem Ersten Weltkrieg. In: Zeitschrift für Unternehmensgeschichte 43 (1997), S. 65–88.

Benfey, Fritz: Die neuere Entwicklung des deutschen Auslandsbankwesens 1914–1925, Berlin 1925.

Bergier-Bericht: siehe Unabhängige Expertenkommission Schweiz – Zweiter Weltkrieg.

Bericht Bundesarchiv: siehe Bundesarchiv.

Boelcke, Willi A.: Die Kosten von Hitlers Krieg. Kriegsfinanzierung und finanzielles Kriegserbe in Deutschland 1933–1948, Paderborn 1985.

Boratav, Korkut: Die türkische Wirtschaft im 20. Jahrhundert (1908–1980), Frankfurt a. M. 1987.

Castelmur, Linus von: Schweizerisch-Alliierte Finanzbeziehungen im Übergang vom Zweiten Weltkrieg zum Kalten Krieg. Die deutschen Guthaben in der Schweiz zwischen Zwangsliquidierung und Freigabe (1945–1952), Zürich 1992.

Collado-Seidel, Carlos: Gold, Agenten, Industrievermögen. Die Alliierten und die Ausschaltung des deutschen Einflusses in Spanien 1944–1958, Phil. Diss. (Ms.), München 1997.

Deringil, Selim: Turkish foreign policy during the Second World war: an ‚active neutrality', Cambridge 1989.

Dokumentation über das im Kriege nach Deutschland verbrachte Münzgold Italiens. Zusammengestellt von Herbert Herzog, Ms. Wien 1957 (Historisches Archiv der Deutschen Bundesbank).

Eizenstat-Bericht I: siehe Preliminary Study on U.S. and Allied Efforts.

Eizenstat-Bericht II: siehe U.S. and Allied Wartime and Postwar Relations and Negotiations.

Fior, Michel: Die Schweiz und das Gold der Reichsbank. Was wußte die Schweizerische Nationalbank?, Zürich 1997.

Fischler, Hersch: Das Totengold der europäischen Juden und die deutschen Großbanken. In: 1999. Zeitschrift für Sozialgeschichte des 20. und 21. Jahrhunderts 13 (1998), S. 146–173.

Gall, Lothar: Die Deutsche Bank von ihrer Gründung bis zum Ersten Weltkrieg 1870–1914. In: Ders./Feldman, Gerald D./James, Harold/Holtfrerich, Carl-Ludwig/Büschgen, Hans E.: Die Deutsche Bank 1870–1995, München 1995, S. 1–135.

Genschel, Helmut: Die Verdrängung der Juden aus der Wirtschaft im Dritten Reich, Göttingen 1966.

Georg, Enno: Die wirtschaftlichen Unternehmungen der SS, Stuttgart 1963.

Gutachten zur Frage der Entziehung und Verbringung jüdischen Vermögens gemäß §5 BRÜG, hg. vom Institut für Zeitgeschichte München, Ms. München 1963.

Hansmeyer, Karl-Heinrich/Caesar, Rolf: Kriegswirtschaft und Inflation (1936–1948). In: Deutsche Bundesbank (Hg.): Währung und Wirtschaft in Deutschland 1876–1975, Frankfurt a.M. 1976, S. 367–429.

James, Harold: Deutschland in der Weltwirtschaftskrise 1924–1936, Stuttgart 1988.

James, Harold: Die Reichsbank 1876 bis 1945. In: Deutsche Bundesbank (Hg.): Fünfzig Jahre Deutsche Mark. Notenbank und Währung in Deutschland seit 1948, München 1998.

Herzog-Bericht: siehe Dokumentation.

Kaienburg, Hermann: KZ-Haft und Wirtschaftsinteresse. Das Wirtschaftsverwaltungshauptamt der SS als Leitungszentrale der Konzentrationslager und der SS-Wirtschaft. In: Ders. (Hg.): Konzentrationslager und deutsche Wirtschaft, Opladen 1996, S. 29–60.

Kopper, Christopher: Zwischen Marktwirtschaft und Dirigismus. Bankenpolitik im „Dritten Reich" 1933–1939, Bonn 1995.

Krecker, Lothar: Deutschland und die Türkei im zweiten Weltkrieg, Frankfurt a.M. 1964.

Maissen, Thomas: Raubgold aus den Niederlanden als Präzedenzfall? In: Neue Zürcher Zeitung vom 23./24.8.1997.

Meyen, Hans G.: 120 Jahre Dresdner Bank. Unternehmens-Chronik 1872 bis 1992, Frankfurt a.M. 1992.

Militärregierung von Deutschland (US), Dresdner Bank und Deutsche Bank. Sonderbericht des Militär-Gouverneurs, Zone der Vereinigten Staaten, Ms., Juni 1947 (Altbankarchiv der Dresdner Bank).

Milward, Alan S.: Die deutsche Kriegswirtschaft 1939–1945, Stuttgart 1966.

Naasner, Walter: Neue Machtzentren in der deutschen Kriegswirtschaft 1942–1945. Die Wirtschaftsorganisation der SS, das Amt des Generalbevollmächtigten für den Arbeitseinsatz und das Reichsministerium für Bewaffnung und Munition/Reichsministerium für Rüstung und Kriegsproduktion im nationalsozialistischen Herrschaftssystem, Boppard 1994.

O.M.G.U.S., Finance Division – Financial Investigation Section: Ermittlungen gegen die Deutsche Bank, Nördlingen 1985.

O.M.G.U.S., Finance Division – Financial Investigation Section: Ermittlungen gegen die Dresdner Bank, Nördlingen 1986.

Opening Statement of the Press Conference of the Minister of State – Prof. Dr. Sükrü S. Gürel, (24.6.1998), Ms. Ankara 1998.

Preliminary Study on U.S. and Allied Efforts To Recover and Restore Gold and Other Assets Stolen or Hidden by Germany During World War II, Washington, D.C. 1997.

Rings, Werner: Raubgold aus Deutschland. Die „Golddrehscheibe“ Schweiz im Zweiten Weltkrieg, 2. Aufl. Zürich 1996.

Rittmann, Herbert: Deutsche Geldgeschichte seit 1914, München 1986.

Schwanitz, Wolfgang G.: Changing or Unknown Identities? The Example of the Deutsche Orientbank AG in Cairo and Alexandria (1906–1931), in: Joachim Heidrich (Hg.), Changing Identities, Berlin 1994, S. 401–413.

Statement Gürel: siehe Opening Statement.

Steinberg-Bericht: siehe Barkai, Avraham.

Strasser, Karl: Die deutschen Banken im Auslande. Entwicklungsgeschichte und wirtschaftliche Bedeutung, München 1924.

Unabhängige Expertenkommission Schweiz – Zweiter Weltkrieg, Die Schweiz und die Goldtransaktionen im Zweiten Weltkrieg. Zwischenbericht, Bern 1998.

U.S. and Allied Wartime and Postwar Relations and Negotiations With Argentina, Portugal, Spain, Sweden, and Turkey on Looted Gold and German External Assets and U.S. Concerns About the Fate of the Wartime Ustasha Treasury, Washington, D.C., 1998.

Der Verbleib der Unterlagen der Deutschen Reichsbank. Ein Recherchebericht, zusammengestellt vom Bundesarchiv mit Unterstützung der Deutschen Bundesbank (F 2 Historisches Archiv), Koblenz 1998.
Vogelsang, Reinhard: Der Freundeskreis Himmler, Göttingen 1972.
Weisbrand, Edward: Turkish Foreign Policy 1943-1945. Small State Diplomacy amd Great Power Politics, Princeton 1973.
Wörterbuch des Völkerrechts und der Diplomatie, hg. von Karl Strupp, Band 1, Berlin/Leipzig 1924.
Ziegler, Dieter: Die Verdrängung der Juden aus der Dresdner Bank 1933-1938. Ms. Dresden 1998.

Anlagen

Anlage 1: Goldkäufe der Dresdner Bank bei der Reichsbank 1942–1944 (nur Barren)

Datum	Stückzahl	Bank-Nr.	Feingewicht in kg	für Auftrag
17.09.1942	4	21351	45,571 721	Goldsichtkonto der Deutschen Orientbank
		21352		
		21353		
		21354		
19.09.1942	4	21355	46,864 439	Goldsichtkonto der Deutschen Orientbank
		21356		
		21357		
		21358		
22.09.1942	11	36799	50,114 798	Goldsichtkonto der Deutschen Orientbank
		36800		
		36801		
		36804		
		36805		
		36810		

Datum	Stückzahl	Bank-Nr.	Feingewicht in kg	für Auftrag
		36811		
		36812		
		36813		
		36814		
		36842		
09.10.1942		36796	49,861 953	Goldsichtkonto der Deutschen Orientbank
		36797		
		21789		
		21790		
		21791		
		21792		
26.10.1942	5	22507	60,409 800	Goldsichtkonto der Deutschen Orientbank
		22508		
		22509		
		22510		
		22511		

Anlage 1:

Datum	Stückzahl	Bank-Nr.	Feingewicht in kg	für Auftrag
20.11.1942	5	22512	60,026 850	Goldsichtkonto der Deutschen Orientbank
		22513		
		22514		
		22515		
		22516		
26.11.1942	4	22771	47,250 149	Goldsichtkonto der Deutschen Orientbank
		22772		
		22773		
		22774		
03.12.1942	3	36852	37,542 740	Goldsichtkonto der Deutschen Orientbank
		36875		
		36876		
06.01.1943	3	ohne Angabe	37,539 245	Goldsichtkonto der Deutschen Orientbank
12.01.1943	1	ohnc Angabc	1,000 000	Goldsichtkonto der Deutschen Orientbank
16.01.1943	6	ohne Angabe	72,027 100	Goldsichtkonto der Deutschen Orientbank

Datum	Stückzahl	Bank-Nr.	Feingewicht in kg	für Auftrag
19.01.1943	6	23986	73,190 388	Goldsichtkonto der Deutschen Orientbank
		23987		
		23988		
		23989		
		23990		
		23991		
	5	ohne Angabe	58,341 167	Goldsichtkonto der Deutschen Orientbank
09.03.1943	3	ohne Angabe	37,542 245	Goldsichtkonto der Deutschen Orientbank
18.03.1943	3	36924	29,449 884	Goldsichtkonto der Deutschen Orientbank
		36955		
		36956		
19.04.1943	8	ohne Angabe	72,266 639	Goldsichtkonto der Deutschen Orientbank
29.04.1943	21	ohne Angabe	119,911 127	Goldsichtkonto der Deutschen Orientbank
06.05.1943	11	ohne Angabe	132,614 149	Goldsichtkonto der Deutschen Orientbank
21.05.1943	11	ohne Angabe	133,032 727	Goldsichtkonto der Deutschen Orientbank
29.05.1943	12	ohne Angabe	147,051 969	Goldsichtkonto der Deutschen Orientbank

Anlage 1:

Datum	Stückzahl	Bank-Nr.	Feingewicht in kg	für Auftrag
15.06.1943	12	ohne Angabe	146,891 581	Goldsichtkono der Deutschen Orientbank
01.07.1943	4	ohne Angabe	47,639 747	Goldsichtkonto der Deutschen Orientbank
26.07.1943	10	ohne Angabe	80,447 942	Goldsichtkonto der Deutschen Orientbank
06.08.1943	9	ohne Angabe	49,765 337	Goldsichtkonto der Deutschen Orientbank
13.08.1943		ohne Angabe	40,000 000*	Goldsichtkonto der Deutschen Orientbank
16.08.1943		ohne Angabe	40,000 000*	Goldsichtkonto der Deutschen Orientbank
25.08.1943	5	ohne Angabe	39,882 051	Goldsichtkonto der Deutschen Orientbank
03.09.1943		ohne Angabe	39,990 550	Goldsichtkonto der Deutschen Orientbank
16.09.1943	6	ohne Angabe	40,278 547	Goldsichtkonto der Deutschen Orientbank
09.10.1943	5	ohne Angabe	39,713 377	Goldsichtkonto der Deutschen Orientbank
25.10.1943	6	ohne Angabe	29,970 894	Goldsichtkonto der Deutschen Orientbank
27.10.1943	4	ohne Angabe	50,061 993	Goldsichtkonto der Deutschen Orientbank
08.11.1943	17	ohne Angabe	39,953 130	Goldsichtkonto der Deutschen Orientbank
09.11.1943	24	ohne Angabe	40,284 265	Goldsichtkonto der Deutschen Orientbank
07.12.1943	19	ohne Angabe	39,975 411	ohne Angabe

Datum	Stückzahl	Bank-Nr.	Feingewicht in kg	für Auftrag
30.12.1943		ohne Angabe	50,000 000*	Goldsichtkonto der Deutschen Orientbank
07.01.1944	5	ohne Angabe	49,693 172	Goldsichtkonto der Deutschen Orientbank

* Belegt nur über Angebot an die Reichsbank

Gesamtsumme des Feingewichts: 2 136,181 676 kg

Gegenwert in SFr, beschafft über den SBV

Quelle: HADrBk, Goldgeschäfte 1942–1944

Anlage 2: Goldkäufe der Dresdner Bank bei der Reichsbank und in der Schweiz 1942–1944 (nur Münzen)

(„Französische Goldmünzen“: einschließlich Belgischer Goldmünzen (Goldfranken))

a) Goldkäufe bei der Reichsbank

Datum	Münzsorte	Wert	Währung	Besondere Bemerkungen
25.01.1943	Französische Goldmünzen	200 000	ffrs	
	Holländische Goldmünzen	100 000	hfl	
15.02.1943	Französische Goldmünzen	200 000	ffrs	
	Holländische Goldmünzen	100 000	hfl	
26.02.1943	Französische Goldmünzen	100 000	ffrs	
	Holländische Goldmünzen	50 000	hfl	
25.03.1943	Französische Goldmünzen	100 000	ffrs	
	Holländische Goldmünzen	100 000	hfl	
30.03.1943	Französische Goldmünzen	80 000	ffrs	
	Holländische Goldmünzen	40 000	hfl	
08.04.1943	Französische Goldmünzen	160 000	ffrs	

Datum	Münzsorte	Wert	Währung	Besondere Bemerkungen
	Holländische Goldmünzen	80 000	hfl	
15.04.1943	Holländische Goldmünzen	10 000	hfl	
	Französische Goldmünzen	40 000	ffrs	
01.06.1943	Goldmünzen der Lateinischen Münzunion	300 000	ffrs	
19.06.1943	Holländische Goldmünzen	50 000	hfl	
	Goldmünzen der Lateinischen Münzunion	100 000	ffrs	
26.06.1943	Holländische Goldmünzen (= 5.000 hfl.-Stücke)	50 000	hfl	
	Französische Goldmünzen	100 000	ffrs	
30.06.1943	Holländische Goldmünzen	50 000	hfl	
	Goldmünzen der Lateinischen Münzunion	100 000	ffrs	
15.07.1943	Holländische Goldmünzen	50 000	hfl	
	Goldmünzen der Lateinischen Münzunion	100 000	ffrs	
10.08.1943	Goldmünzen der Lateinischen Münzunion	120 000	ffrs	
17.08.1943	Französische Goldmünzen	40 000	ffrs	Sendung an Bulgarische Handelsbank

Anlage 2:

Datum	Münzsorte	Wert	Währung	Besondere Bemerkungen
24.08.1943	Goldmünzen der Lateinischen Münzunion	40 000	ffrs	
25.08.1943	Holländische Goldmünzen	50 000	hfl	
01.09.1943	Holländische Goldmünzen	50 000	hfl	
	Goldmünzen der Lateinischen Münzunion	100 000	ffrs	
09.09.1943	Holländische Goldmünzen	70 000	hfl	
	Goldmünzen der Lateinischen Münzunion	100 000	ffrs	
16.09.1943	Goldmünzen der Lateinischen Münzunion	40 000	ffrs	
08.10.1943	Holländische Goldmünzen	60 000	hfl	
16.10.1943	Goldmünzen der Lateinischen Münzunion	40 000	ffrs	
18.10.1943	Holländische Goldmünzen	50 000	hfl	
21.10.1943	Holländische Goldmünzen	50 000	hfl	
30.10.1943	Holländische Goldmünzen	40 000	hfl	
	Goldmünzen der Lateinischen Münzunion	40 000	ffrs	
05.11.1943	Holländische Goldmünzen	50 000[a]	hfl	

Datum	Münzsorte	Wert	Währung	Besondere Bemerkungen
	Goldmünzen der Lateinischen Münzunion	40 000	ffrs	
	Holländische Goldmünzen	50 000	hfl	
18.11.1943	Holländische Goldmünzen	80 000	hfl	
22.11.1943	Holländische Goldmünzen	80 000	hfl	
17.12.1943	Holländische Goldmünzen	80 000	hfl	
27.12.1943	Holländische Goldmünzen	80 000	hfl	Gegenwert beschafft über A/B Svenska Handelsbanken
29.12.1943	Französische Goldmünzen	169 100[b]	ffrs	Gegenwert beschafft über A/B Svenska Handelsbanken Auftrag der Societatea Bancara Romana
03.01.1944	Französische Goldmünzen	134 000[a]	ffrs	Auftrag der Societatea Bancara Romana
04.01.1944	Holländische Goldmünzen	100 000	hfl	Gegenwert beschafft über A/B Svenska Handelsbanken
	Französische Goldmünzen	169 100[a]	ffrs	
18.01.1944	Französische Goldmünzen	17 720[a]	ffrs	Auftrag der Societatea Bancara Romana
26.01.1944	Holländische Goldmünzen	80 000	hfl	

Anlage 2:

Datum	Münzsorte	Wert	Währung	Besondere Bemerkungen
07.02.1944	Holländische Goldmünzen	80 000	hfl	
08.02.1944	Holländische Goldmünzen	80 000	hfl	
12.02.1944	Französische Goldmünzen	65 620[a]	ffrs	
14.02.1944	Französische Goldmünzen	169 620	ffrs	Auftrag der Societatea Bancara Romana
17.02.1944	Französische Goldmünzen	47 620	ffrs	
08.03.1944	Französische Goldmünzen	51 400	ffrs	
	Holländische Goldmünzen	60 000	hfl	
	Goldmünzen der Lateinischen Münzunion	80 000	ffrs	
16.03.1944	Goldmünzen der Lateinischen Münzunion	100 000	ffrs	Auftrag der Societatea Bancara Romana
20.03.1944	Holländische Goldmünzen	100 000[a]	hfl	
29.03.1944	Goldmünzen der Lateinischen Münzunion	100 000[a]	ffrs	Auftrag der Societatea Bancara Romana
30.03.1944	Französische Goldmünzen	100 000[b]	ffrs	
30.03.1944	Sovereigns in englischen Goldmünzen (Stückzahl)	1 000	£	an deutsche Gesandtschaft, Athen

Datum	Münzsorte	Wert	Währung	Besondere Bemerkungen
06.04.1944	Holländische Goldmünzen	50 000[b]	hfl	
08.04.1944	Holländische Goldmünzen	50 000	hfl	
19.04.1944	Französische Goldmünzen	60 000	ffrs	
29.04.1944	Sovereigns in englischen Goldmünzen (Stückzahl)	100	£	Sendung an Banque de Salonique, Athen
	Holländische Goldmünzen	70 000	hfl	
08.05.1944	Holländische Goldmünzen	50 000	hfl	
17.05.1944	Holländische Goldmünzen	50 000	hfl	
26.05.1944	Holländische Goldmünzen	250 000	hfl	Gegenwert beschafft über Eidgenössische Bank Zürich und SBV
10.06.1944	Goldmünzen der Lateinischen Münzunion	20 000	ffrs	
	Türkische Goldmünzen	5 000	Ltq	
16.06.1944	Französische Goldmünzen	120 000[c]	ffrs	
14.06.1944	Goldmünzen der Lateinischen Münzunion	120 000	ffrs	
12.06.1944	Französische Goldmünzen	400 000	ffrs	

Anlage 2:

Datum	Münzsorte	Wert	Währung	Besondere Bemerkungen
	Türkische Goldmünzen	5 000	Ltq	
23.06.1944	Holländische Goldmünzen	100 000	hfl	
26.06.1944	Holländische Goldmünzen	200 000[a]	hfl	
	Goldmünzen der Lateinischen Münzunion	120 000[a]	ffrs	
07.07.1944	Goldmünzen der Lateinischen Münzunion	71 540	ffrs	an Länderbank Wien für Mittelmeerwerften
06.07.1944	Holländische Goldmünzen	100 000	hfl	
	Goldmünzen der Lateinischen Münzunion	80 000	ffrs	Auftrag der Societatea Bancara Romana
	Goldmünzen der Lateinischen Münzunion	4 000	ffrs	an Herrn Nedim Ersun
13.07.1944	Holländische Goldmünzen	100 000	hfl	
17.07.1944	Goldmünzen der Lateinischen Münzunion	71 540	ffrs	an Länderbank Wien für Mittelmeerwerften
28.07.1944	Holländische Goldmünzen	100 000[b]	hfl	
01.08.1944	Holländische Goldmünzen	180 000	hfl	

a Belegt nur über Antrag an die Reichsstelle für Edelmetalle
b Belegt nur über Angebot an die Reichsbank
c Belegt über Schreiben Reichsbank an Dresdner Bank

b) Goldkäufe in der Schweiz 1943/44

Datum	Münzsorte	Wert	Währung
30.03.1944	Goldmünzen der Lateinischen Münzunion	680 000	ffrs
12.04.1944	Goldmünzen der Lateinischen Münzunion	140 000	ffrs
15.06.1944	Goldmünzen der Lateinischen Münzunion	200 000	ffrs
30.06.1944	US-amerikanische Goldmünzen	110	US-$
	Türkische Goldmünzen	30	Ltq

Quelle: HADrBk, Goldgeschäfte 1942–1944

Anlage 2:

Aufsummierung nach Gewichten der verschiedenen Münzsorten

	Wert	Währung	Gewicht in kgf	
Wert und näherungsweises Gewicht der französischen Goldmünzen:	2 524 180	ffrs	732,0122	(100 000 ffrs entsprechen ca. 29 kgf)
Wert und näherungsweises Gewicht der holländischen Goldmünzen:	3 270 000	hfl	1 962,0000	(100 000 hfl entsprechen ca. 60 kgf)
Wert und näherungsweises Gewicht der Goldmünzen der Lateinischen Münzunion:	2 903 080	ffrs	841,8932	(100 000 ffrs entsprechen ca. 29 kgf)
Sovereigns in englischen Goldmünzen (Stückzahl)	1 100	£	7,7000	

Gesamtgewicht mindestens: 3 543,6054 kgf
- davon Goldkäufe in der Schweiz mindestens: 295,8000 kgf

Anm.: Sofern nicht anders gekennzeichnet: Käufe im Auftrag der Deutschen Orientbank, belegt durch Quittungen der Dresdner Bank an die Reichsbank, Gegenwert in SFr, beschafft über den SBV

Anlage 3: Goldabgaben der Reichsbank an die Dresdner Bank (nach Haupt- und Kontrollbuch „Verschiedene Goldbarren“ der Reichsbank-Edelmetallkasse)*

Seite (nach Hauptbuch)	Eingangs-Datum	Schmelz-Nr.	Bank-Nr.	Rauh-gewicht	Fein-gehalt	Fein-gewicht	Bemerkungen	Ausgangs-Datum
3	13.09.1939	73	33547	2,0001	1000	2,0001	Bank v. Danzig	08.11.1943
3	13.09.1939	74	33548	2,0002	1000	2,0002	Bank v. Danzig	08.11.1943
3	12.10.1939	66 F a	35???	2,0006		2,0006	Bank v. Danzig	08.11.1943
3	25.10.1939	Feingold	35415	1,1705	1000	1,1705	AW RbK Dresden; [zwei unleserliche Worte] Deutsche Gold	08.11.1943
3	04.11.1939	Feingold	35418	1,2946	1000	1,2946	aW RbK Posen	08.11.1943
3	17.11.1939	Feingold	354??	0,2970	1000	0,2970	KB: Aus Sdg. d. russ. Staatsbank nach Umschmelzung m.Pr.	08.11.1943
3	17.11.1939	Feingold	35473	0,9336	1000	0,9336	RbK Nürnberg	08.11.1943
3	22.11.1939	715	35481	0,7839	999,6	0,7836	AW RbK Schwabach m. Prob. Scheinen	08.11.1943

Anlage 3:

Seite (nach Hauptbuch)	Eingangs-Datum	Schmelz-Nr.	Bank-Nr.	Rauh-gewicht	Fein-gehalt	Fein-gewicht	Bemerkungen	Ausgangs-Datum
3	22.11.1939	?? 228 a	35482	4,1000	999,9	4,0996	16 Barren mit Prob. Scheinen RbK Hamburg [bezieht sich auf 16 folgende Barren, von denen hier nur die an die Dresdner Bank gelieferten aufgenommen sind]	08.11.1943
3	22.11.1939	?? 229 a	35483	5,7005	999,9	5,6999	“	08.11.1943
3	22.11.1939	?? 230 a	35484	5,1660	999,9	5,1655	“	08.11.1943
3	22.11.1939	?? 231 a	35485	0,2120	1000	0,2120	“	08.11.1943
3	22.11.1939	?? 232 a	35486	0,4500	1000	0,4500	“	08.11.1943
3	22.11.1939	?? 233 a	35487	2,7700	999,9	2,7697	“	10.11.1943
3	22.11.1939	?? 234 a	35488	0,3100	1000	0,3100	“	10.11.1943
3	22.11.1939	?? 23? a	35489	0,4200	1000	0,4200	“	10.11.1943
3	22.11.1939	?? 237 a	35490	0,2500	1000	0,2500	“	08.11.1943
3	22.11.1939	?? 239 a	35491	4,4625	999,9	4,4621	“	08.11.1943

Seite (nach Hauptbuch)	Eingangs-Datum	Schmelz-Nr.	Bank-Nr.	Rauh-gewicht	Fein-gehalt	Fein-gewicht	Bemerkungen	Ausgangs-Datum
3	22.11.1939	?? 240 a	35492	5,4850	999,9	5,4842	“	08.11.1943
3		?? 242 a	35494	0,6500	999,9	0,6499	“	08.11.1943
3	22.11.1939	10	nicht leserlich	2,9970	999,1	2,9943	v. Rbk. Wien mit Prob. Sch.	10.11.1943
3	22.11.1939	11	57?	1,3975	1000	1,3975	“	10.11.1943
3	25.11.1939	74?	nicht leserlich	2,9982	999,9	2,9979	RKK Warschau a. 127 a	10.11.1943
3	30.11.1939	864	nicht leserlich	0,8757	999,9	0,8756	von der Dego	10.11.1943
3	23.12.1939	Feingold	nicht leserlich	4,1499	1000	4,1499	KB: Dev. Schutz.-Kdo. Prag	10.11.1943
4	23.12.1939	Feingold	35523	1,1243	1000	1,1243	Dev. Schutz.-Kdo. Prag	10.11.1943
4	03.01.1940	Feingold	35524	2,0216	1000	2,0216	A.W. Warschau 362	10.11.1943
4	16.03.1940	N 303 a	35?06	0,4222	1000	0,4222	Nordd. Affinerie	10.11.1943
4	29.07.1940	N. 335 a	35???	0,7004	999,9	0,7003	“	10.11.1943

Anlage 3:

Seite (nach Hauptbuch)	Eingangs-Datum	Schmelz-Nr.	Bank-Nr.	Rauh-gewicht	Fein-gehalt	Fein-gewicht	Bemerkungen	Ausgangs-Datum
4	02.09.1940	N. 345 a	36???	0,6959	999,9	0,6958	“	10.11.1943
4	19.09.1940	N 350 a	36???	0,6646	999,9	0,6645	Nordd. Affinerie Hambg. m. Prob. Sch.	10.11.1943
4	29.10.1940	Feingold	nicht leserlich	1,1525	1000	1,1525	Dresden Rk. a.w. 821 [?]	25.11.1943
4	22.11.1940	Feingold	nicht leserlich	0,9635	1000	0,9635	KB: a. w. 193 Waldenbg	10.11.1943
4	“	Feingold	nicht leserlich	1,0592	1000	1,0592	Schles.	10.11.1943
4	06.12.1940	?75	nicht leserlich	1,0020	1000	1,0020	a. w. [nicht leserlich] RKK Straßburg	10.11.1943
4	19.12.1940	622	nicht leserlich	1,0000	999,9	0,9999	Rbk Straßburg ohne Prob. Sch.	10.11.1943
4	27.12.1940	1500	nicht leserlich	1,0001	999,9	1,0000	a.w. Mühlhausen	10.11.1943

Seite (nach Hauptbuch)	Eingangs-Datum	Schmelz-Nr.	Bank-Nr.	Rauh-gewicht	Fein-gehalt	Fein-gewicht	Bemerkungen	Ausgangs-Datum
5	16.04.1941	KB: 11618	nicht leserlich	1,0000	999,9	0,9999	RKK Antwerpen	10.11.1943
5	“	11619	nicht leserlich	1,0000	999,9	0,9999	“	10.11.1943
5	02.05.1941	Feingold	nicht leserlich	2,8956	1000	2,8956	E. B. Brüssel	25.11.1943
5	03.06.1941	1545	??558	0,9998	999,9	0,9997	Luxemburg a.w. 693	25.11.1943
5	?.06.1941	309	????0	0,9986	999,6	0,9982	RbR Würzburg a w. 103	25.11.1943
5	“	10	1	0,9986	999,8	0,9984	“	25.11.1943
5	“	11	2	0,9982	999,8	0,9980	“	25.11.1943
5	“	12	3	0,9959	999,6	0,9955	“	25.11.1943
5	“	13	4	0,9987	999,8	0,9985	“	25.11.1943
5	06.06.1941	Feingold	nicht leserlich	1,2707	1000	1,2707	RKK Paris	25.11.1943

Anlage 3:

Seite (nach Hauptbuch)	Eingangs-Datum	Schmelz-Nr.	Bank-Nr.	Rauh-gewicht	Fein-gehalt	Fein-gewicht	Bemerkungen	Ausgangs-Datum
5	15.06.1941	Feingold	nicht leserlich	3,2523	1000	3,2523	Reichshauptk. 1137/ [nicht leserliche Ziffer]	25.11.1943
5	?.07.1941	Feingold	nicht leserlich	2,6933	1000	2,6933	KB: E.B. Brüssel	25.11.1943
5	??.09.1941	Feingold	nicht leserlich	2,1134	1000	2,1134	RKK Paris ohne Prob. Sc.	25.11.1943
5	04.10.1941	Feingold	nicht leserlich	2,3977	1000	2,3977	KB: RbK Harburg ohne Prob. Sch.	25.11.1943
5	20.10.1941	Feingold	nicht leserlich	10,1165	1000	10,1165	HB u. KB: [nicht leserliche Zeichen] Mitte	10.11.1943
8	01.07.1942	342	36796	0,9987	999	0,9977	KB: [nicht leserliche Zeichen]	09.10.1942
8	01.07.1942	343	36797	0,9985	996,8	0,9973	“	09.10.1942
8	01.07.1942	345	36799	0,9986	999,?	0,9976	“	22.09.1942
8	01.07.1942	346	36800	0,9987	99?,?	0,9975	“	22.09.1942
8	01.07.1942	347	36801	0,9989	999	0,9979	“	22.09.1942

Seite (nach Hauptbuch)	Eingangs-Datum	Schmelz-Nr.	Bank-Nr.	Rauh-gewicht	Fein-gehalt	Fein-gewicht	Bemerkungen	Ausgangs-Datum
9	14.07.1942	Feingold	36804	4,6998	1000	4,6998	RKK R[nicht leserliche Zeichen] a.?.74	22.09.1942
9	15.07.1942	1672	36805	8,2155	999,3	8,2097	RbK Nürnberg [mehrere nicht leserliche Worte]	22.09.1942
9	04.08.1942	1839	36810	12,5785	996	12,5481	8 Goldbarren [nicht leserliche Zeichen] 130 RKK [nicht leserliche Zeichen] KB: [daneben]: Brüssel [bezieht sich auf die Bank-Nummern 36807–36814]	22.09.1942
9	04.08.1942	1840	36811	12,6070	996	12,5566	"	22.09.1942
9	04.08.1942	nicht leserlich	36812	6,1100	999,7	6,1082	"	22.09.1942
9	04.08.1942	nicht leserlich	36813	1,0000	1000	1,0000	"	22.09.1942
9	04.08.1942	nicht leserlich	36814	1,0000	1000	1,0000	"	22.09.1942
10	22.08.1942	XK 36 [?]	36842	1,0000	999,4	0,9994	RKK Antwerpen Tgb. [nicht leserliche Ziffer]	22.09.1942

Anlage 3:

Seite (nach Hauptbuch)	Eingangs-Datum	Schmelz-Nr.	Bank-Nr.	Rauh-gewicht	Fein-gehalt	Fein-gewicht	Bemerkungen	Ausgangs-Datum
11	24.02.1942	781	36852	12,5255	999,7	12,5217	RKK Brüssel o Pr. [einige nicht leserliche Zeichen]; KB: Stk 1 Goldbarren v. [nicht leserliche Zeichen] Tgb. Nr. 12[9?]8	22.12.1942
12	18.10.1942	10488	36875	12,5150	999,9	12,5137	Stck 7 Goldbarren Degussa Bln mit Prob. Sch. [davon nur die zwei nachfolgenden an die Dresdner Bank]	07.12.1942
12	18.10.1942	10499	36876	12,5085	999,9	12,5072	"	07.12.1942
13	15.12.1942	1603	36919	12,5165	999,9	12,5152	Stck 12 Goldbarren v. Degussa m. [Prob.] [nicht leserliche Zeichen] Melmer IX. Lfg. [davon nur die vier nachstehenden an die Dresdner Bank]	06.01.1943
13	15.12.1942	1604	36920	12,5165	999,9	12,5152	"	06.01.1943
13	15.12.1942	1605	36921	12,5100	999,9	12,5087	"	06.01.1943
13	15.12.1942	2180	36924	5,5495	999,9	5,5489	"	08.03.1943

Seite (nach Hauptbuch)	Eingangs-Datum	Schmelz-Nr.	Bank-Nr.	Rauh-gewicht	Fein-gehalt	Fein-gewicht	Bemerkungen	Ausgangs-Datum
13	18.12.1942	Feingold	36925	1,6303	1000	1,6303	HB: Degussa m. Prob. a. Tgb. a 173??; KB: Stk 1 Goldbarren [Brüssel?] Tgb.Nr. 17?? [unleserlich]	30.04.1943
14	23.12.1942	U T 31	36926	1,9000	1000	1,9000	??? Ba., a'dam m. Prob. [nicht leserliche Zeichen] KB, S. 13 [noch]: Rotterdam	30.04.1943
14	17.02.1943	3617	36948	8,2930	999,9	8,2928	St. 13 Goldbarren v. Degussa [unleserliches Wort] Melmer [davon nur der angeführte Barren an die Dresdner Bank]	26.02.1943
15	17.02.1943	4381	36950	12,5145	999,9	12,5132	7 Goldbarren Degussa Prob. S. (betr. Melmer 11 Lfg.) [davon nur die nachstehenden fünf Barren an die Dresdner Bank]	25.02.1943
15	17.02.1943	4382	36951	12,5130	999,9	12,5117	“	25.02.1943
15	17.02.1943	4383	36952	12,5130	999,9	12,5117	“	25.02.1943
15	17.02.1943	4384	36953	12,5135	999,9	12,5122	“	25.02.1943
15	17.02.1943	4386	36955	11,1040	999,9	11,1029	“	18.03.1943

Anlage 3:

Seite (nach Hauptbuch)	Eingangs-Datum	Schmelz-Nr.	Bank-Nr.	Rauh-gewicht	Fein-gehalt	Fein-gewicht	Bemerkungen	Ausgangs-Datum
15	18.02.1943	? M 921	36956	13,9610	916,7	12,7980	HB: RKK Bragl [weitere Zeichen unleserlich]; KB: Stk 1 Goldbarren [Weitere Bemerkungen unleserlich]	18.03.1943
15	18.02.1943	[unleserlich]	36958	13,9295	916,7	12,7692	[unleserlich]	19.??.1943
15	18.02.1943	[unleserlich]	36959	12,5770	996	12,5267	[unleserlich]	19.??.1943
15	18.02.1943	47270	36960	13,9475	916,7	12,7857	[unleserlich]	19.??.1943
15	18.02.1943	[unleserlich]	36961	14,0760	899,8	12,6658	[unleserlich]	19.??.1943
15	18.02.1943	[unleserlich]	36962	13,5515	907,3	12,2950	[unleserlich]	19.??.1943
15	25.02.1943	1139	36963	0,9981	998,9	0,9974	HB nicht leserlich; KB: 1 Goldbarren m. Prob. [?] [einige unleserliche Worte]	06.??.1943

Seite (nach Hauptbuch)	Eingangs-Datum	Schmelz-Nr.	Bank-Nr.	Rauh-gewicht	Fein-gehalt	Fein-gewicht	Bemerkungen	Ausgangs-Datum
15	1.[7?].03. 1943	849	36968	9,4560	916	8,6617	HB nicht leserlich; KB: Lieferung d. Münze [einige unleserliche Worte]	30.04.1943
15	1.[7?].03. 1943	850	36969	8,7980	869,8	7,6522	"	30.04.1943
16	13.03.1943	Feingold	36970	3,7318	1000	3,7318	[zwei unleserliche Worte] Brüssel Tgb. [nicht leserliche Zeichen] 91	30.04.1943
16	17.03.1943	9121	36972	13,2070	998,9	13,1925	HB: m. Prob. Sch.; KB: Stk 3 Goldstangen und [unleserlich] [von Bk. Brüssel?]	30.04.1943
16	17.03.1943	9122	36973	12,2970	998,9	12,2835	"	30.04.1943
16	17.03.1943	9123	36974	10,0535	998,9	10,0424	"	30.04.1943
16	24.03.1943	[unleserlich]	36975	6,4705	900,1	5,8241	Lfg. der Münze auch der M??? des [drei unleserliche Worte]	30.04.1943
16	24.03.1943	[unleserlich]	36976	5,2719	893,5 [?]	4,7141	"	30.04.1943
16								

Anlage 3:

Seite (nach Hauptbuch)	Eingangs-Datum	Schmelz-Nr.	Bank-Nr.	Rauh-gewicht	Fein-gehalt	Fein-gewicht	Bemerkungen	Ausgangs-Datum
16	26.03.1943	Feingold	36977	1,1972	1000	1,1972	HB: [unleserlich] KB, S. 15: Pr. Münze [einige unleserliche Zeichen]	06.08.1943
17	13.04.1943	1011/1	37005	10,8040	996,8	10,7694	Lfg. der Münze, nur [mehrere nicht leserliche Worte]	26.07.1943
17	13.04.1943	1012/1	37006	12,8490	983,6	12,6382	"	26.07.1943
17	13.04.1943	1012/2	37007	0,7709	983,6	0,6599	"	26.07.1943
17	??.4.43	nicht leserlich	37012	0,9993	1000	0,9993	HB: [mehrere nicht leserliche Worte]; KB: ohne Probierschein	25.8[?].1943
17	??.4.43	nicht leserlich	37013	1,0001	1000	1,0001	"	25.8[?].1943
17	12.05.1943	21 [RA?]	37015	0,9999	1000	0,9999	HB nicht leserlich; KB: v. Bk. Antwerpen, Tgb. Nr. 712?	13.09.1943
18	13.05.1943	unleserlich	37016	12,9815	916,5	12,8440	RKK Paris [sowie ein nicht leserliches Wort; nur die nachstehenden Barren an die Dresdner Bank]	26.07.1943

Seite (nach Hauptbuch)	Eingangs-Datum	Schmelz-Nr.	Bank-Nr.	Rauh-gewicht	Fein-gehalt	Fein-gewicht	Bemerkungen	Ausgangs-Datum
18	13.05.1943	unleser-lich	37017	13,9620	916,5	12,7962	“	26.07.1943
18	13.05.1943	unleser-lich	37018	12,4990	999,8	12,4965	“	26.07.1943
18	13.05.1943	unleser-lich	37019	0,9999	995,4	0,9952	“	26.07.1943
18	13.05.1943	unleser-lich	37020	1,0000	995,4	0,9954	“	26.07.1943
18	13.05.1943	[1221]5	37028	12,1660	999,8	11,7743	“	06.08.1943
18	13.05.1943	1221?	37029	8,4345	967,8	7,7758	“	06.08.1943
18	13.05.1943	??52	37030	12,5735	929,9	12,5122	“	06.08.1943
18	13.05.1943	??52	37031	12,5181	999,9	12,5167	“	06.08.1943

Anlage 3:

Seite (nach Hauptbuch)	Eingangs-Datum	Schmelz-Nr.	Bank-Nr.	Rauh-gewicht	Fein-gehalt	Fein-gewicht	Bemerkungen	Ausgangs-Datum
19	03.06.1943	SA 225	37056	13,9650	916,6	12,8003	Stck 12 Goldbarren [mehrere nicht leserliche Worte]. Zweimal ist das Wort „Probe“ entzifferbar. [nur die zwei nachstehenden Barren an die Dresdner Bank] KB, S. 18: R.K.K. Brüssel [sowie einige nicht leserliche Worte]	03.09.1943
19	03.06.1943	YO 725	37057	14,0850	899,8	12,6764	“	03.09.1943
19	03.06.1943	10745	37058	1,0008	999,9	1,0007	[mehrere nicht leserliche Wörter und Zeichen]	03.09.1943
19	25.06.1943	N 2??4	37063	12,4205	997,3	12,3959	Stück 3 Goldbarren [mehrere nicht leserliche Worte] KB: ohne Prob.sch.	18.8. 19[43?]
19	25.06.1943	N 2169	37064	12,4974	998,7	12,4808	“	18.8. 19[43?]
19	25.06.1943	22822	37065	11,7155	997,5	11,6862	“	18.8. 19[43?]

Seite (nach Hauptbuch)	Eingangs-Datum	Schmelz-Nr.	Bank-Nr.	Rauh-gewicht	Fein-gehalt	Fein-gewicht	Bemerkungen	Ausgangs-Datum
19	26.06.1943	Feingold	37066	3,9663	1000	3,9663	Degussa [nicht leserliche Zeichen] Ffm.	18.8. 19[43?]
19	30.06.1943	[8309?]	37067	12,5145	999,9	12,5132	Stck 3 Goldbarren [nur die zwei nachstehenden Barren an die Dresdner Bank] Degussa [zwei nicht leserliche Worte, KB: mit Prob. Scheinen]	03.09.1943
19	30.06.1943	9086	37069	11,5115	999,9	11,5103	"	09.10.1943
19 KB	nicht leserlich	221	37074	0,9982	914,2	0,9125	KB, S. 19: Stck 3 Goldbarren v. RKK Antwerpen m. Prob. Sch. Tgb. 927.	nicht leserlich
19 KB	nicht leserlich	222	37075	0,9984	915,3	0,9138	"	nicht leserlich
19 KB	nicht leserlich	223	37076	0,9987	914,6	0,9134	"	nicht leserlich
19 KB	nicht leserlich	nicht leserlich	37085	1,0000	1000	1,0000	[nicht leserlich]	nicht leserlich
21	22.07.1943	Feingold	37086	4,3936	1000	4,3936	HB nicht leserlich; KB: Stk. 1 Goldbarren m. Prob. [1 unleserliches Wort]	25.08.1943

Anlage 3:

Seite (nach Hauptbuch)	Eingangs-Datum	Schmelz-Nr.	Bank-Nr.	Rauh-gewicht	Fein-gehalt	Fein-gewicht	Bemerkungen	Ausgangs-Datum
21	27.07.1943	7418	37087	12,5155	999,9	12,5142	St. 7 Goldbarren Degussa m. Prob. S. (betr. Melmer XXII Lfg.)	16.09.1943
21	27.07.1943	7419	37088	12,5130	999,9	12,5117	"	16.09.1943
21	27.07.1943	7556	37089	12,7490	999,9	12,7477	"	25.08.1943
21	27.07.1943	7557	37090	12,7545	999,9	12,7532	"	25.08.1943
21	27.07.1943	6659	37091	12,5140	999,9	12,5127	"	16.09.1943
21	27.07.1943	9953	37092	12,5170	999,9	12,5157	"	09.10.1943
21	27.07.1943	9954	37093	8,9895	999,9	8,9886	"	25.08.1943
21	12.08.1943	10461	37099	12,5145	999,9	12,5132	St. 6 Goldbarren m. Prob. S. v. Degussa [ein nicht leserliches Wort] (betr. Melmer XXIX. Lfg.) [davon nur die nachstehenden vier Barren an die Dresdner Bank]	27.10.1943
21	12.08.1943	10462	37100	12,5165	999,9	12,5152	"	27.10.1943
21	12.08.1943	10463	37101	12,5170	999,9	12,5157	"	27.10.1943

Seite (nach Hauptbuch)	Eingangs-Datum	Schmelz-Nr.	Bank-Nr.	Rauh-gewicht	Fein-gehalt	Fein-gewicht	Bemerkungen	Ausgangs-Datum
21	12.08.1943	10464	37102	12,5190	999,9	12,5177	"	27.10.1943
21	23.08.1943	23200	37109	13,9911	916,4	12,8214	Stk. 1 Goldb. [nicht leserliche Zeichen] [unleserlich] v. R.K.K. Paris	09.10.1943
22	28.08.1943	265	37110	12,5220	996,8	12,4625	St. 1 Goldb. Prob. RKK Antwerpen [mehrere unleserliche Zeichen]	25.10.1943
22	02.09.1943	Feingold	37112	12,1319	1000	12,1319	Melmer XXX. Lfg.	25.10.1943
22	09.09.1943	Feingold	37114	1,0000	1000	1,0000	HB nicht leserlich; KB: [unleserlich] Goldbarren v. d. [unleserlich] d. N.S.D.A.P.	23.11.1943
22	09.09.1943	Feingold	37115	1,0000	1000	1,0000	"	23.11.1943
22	25.09.1943	292	37119	1,8690	999,8	1,8681	1 Barren mit Prob. [nicht leserliche Zeichen] Antwerpen	09.10.1943
23	20.10.1943	Feingold	37137	2,3776	1000	2,3776	Melmer 17. [o. 27.] Lfg.	25.10.1943
23	22.10.1943	18017[?]	37141	12,5190	999,9	12,5177	St. 6 Goldb. m. Prob. S. Degussa Frkf. M. ([ein unleserliches Wort] Melmer) [nur der nachstehende Barren an die Dresdner Bank]	25.11.1943

Anlage 3:

Seite (nach Hauptbuch)	Eingangs-Datum	Schmelz-Nr.	Bank-Nr.	Rauh-gewicht	Fein-gehalt	Fein-gewicht	Bemerkungen	Ausgangs-Datum
25	14.12.1943	40580	37205	12,4930	1000	12,4930	HB: Stck. 12 Goldbarren [drei nicht leserliche Worte] 7 mit Prob. [nicht leserliche Zeichen] [nur die vier nachstehenden Barren an die Dresdner Bank]; KB: Stück 12 Goldbarren vom A.? davon 7 m. Prob. Sch.	07.01.1944
25	14.12.1943	4357	37206	12,4540	1000	12,4540	“	07.01.1944
25	14.12.1943	30800	37207	11,8235	997,6	11,7951	“	07.01.1944
25	14.12.1943	22863	37208	11,9816	997,5	11,9510	“	07.01.1944

Gesamtsumme des Feingewichts: 897,6686 kg
Gesamtsumme des Rauhgewichts: 914,1662 kg

Quelle: Historisches Archiv der Deutschen Bundesbank, US-National-Archives-Filme Nr. 12 („Hauptbuch verschiedene Goldbarren“) und Nr. 13 („Kontrollbuch verschiedene Goldbarren“).

* Basis der Auswertung bildet das Hauptbuch (HB). Bei unsicherer Lesart dort wurde das Kontrollbuch (KB) zum Vergleich herangezogen. Ebenfalls aufgenommen wurden durchgängig Einträge im Kontrollbuch, sofern sie von jenen des Hauptbuches abweichen oder sie ergänzen.

Anlage 4: Goldabgaben der Reichsbank an die Dresdner Bank (nach Herzog-Bericht)

Abgabe-datum	Reichsbank-Konto	Anzahl und Typ	Bank-Nr.	Btl.-Nr.	Feingewicht (kg)	
17.09.1942	„D“	4 Goldbarren (900er)	21351-21354		45,5717	
19.09.1942	„D“	4 Goldbarren (900er)	21355-21358		46,8405	
28.09.1942	„D“	5 Goldbarren (900er)	21751-21755		57,8112	
09.10.1942	„D“	4 Goldbarren (900er)	21789-21792		47,8670	
26.10.1942	„D“	5 Goldbarren (900er)	22507-22511		60,4100	
20.11.1942	„D“	5 Goldbarren (900er)	22512-22516		60,0270	
26.11.1942	Asservat „DER“	4 Goldbarren (900er)	22771-22774		47,2500	
25.01.1943	Goldankauf	200 000 versch. Goldfranken		741-750	58,0000	(ca.)
25.01.1943	Goldankauf	100 000 holl. Goldgulden		2129-2138	60,0000	(ca.)
15.02.1943	Goldankauf	200 000 versch. Goldfranken		722-731	58,0000	(ca.)
15.02.1943	Goldankauf	100 000 holl. Goldgulden		2114-2119	60,0000	(ca.)

Anlage 4

Abgabe-datum	Reichsbank-Konto	Anzahl und Typ	Bank-Nr.	Btl.-Nr.	Feingewicht (kg)	
	Goldankauf			7632–7635		
26.02.1943	Goldankauf	100 000 versch. Goldfranken		743–738	29,0000	(ca.)
26.02.1943	Goldankauf	50 000 holl. Goldgulden		2143–2174	30,0000	(ca.)
06.05.1943	Asservat „DER“	11 Goldbarren (Standard)	11947–11957		132,6142	
21.05.1943	Asservat „DER“	11 Goldbarren (Standard)	12008–12018		133,0325	
29.05.1943	Asservat „DER“	12 Goldbarren (Standard)	12019–12030		147,0520	
16.06.1943	Asservat „DER“	12 Goldbarren (Standard)	12530–12541		146,8914	
01.07.1943	Asservat „DER“	4 Goldbarren (hochw.)	32450–32453		47,6398	
27.05.1944	Goldankauf	250 000 holl. Goldgulden		9201–9225	150,0000	(ca.)
10.07.1944	Goldankauf	100 000 holl. Goldgulden		8821–8830	60,0000	(ca.)
13.07.1944	Goldankauf	100 000 holl. Goldgulden		8991–9000	60,0000	(ca.)

Abgabe-datum	Reichsbank-Konto	Anzahl und Typ	Bank-Nr.	Btl.-Nr.	Feingewicht (kg)	
21.07.1944	Goldankauf	100 000 holl. Goldgulden		8981-8990	60,0000	(ca.)
26.07.1944	Goldankauf	100 000 holl. Goldgulden		8971-8980	60,0000	(ca.)

Gewicht insgesamt: ca.		ca. 1 658,0073 kgf
	- davon Goldbarren:	973,0073 kgf
	- davon Goldmünzen:	685,0000 kgf
Münzgewichte nach Münzsorten:	Holl. Goldgulden:	540,0000 kgf
	Versch. Goldfranken:	145,0000 kgf

Quelle: Dokumentation über das im Kriege nach Deutschland verbrachte Münzgold Italiens. Zusammengestellt von Herbert Herzog, Ms. Wien 1957, Annex II, S. 78f.

Anlage 5: Eingang von Goldbarren der Dresdner Bank bei der Degussa (1942–1943)

Eingangsdatum	Schmelz-Nr./ Bank-Nr.	Feingehalt	Rauhgewicht	Feingewicht	Bearbeitungsdatum
18.09.1942	1561/1	899,8	12,6805	11,4099	24.09.1942
	1561/2	899,8	12,6345	11,3685	24.09.1942
	1561/3	899,8	12,5320	11,2763	24.09.1942
	1561/4	899,8	12,7995	11,5170	24.09.1942
21.09.1942	1561/5	899,8	12,9285	11,6331	28.09.1942
	1561/6	899,8	13,0800	11,7694	28.09.1942
	1561/7	899,8	13,0805	11,7698	28.09.1942
	1561/8	899,8	12,9675	11,6681	28.09.1942
23.09.1942	1672/10449	999,3	8,2155	8,2097	28.09.1942
	1839/10450	996,0	12,5985	12,5481	28.09.1942
	1840/10451	996,0	12,6070	12,5565	28.09.1942
	61/10452	999,7	6,1100	6,1081	28.09.1942
	36828	948	14,5040	13,7498	11.10.1942

Eingangsdatum	Schmelz-Nr./ Bank-Nr.	Feingehalt	Rauhgewicht	Feingewicht	Bearbeitungsdatum
	36830	948	11,3735	10,7821	11.10.1942
	36831	948	12,0660	11,4385	11.10.1942
29.09.1942	1576/3	900	12,9465	11,6519	30.09.1942
	1576/4	900	12,4645	11,2180	30.09.1942
	1576/5	900	13,1910	11,8719	30.09.1942
	1576/6	900	12,8665	11,5798	30.09.1942
	1576/7	900	12,7660	11,4894	30.09.1942
12.10.1942	21789/285	900	13,8310	12,4479	14.10.1942
	21790	900	13,3230	11,9907	14.10.1942
	21791	900	13,0035	11,7031	14.10.1942
	21792/286	900	13,0280	11,7252	14.10.1942
27.10.1942	22507/704	900	13,3015	11,9714	29.10.1942
	22508/705	900	13,6665	12,2998	29.10.1942
	22509/706	900	13,3855	12,0469	29.10.1942

Anlage 5:

Eingangsdatum	Schmelz-Nr./ Bank-Nr.	Feingehalt	Rauhgewicht	Feingewicht	Bearbeitungsdatum
	22510/707	900	13,3925	12,0533	29.10.1942
	22511/708	900	13,3760	12,0384	29.10.1942
23.11.1942	22512	900	12,7370	11,4633	28.11.1942
	22513	900	13,1320	11,8188	28.11.1942
	22514	900	13,4975	12,1478	28.11.1942
	22515	900	13,2355	11,9119	28.11.1942
	22516	900	14,0945	12,6850	28.11.1942
30.11.1942	22771	899,9	13,4195	12,0762	03.12.1942
	22772	899,9	13,5210	12,1675	03.12.1942
	22773	899,9	13,0065	11,7045	03.12.1942
	22774	899,9	12,5590	11,3019	03.12.1942
09.12.1942	36852/2153	999,7	12,5255	12,5217	11.12.1942
	36875	999,9	12,5550	12,5137	11.12.1942

Eingangsdatum	Schmelz-Nr./ Bank-Nr.	Feingehalt	Rauhgewicht	Feingewicht	Bearbeitungsdatum
	36876	999,9	12,5085	12,5072	11.12.1942
08.01.1943	1603	999,9	12,5165	12,5152	08.01.1943
	1604	999,9	12,5165	12,5152	08.01.1943
	1605	999,9	12,5100	12,5088	08.01.1943
18.01.1943	23980/3493	900	13,7465	12,3718	21.01.1943
	3494	900	12,9435	11,6492	21.01.1943
	3495	900	13,7050	12,3345	21.01.1943
	3496	9000	13,0730	11,7657	21.01.1943
	3497	900	13,1230	11,8107	21.01.1943
	3498	900	13,4390	12,0951	21.01.1943
22.01.1943	23986/3710	900	12,4365	11,1928	26.01.1943
	87/3711	900	13,8040	12,4250	26.01.1943
	88/3712	900	13,8550	12,4709	26.01.1943
	89/3713	900	13,8970	12,5087	26.01.1943

Anlage 5:

Eingangsdatum	Schmelz-Nr./ Bank-Nr.	Feingehalt	Rauhgewicht	Feingewicht	Bearbeitungsdatum
	90/3714	900	13,3730	12,0370	26.01.1943
	91/3715	900	13,9495	12,5559	26.01.1943
11.03.1943	1606/36922	999,9	12,5110	Die drei Barren v. 11.03.1943 zus.:	11.03.1943
	1607/36923	999,9	12,5180		11.03.1943
	4385/36924	999,9	12,5170	37,5422	11.03.1943
20.03.1943	2080	999,9	5,5495	Zusammen mit voranstehendem Barren:	23.03.1943
	4386	999,9	11,1040	16,6518	23.03.1943
	SM 92	916,7	13,9610	12,7980	23.03.1943
21.04.1943	36886	1000	1,0455	1,0455	29.04.1943
	36927	901,2	8,3520	7,5268	29.04.1943
	36929	999,6	0,7525	0,7521	29.04.1943
	36958	916,7	13,9295	12,7691	29.04.1943

Eingangsdatum	Schmelz-Nr./ Bank-Nr.	Feingehalt	Rauhgewicht	Feingewicht	Bearbeitungsdatum
	36959	996,0	12,5770	12,5266	29.04.1943
	36960	916,7	13,9475	12,7856	29.04.1943
	36961	899,8	14,0760	12,6655	29.04.1943
	36962	899,9	13,5515	12,1949	29.04.1943
30.04.1943	12019	916,5	13,2690	12,1610	02.05.1943
	12020	916,5	13,4665	12,3420	02.05.1943
	12021	916,5	13,9200	12,7577	02.05.1943
	12022	916,5	13,3275	12,2147	02.05.1943
	12023	916,5	13,1035	12,0094	02.05.1943
	12024	916,5	13,2880	12,1784	02.05.1943
	12025	916,5	13,4065	12,2871	02.05.1943
	12026	916,5	13,6230	12,4855	02.05.1943
	12027	916,5	13,5770	12,4433	02.05.1943
	12028	916,5	12,7710	11,7046	02.05.1943

Anlage 5:

Eingangsdatum	Schmelz-Nr./ Bank-Nr.	Feingehalt	Rauhgewicht	Feingewicht	Bearbeitungsdatum
	12029	916,5	12,9180	11,8393	02.05.1943
	12030	916,5	13,7705	12,6289	02.05.1943
04.05.1943	36883	1000	1,4139	1,4139	07.05.1943
	36918	791,6	3,6080	2,8560	07.05.1943
	36930	995,4	2,4913	2,4798	07.05.1943
	36934	998,1	6,1900	6,1782	07.05.1943
	36935	969,4	7,5995	7,3669	07.05.1943
	36957	1000	1,0013	1,0013	07.05.1943
	36969	869,8	8,7980	7,6525	07.05.1943
	36968	916,0	9,4560	8,6616	07.05.1943
	36972	998,9	13,2070	13,1924	07.05.1943
	36973	998,9	12,2970	12,2834	07.05.1943
	36974	998,9	10,0535	10,0424	07.05.1943

Eingangsdatum	Schmelz-Nr./ Bank-Nr.	Feingehalt	Rauhgewicht	Feingewicht	Bearbeitungsdatum
	36875	900,1	6,4705	5,8240	07.05.1943
	36976	893,5	5,2760	4,7141	07.05.1943
	36978	997,4	12,6075	12,5747	07.05.1943
	36979	999,8	10,4540	10,4519	07.05.1943
	36932	801,8	4,9370	3,9584	07.05.1943
	36970	1000	3,7318	3,7318	07.05.1943
	36894	997,4	1,0007	0,9980	07.05.1943
	36895	999,8	0,9989	0,9987	07.05.1943
	36920	1000	1,6303	1,6303	07.05.1943
	36926	1000	1,9000	1,9000	07.05.1943
08.05.1943	11947	916,6	13,3270	12,2100	12.05.1943
	11948	916,6	13,6400	12,5024	12.05.1943
	11949	916,6	13,1995	12,0987	12.05.1943
	11950	916,6	13,1075	12,0143	12.05.1943

Anlage 5:

Eingangsdatum	Schmelz-Nr./ Bank-Nr.	Feingehalt	Rauhgewicht	Feingewicht	Bearbeitungsdatum
	11951	916,6	13,0220	11,9360	12.05.1943
	11952	916,6	13,4500	12,3283	12.05.1943
	11953	916,6	13,1180	12,0240	12.05.1943
	11954	916,6	12,7345	11,6724	12.05.1943
	11955	916,6	12,4225	11,3865	12.05.1943
	11956	916,6	13,4480	12,3264	12.05.1943
	11957	916,6	13,2175	12,1151	12.05.1943
24.05.1943	12008	916,5	13,2630	12,1555	27.05.1943
	12009	916,5	13,1270	12,0309	27.05.1943
	12010	916,5	12,8600	11,7862	27.05.1943
	12011	916,5	13,5280	12,3984	27.05.1943
	12012	916,5	13,1290	12,0327	27.05.1943
	12013	916,5	13,5480	12,4167	27.05.1943

Eingangsdatum	Schmelz-Nr./ Bank-Nr.	Feingehalt	Rauhgewicht	Feingewicht	Bearbeitungsdatum
	12014	916,5	12,9995	11,9140	27.05.1943
	12015	916,5	13,5565	12,4245	27.05.1943
	12016	916,5	12,7230	11,6607	27.05.1943
	12017	916,5	13,3150	12,2033	27.05.1943
	12018	916,5	13,1040	12,0098	27.05.1943
17.06.1943	12530	916,5	13,7480	12,6001	21.06.1943
	12531	916,5	13,1845	12,0836	21.06.1943
	12532	916,5	13,2775	12,1688	21.06.1943
	12533	916,5	12,8570	11,7834	21.06.1943
	12534	916,5	13,5615	12,4291	21.06.1943
	12535	916,5	12,9715	11,8884	21.06.1943
	12536	916,5	13,0445	11,9553	21.06.1943
	12537	916,5	13,8090	12,6559	21.06.1943
	12538	916,5	13,6860	12,5432	21.06.1943

Anlage 5:

Eingangsdatum	Schmelz-Nr./ Bank-Nr.	Feingehalt	Rauhgewicht	Feingewicht	Bearbeitungsdatum
	12539	916,5	13,1950	12,0932	21.06.1943
	12540	916,5	13,8195	12,6656	21.06.1943
	12541	916,5	13,1205	12,0249	21.06.1943
03.07.1943	9077/32450	997,9	12,0090	11,9838	05.07.1943
	9078/32451	997,9	11,4845	11,4604	05.07.1943
	9079/32452	997,9	12,1040	12,0785	05.07.1943
	9080/32453	997,9	12,1425	12,1170	05.07.1943
28.07.1943	37005	996,8	10,8040	10,7694	29.07.1943
	37006	983,6	12,8490	12,6382	29.07.1943
	37007	983,6	0,6700	0,6590	29.07.1943
	37016	916,5	13,9815	12,8140	29.07.1943
	37017	916,5	13,9620	12,7962	29.07.1943
	37018	999,8	12,4990	12,4965	29.07.1943

Eingangsdatum	Schmelz-Nr./ Bank-Nr.	Feingehalt	Rauhgewicht	Feingewicht	Bearbeitungsdatum
	37019	995,4	0,9999	0,9953	29.07.1943
	37020	995,4	1,0000	0,9954	29.07.1943
	37024	967,.8	11,9665	11,5811	29.07.1943
	37032	999,9	4,7035	4,7026	29.07.1943
08.08.1943	36963	999,8	0,9981	0,9979	10.08.1943
	36977	1000	1,1972	1,1972	10.08.1943
	37021	995,4	1,0000	0,9954	10.08.1943
	37022	997,3	1,0005	0,9977	10.08.1943
	37023	997	1,0010	0,9979	10.08.1943
	37028	967,8	12,1660	11,7742	10.08.1943
	37029	96,8	8,0345	7,7758	10.08.1943
	37030	999,9	12,5135	12,5122	10.08.1943
	37031	999,9	12,5180	12,5167	10.08.1943
20.08.1943	2364	997,3	12,4295	12,3959	23.08.1943

Anlage 5:

Eingangsdatum	Schmelz-Nr./ Bank-Nr.	Feingehalt	Rauhgewicht	Feingewicht	Bearbeitungsdatum
	2369	998,7	12,4970	12,4807	23.08.1943
	22862	997,5	11,7155	11,6862	23.08.1943
	Feingold	1000	3,9663	3,9663	23.08.1943
28.08.1943	37085	1000	1,0000	1,0000	30.08.1943
	37086	1000	4,3925	4,3925	30.08.1943
	37089	999,9	12,7490	12,7477	30.08.1943
	37090	999,9	12,7545	12,7532	30.08.1943
	37093	999,9	8,9895	8,9886	30.08.1943
03.09.1943	37015	1000	0,9999	0,9999	09.09.1943
	37056	916,6	13,9650	12,8003	09.09.1943
	37057	899,8	14,0880	12,6763	09.09.1943
	37058	999,9	1,0008	1,0007	09.09.1943
	37067	999,9	12,5145	12,5132	09.09.1943

Eingangsdatum	Schmelz-Nr./ Bank-Nr.	Feingehalt	Rauhgewicht	Feingewicht	Bearbeitungsdatum
16.09.1943	37074	914,2	0,9982	0,9125	23.09.1943
	37075	915,3	0,9984	0,9138	23.09.1943
	37076	914,6	0,9987	0,9134	23.09.1943
	37087	999,9	12,5155	12,5142	23.09.1943
	37088	999,9	12,5130	12,5117	23.09.1943
	37091	999,9	12,5140	12,5128	23.09.1943
12.10.1943	37008/209	998,8	0,9985	0,9973	16.10.1943
	37069	999,9	11,5115	11,5103	16.10.1943
	37092	999,9	12,5170	12,5157	16.10.1943
	37109/210	916,4	13,9910	12,8213	16.10.1943
	37119/211	99,8	1,8690	1,8686	16.10.1943
27.10.1943	XU 87/37012	1000	0,9993	0,9993	29.10.1943
	XU 88/37013	1000	1,0001	1,0001	29.10.1943
	54 UJ/37072	1000	1,0000	1,0000	29.10.1943

Anlage 5:

Eingangsdatum	Schmelz-Nr./ Bank-Nr.	Feingehalt	Rauhgewicht	Feingewicht	Bearbeitungsdatum
	268/37110/651	996,8	12,5020	12,4610	29.10.1943
	Feingold/37112	1000	12,1319	12,1319	29.10.1943
	Feingold/37137	1000	2,3776	2,3776	29.10.1943
30.10.1943	10461	999,9	12,5145	12,5132	01.11.1943
	10462	999,9	12,5165	12,5152	01.11.1943
	10463	999,9	12,5170	12,5157	01.11.1943
	10464	999,9	12,5190	12,5178	01.11.1943
10.11.1943	73	1000	2,0001	2,0001	11.11.1943
	74	1000	2,0002	2,0002	11.11.1943
	66	1000	2,0005	2,0005	11.11.1943
	Feingold	1000	1,1705	1,1705	11.11.1943
	Feingold	1000	1,2946	1,2946	11.11.1943
	Feingold	1000	0,2970	0,2970	11.11.1943

Eingangsdatum	Schmelz-Nr./ Bank-Nr.	Feingehalt	Rauhgewicht	Feingewicht	Bearbeitungsdatum
	Feingold	1000	0,9336	0,9336	11.11.1943
	718	999,6	0,7839	0,7836	11.11.1943
	228	999,9	4,1000	4,0995	11.11.1943
	229	999,9	5,7005	5,6999	11.11.1943
	230	999,9	5,1660	5,1655	11.11.1943
	231	1000	0,2120	0,2120	11.11.1943
	232	1000	0,4500	0,4500	11.11.1943
	237	1000	0,2500	0,2500	11.11.1943
	239	999,9	4,4625	4,4621	11.11.1943
	240	999,9	8,4850	8,4841	11.11.1943
	242	999,9	0,6500	0,6499	11.11.1943
	233a	999,9	2,7700	2,7698	15.11.1943
	234a	1000	0,3100	0,3100	15.11.1943
	236a	1000	0,4200	0,4200	15.11.1943

Anlage 5:

Eingangsdatum	Schmelz-Nr./ Bank-Nr.	Feingehalt	Rauhgewicht	Feingewicht	Bearbeitungsdatum
	246a	999,9	0,6551	0,6560	15.11.1943
	10/1230	999,1	2,9975	2,9948	15.11.1943
	11/1231	1000	1,3975	1,3975	15.11.1943
	743	999,9	2,9982	2,9979	15.11.1943
	864	999,9	0,8757	0,8756	15.11.1943
	Feingold	1000	4,1499	4,1499	15.11.1943
	Feingold	1000	1,1243	1,1243	15.11.1943
	Feingold	1000	2,0216	2,0216	15.11.1943
	303a	1000	0,4223	0,4222	15.11.1943
	335a	999,9	0,7004	0,7003	15.11.1943
	345a	999,9	0,6959	0,6958	15.11.1943
	350a	999,9	0,6646	0,6645	15.11.1943
	Feingold	1000	0,9635	0,9635	15.11.1943

Eingangsdatum	Schmelz-Nr./ Bank-Nr.	Feingehalt	Rauhgewicht	Feingewicht	Bearbeitungsdatum
	Feingold	1000	1,0592	1,0592	15.11.1943
	273/1232	1000	1,0020	1,0020	15.11.1943
	822	999,9	1,0000	0,9999	15.11.1943
	1500	999,9	1,0001	1,0000	15.11.1943
	11618/1233	999,9	1,0000	0,9999	15.11.1943
	1669	999,9	1,0000	0,9999	15.11.1943
	Fgold	1000	10,1135	10,1135	15.11.1943
	80XQ/1234	1000	0,9471	0,9471	15.11.1943
10.12.1943	Feingold	1000	1,1525	1,1525	15.12.1943
	Feingold	1000	2,8956	2,8956	15.12.1943
	1848/1942	999,9	0,9998	0,9997	15.12.1943
	309/1943	999,6	0,9986	0,9982	15.12.1943
	310/1944	999,8	0,9986	0,9984	15.12.1943
	311/1945	999,8	0,9982	0,9980	15.12.1943

Anlage 5:

Eingangsdatum	Schmelz-Nr./ Bank-Nr.	Feingehalt	Rauhgewicht	Feingewicht	Bearbeitungsdatum
	312/1946	999,6	0,9989	0,9985	15.12.1943
	313/1947	999,8	0,9982	0,9980	15.12.1943
	Feingold	1000	1,2707	1,2707	15.12.1943
	Feingold	1000	3,2523	3,2523	15.12.1943
	Feingold	1000	2,6833	2,6833	15.12.1943
	Feingold	1000	2,1134	2,1134	15.12.1943
	Feingold	1000	2,3977	2,3977	15.12.1943
	1481/1948	992,4	1,0756	1,0674	15.12.1943
	Feingold	1000	1,0000	1,0000	15.12.1943
	Feingold	1000	1,0000	1,0000	15.12.1943
	1510/1949	927,8	1,3180	1,2228	15.12.1943
	1540/1950	952,8	1,4810	1,4110	15.12.1943
	10017	999,9	12,5190	12,5177	15.12.1943

Summen:	2 189,0328	2 058,7180

Quelle: Buch Scheidgut, Zweigniederlassung Berlin, Unternehmensarchiv der Degussa.

Anlage 6: Rücklieferungen der Degussa an die Dresdner Bank (1942–1944)

Datum	Rücklieferungen an:	Gewicht in kg
14.09.1942	Dresdner Bank Berlin	35,97
26.09.1942	Dresdner Bank Berlin	45,00
02.10.1942	Dresdner Bank Berlin	45,00
09.10.1942	Dresdner Bank Berlin an Deutsche Orientbank Istanbul	50,00
15.10.1942	Dresdner Bank an Länderbank Wien	64,00
24.10.1942	Dresdner Bank an Deutsche Orientbank Istanbul	33,00
06.11.1942	Dresdner Bank an Deutsche Orientbank Istanbul	60,00
30.11.1942	Dresdner Bank an Deutsche Orientbank Istanbul	60,00
09.12.1942	Dresdner Bank an Deutsche Orientbank Istanbul	48,00
16.12.1942	Dresdner Bank an Deutsche Orientbank Istanbul	37,00
15.01.1943	Dresdner Bank an Deutsche Orientbank Istanbul	38,00
28.01.1943	Dresdner Bank Berlin	40,00

Datum	Rücklieferungen an:	Gewicht in kg
02.02.1943	Dresdner Bank Berlin	40,00
09.02.1943	Dresdner Bank Berlin an Deutsche Orientbank Istanbul	40,00
15.02.1943	Dresdner Bank Berlin an Deutsche Orientbank Istanbul	25,00
09.03.1943	Dresdner Bank Berlin an Deutsche Orientbank Istanbul	40,00
18.03.1943	Dresdner Bank Berlin an Deutsche Orientbank Istanbul	38,00
30.03.1943	Dresdner Bank Berlin an Deutsche Orientbank Istanbul	29,00
28.04.1943	Dresdner Bank Berlin an Deutsche Orientbank Istanbul	40,00
05.05.1943	Dresdner Bank Berlin an Deutsche Orientbank Istanbul	40,00
10.05.1943	Dresdner Bank Berlin an Deutsche Orientbank Istanbul	40,00
13.05.1943	Dresdner Bank Berlin an Deutsche Orientbank Istanbul	40,00
17.05.1943	Dresdner Bank Berlin an Deutsche Orientbank Istanbul	40,00
20.05.1943	Dresdner Bank an Länderbank Wien	40,00
24.05.1943	Dresdner Bank an Länderbank Wien	40,00

Anlage 6:

Datum	Rücklieferungen an:	Gewicht in kg
27.05.1943	Dresdner Bank Berlin	40,00
31.05.1943	Dresdner Bank Berlin	40,00
04.06.1943	Dresdner Bank Berlin an Deutsche Orientbank Istanbul	40,00
07.06.1943	Dresdner Bank Berlin an Deutsche Orientbank Istanbul	40,00
10.06.1943	Dresdner Bank Berlin an Deutsche Orientbank Istanbul	40,00
16.06.1943	Dresdner Bank Berlin an Deutsche Orientbank Istanbul	40,00
21.06.1943	Dresdner Bank Berlin an Deutsche Orientbank Istanbul	40,00
23.06.1943	Dresdner Bank Berlin an Deutsche Orientbank Istanbul	40,00
01.07.1943	Dresdner Bank Berlin an Deutsche Orientbank Istanbul	40,00
05.07.1943	Dresdner Bank Berlin an Deutsche Orientbank Istanbul	40,00
08.07.1943	Dresdner Bank Berlin an Deutsche Orientbank Istanbul	40,00
12.07.1943	Dresdner Bank Berlin an Deutsche Orientbank Istanbul	40,00

Datum	Rücklieferungen an:	Gewicht in kg
05.08.1943	Dresdner Bank an Länderbank Wien	40,00
09.08.1943	Dresdner Bank an Länderbank Wien	40,00
21.08.1943	Dresdner Bank an Länderbank Wien	50,00
01.09.1943	Dresdner Bank an Länderbank Wien	40,00
07.09.1943	Dresdner Bank an Länderbank Wien	40,00
14.09.1943	Dresdner Bank Berlin an Deutsche Orientbank Istanbul	40,00
27.09.1943	Dresdner Bank Berlin an Deutsche Orientbank Istanbul	40,00
23.10.1943	Dresdner Bank an Länderbank Wien	40,00
05.11.1943	Deutsche Orientbank Istanbul	40,00
10.11.1943	Dresdner Bank Berlin an Deutsche Orientbank Istanbul	40,00
23.11.1943	Dresdner Bank Berlin an Deutsche Orientbank Istanbul	40,00
26.11.1943	Dresdner Bank an Länderbank Wien	40,00
28.12.1943	Dresdner Bank an Länderbank Wien	10,00

Anlage 6:

Datum	Rücklieferungen an:	Gewicht in kg
06.01.1944	Dresdner Bank an Länderbank Wien	31,00
26.06.1944	Dresdner Bank Berlin	0,0886
09.06.1943	Deutsche Bank an Länderbank Wien	70,00
06.08.1943	Deutsche Bank an Länderbank Wien	39,00

Summe (ohne Deutsche Bank an Länderbank Wien): 2 059,0590 kg

Quelle: Gold- und Silber-Ausgangsbuch (1940–1946), Unternehmensarchiv der Degussa.

Zum Autor

Johannes Bähr (geb. 1956) studierte Geschichte und Politikwissenschaft. 1986 Promotion, 1988 bis 1994 wissenschaftlicher Assistent an der Freien Universität Berlin. 1994 bis 1997 Habilitantenstipendium der Deutschen Forschungsgemeinschaft. 1997 Habilitation für Wirtschafts- und Sozialgeschichte. Wissenschaftlicher Mitarbeiter des Hannah-Arendt-Instituts für Totalitarismusforschung an der TU Dresden und Privatdozent an der FU Berlin.

Hector Feliciano

Das verlorene Museum

Vom Kunstraub der Nazis

Aus dem Englischen von Chris Hirte
Mit 60 Abbildungen
272 Seiten. Gebunden
ISBN 3-351-02475-4

»Feliciano hat die Geschichrte der Beutezüge rekonstruiert, die verschlungenen Wege geplünderter Privatsammlungen erstmals akribisch verfolgt.«

Ossietzky

»Es besteht Grund zur Hoffnung, die Geschichte des europäischen Kunstraubs so vollständig als möglich aufzurollen. Hector Felicianos Buch ist ein weiterer Schritt auf diesem mühsamen und bei weitem nicht abgeschlossenen Weg.« *Der Tagesspiegel*

Anthony Read / David Fisher
Der Fall von Berlin

Aus dem Englischen von Herman W. Baadke, Friedrich Baadke und Uwe Carls
688 Seiten. Broschur
ISBN 3-7466-1545-3

»Der Fall von Berlin ist ein Stück brillanter Geschichtsschreibung. Das große Verdienst der beiden britischen Autoren Anthony Read und David Fisher besteht darin, aus dem immensen Konvolut historischen Wissens einen Bericht gemacht zu haben, der unerhört spannend, detailtreu und gleichzeitig anrührend ist.« *Der Tagesspiegel*

»Geschichtsschreibung gewinnt in diesem Buch eine atemberaubende Plastizität.« *Die Welt*

ISBN 3-378-01036-3

1. Auflage 1999

Einbandgestaltung Henkel/Lemme
Satz Hannah-Arendt-Institut für Totalitarismusforschung e.V.
Druck und Binden Graphischer Großbetrieb Pößneck
Ein Mohndruck-Betrieb
Printed in Germany